U0450145

方志馆概论

INTRODUCTION TO
LOCAL CHRONICLES MUSEUM

刘玉宏 ◎ 著

中国社会科学出版社

图书在版编目(CIP)数据

方志馆概论/刘玉宏著. —北京：中国社会科学出版社，2023.5
ISBN 978-7-5227-1935-1

Ⅰ.①方… Ⅱ.①刘… Ⅲ.①地方志博物馆—研究—中国 Ⅳ.①G269.264

中国国家版本馆 CIP 数据核字（2023）第 091361 号

出 版 人	赵剑英
责任编辑	郭晓鸿
特约编辑	杜若佳
责任校对	师敏革
责任印制	戴　宽

出　　版	中国社会科学出版社
社　　址	北京鼓楼西大街甲 158 号
邮　　编	100720
网　　址	http://www.csspw.cn
发 行 部	010-84083685
门 市 部	010-84029450
经　　销	新华书店及其他书店

印　　刷	北京明恒达印务有限公司
装　　订	廊坊市广阳区广增装订厂
版　　次	2023 年 5 月第 1 版
印　　次	2023 年 5 月第 1 次印刷

开　　本	710×1000　1/16
印　　张	19
字　　数	267 千字
定　　价	108.00 元

凡购买中国社会科学出版社图书，如有质量问题请与本社营销中心联系调换
电话：010-84083683
版权所有　侵权必究

地方志是写在中国大地上的一部百科全书

癸卯 刘玉宏自署

序言　充分发挥方志馆在新时代文化建设中的作用

王伟光

刘玉宏同志著述的《方志馆概论》一书，近期将由中国社会科学出版社编辑出版。这是一本向方志系统及社会大众全面介绍方志馆性质、功能、意义作用和运行规范的一部专著。这里我就方志馆与我国社会主义文化强国建设的关联谈几点看法。

一

党的十八大以来，以习近平同志为核心的中共中央高度重视地方志工作。2014年，习近平总书记在考察首都博物馆时指出："要高度重视修史修志。"在习近平新时代中国特色社会主义思想的指导下，"新时代十年"里，我国地方志事业取得卓越成就，政策上不断完善，国务院办公厅出台了《全国地方志事业发展规划纲要（2015—2020年）》，中国地方志指导小组办公室出台了《方志馆建设规定（试行）》《国家方志馆分馆建设管理工作规定》等。

毛泽东主席在《反对本本主义》一文中说过："没有调查，没有发言权。"习近平总书记也强调："调查研究是谋事之基、成事之道，没有调查就没有发言权，没有调查就没有决策权。"第五届中国地方志指导小组成立以来，认真贯彻落实习近平总书记提出的落实群众路线、改变工作作风、深入进行调查研究的要求，对地方志工作进行了广泛深入的调查研究。在第五次全国地方志工作会议召开之前，我们先后在各省、市、县乃至乡镇和村，召开不同层次和范围的地方志工作者参加的座谈会，考察和了解地方志工作的实际情况，并在此基础上成功召开了第五次全国地方志工作会议。会后，为了推动全国地方志系统进一步学习好、贯彻好、落实好第五次全国地方志工作会议精神，我们又陆续到十几个省份，听取工作汇报，开展调查研究。在广泛开展调研中，查找分析存在的问题，推动各地的地方志工作，了解各地的贯彻落实情况。在调研中我多次讲，地方志工作要做好，首先得有机构、有编制、有人、有经费，没有机构，没有编制，没有人，怎么干事？方志馆的建设、发展和运营就是地方志的机构、编制、队伍建设的题中应有之义。正是在调查研究的基础上，我们形成了大力推动全国方志馆的建设和发展，充分发挥好新时代方志馆"存史""资政""育人"功能的工作思路和举措。

二

《全国地方志事业发展规划纲要（2015—2020年）》中明确强调，要"坚持修志为用。发挥地方志资源优势，全面提升开发利用水平；拓宽用志领域，提升服务大局能力，为党政机关、社会各界和人民群众服务；加大宣传力度，提高全社会读志用志水平"。

作为收藏研究、开发利用地方志资源，宣传展示国情、地情的公共文化服务机构，方志馆发挥"修志为用"的作用，承担了修志、存志、传志、用志的重要职责。与社会上的其他公共文化服务机构（如图书馆、美术馆、博物馆）相比，方志馆有着自身的独特性。眼下，方志馆在大众的认知里，可以说是一个"冷部门"，在有些人眼中，方志馆没有美术馆、博物馆的热闹，可以说是冷冷清清而又默默无闻。

其实，方志馆的重要性，与博物馆、美术馆相比毫不逊色，只是还没有得到大众的认可与重视。

正如刘玉宏同志所说，方志馆是"推动地方志事业前进和发展的重要阵地，是服务社会主义文化强国建设的重要平台"。宣传教育是方志馆的一个重要功能，作为国情教育基地、党员教育基地、爱国主义教育基地、廉政教育基地和科普教育基地等，要充分发挥其社会教育功能。方志馆的藏品包含了地方文化的丰富知识，可以借助它面向社会大众，进行国情与地情的知识普及和教育工作。

在大力推动乡村振兴战略的背景下，作为呈现乡土文化最重要的文化空间和文化承载，方志馆也理应扮演更重要、更有影响力的角色。方志馆收藏了大量记录了"一方之全史""一地之百科全书"的省志、市志、县志、乡镇志、村志。这些志书保存了众多的该地区乡村的政治经济、社会文化、传统民俗、故事传说、乡规民约、地理物产等知识，对于激发民众对乡村文化的热爱和建设乡村的热情有很大助力。我们有必要推动各方面的力量，使各地方志馆成为"乡村改造与建设"的重要文化基地，担当起乡村儿童教育、村民教育和文化传承的多重功能。当前我国乡村发展还存在不少短板，其中文化和教育的不足可以说是制约乡村长远发展的重要一环。利用好各地方志馆的社会教育功能，可以重构乡村的文化根基，培育和拓展乡村文化，为乡村振兴事业添砖加瓦。

早在20世纪40年代，著名的社会学家潘光旦先生就注意到地方文化教育缺失的现象："近代教育下的青年，对于纵横多少万里的地理，和对于上下多少万年的历史，不难取得一知半解，而于大学青年，对于这全部历史与环境里的某些部分，可能还了解得相当详细，前途如果成一个专家的话，他可能知道得比谁都彻底。但我们如果问他，认识什么一回事，他自己又是怎样的一个人，他的家世来历如何，他的高曾祖父母以及与母党的前辈，是些什么人，他从小生长的家乡最初是怎样开拓的，后来有些什么重要的变迁，出过什么重要的人才，对一省一国有过什么文化上的贡献，本乡的地形土质如何，山川的脉络如何，有何名胜古迹，有何特别的自然或人工的产物——他可能瞠目结舌不知所对。我曾经向不少青年提出过这一类问题，真正答复的有些要领的，可以说十无一二，这不是很奇特么？"①

潘光旦先生指出的这一现象，80多年后，仍然在我国较为普遍地存在。而今，不论城乡，"重新认识脚下的土地"很必要，这份认识，就需要全国各地方志馆的助力，利用好方志馆的科研和教育功能，进一步推进城乡公共文化服务体系建设，增加农村公共文化服务供给，通过各种丰富多彩的社会教育活动，培育民众对家乡的认知，让广大城乡居民了解故乡的自然、人情、风土、地理，承继其独特的地方文化。

方志馆的科研是其重要功能之一，科研是为应用服务的。正如本书指出的，"方志馆的科研工作不同于纯研究机构，研究机构要对本学科领域的发展和国家科研生产负责，而方志馆的科研工作主要是为了推进方志馆的全面发展，其中尤重支撑方志馆的展览、馆藏、宣传教育、信息化建设以及地情文化研究。就每一个具体的方志馆而言，又都有各自的研究范围和重点"。

我认为，方志馆的科研工作不应局限于学术研究范围，更应走向社区，走向乡村，走向课堂，成为我国地方文化教育和乡土教育最基本的层面。中国文化博大精深，每个省市县，又各有地方特色，我们需要好好学习，了解并承继发展。没有了解学习，何来热爱？何来建设？何来发展？这就需要通过各地方志馆的社会教育实践来推动。在具体运作上，可以通过加强方志馆和村史馆、镇史馆的合作，修编村史、村志，开展村情和地方文化教育。

三

刘玉宏同志是方志馆领域的专家，有多篇专业的学术文章问世。

---

① 潘光旦：《说乡土教育》，《政学罪言》，上海观察社1948年版，第63—64页。

与此同时，他还多年担任地方志的组织管理工作，对方志馆的历史沿革、发展现状、管理运营和方方面面的制度建设等都十分熟悉，由他著述这本书再合适不过。

《方志馆概论》一书明确了方志馆工作的指导思想、任务目标、运行机制，使方志馆的管理工作易于推动运行；与此同时，对开发利用好方志馆的地方文化资源，也提出了详细的指导意见。作者在该书中对我国方志馆的性质、功能、意义、作用以及运行规范做了十分严谨而详细的介绍、论述和说明。具体来说，除了指导思想、任务目标等大的原则外，还包括方志馆的立项、藏品征集与收藏保护、陈列展览与宣教、信息化建设、科研管理、安全保卫、行政后勤管理等。毫无疑问，该书对全国方志馆行业的同志们会有很大的帮助，是一本扎实的行业指南。我们要继续全面推动方志馆建设，进一步推进地方志事业科学发展，充分发挥方志馆在社会主义文化建设中的重要作用。此书可以作为重要参考。

地方志事业和方志馆的建设工作是百年大计、千年大计，我们要以习近平新时代中国特色社会主义思想为指导，认真学习习近平总书记关于修史修志工作的重要讲话精神，以马克思主义的立场、观点和方法指导方志馆的建设和发展，深入开展地方志文化资源开发利用，充分发挥方志馆在建设社会主义文化强国中的重要作用。

2023 年 3 月 30 日

目　录

序言　充分发挥方志馆在新时代文化建设中的作用 …………（1）

第一章　方志馆的定位与功能 ………………………………（1）
第一节　方志馆的定位 …………………………………（1）
第二节　方志馆的收藏功能 ……………………………（4）
第三节　方志馆的展示功能 ……………………………（7）
第四节　方志馆的宣传功能 ……………………………（10）
第五节　方志馆的科研功能 ……………………………（12）
第六节　方志馆的交流功能 ……………………………（16）
第七节　方志馆的信息化功能 …………………………（19）
第八节　方志馆的教育功能 ……………………………（23）

第二章　方志馆立项 …………………………………………（30）
第一节　项目概况 ………………………………………（30）
第二节　建设指导思想与基本要求 ……………………（31）
第三节　项目建设的背景、必要性和意义 ……………（31）
第四节　项目建设的前期工作 …………………………（37）
第五节　项目地址及建设条件 …………………………（37）
第六节　建筑规模和建设方案 …………………………（39）
第七节　环境保护和能源节约 …………………………（50）

· 1 ·

第八节　项目建设组织 …………………………………… (51)
　第九节　投资评估及资金筹措 …………………………… (52)
　第十节　社会效益分析 …………………………………… (53)
　第十一节　项目建设结论与建议 ………………………… (54)

第三章　方志馆藏品征集 ……………………………………… (55)
　第一节　方志馆藏品 ……………………………………… (55)
　第二节　藏品征集途径与程序 …………………………… (58)
　第三节　入藏保管原则、标准和内容 …………………… (62)
　第四节　方志馆藏品保管岗位的设置 …………………… (65)
　第五节　方志馆藏品接收 ………………………………… (67)
　第六节　信息采集 ………………………………………… (69)

第四章　方志馆图书藏品保护 ………………………………… (75)
　第一节　方志馆藏品保护的基本原则 …………………… (76)
　第二节　温、湿度控制 …………………………………… (79)
　第三节　控制光照 ………………………………………… (81)
　第四节　空气污染防控 …………………………………… (83)
　第五节　防霉菌和虫蛀 …………………………………… (84)
　第六节　图书医院修复流程 ……………………………… (88)

第五章　方志馆陈列展览 ……………………………………… (91)
　第一节　陈列展览的原则 ………………………………… (93)
　第二节　陈列展览的选题与立项 ………………………… (97)
　第三节　陈列展览设计及实施 …………………………… (101)

第六章　方志馆宣教 …………………………………………… (116)
　第一节　方志馆宣传教育的原则 ………………………… (118)

第二节　导览讲解 …………………………………………（120）
　　第三节　教育基地 …………………………………………（125）
　　第四节　志愿者 ……………………………………………（126）

第七章　方志馆信息化建设 ……………………………………（131）
　　第一节　信息化建设基本情况 ……………………………（131）
　　第二节　信息化建设的主要内容及原则 …………………（135）
　　第三节　基础建设 …………………………………………（139）
　　第四节　数字资源建设 ……………………………………（141）
　　第五节　大数据运用 ………………………………………（144）
　　第六节　管理维护 …………………………………………（146）

第八章　数字方志馆 ……………………………………………（149）
　　第一节　数字方志馆建设的意义 …………………………（149）
　　第二节　数字方志馆特征 …………………………………（152）
　　第三节　数字方志馆发展现状和趋势 ……………………（152）
　　第四节　数字方志馆的建设模块 …………………………（155）
　　第五节　数字方志馆的顶层设计 …………………………（158）
　　第六节　数字方志馆的管理 ………………………………（160）

第九章　方志馆科研与管理 ……………………………………（165）
　　第一节　方志馆科研工作的意义 …………………………（166）
　　第二节　方志馆科研工作内容 ……………………………（167）
　　第三节　方志馆科研工作的原则及内容 …………………（170）
　　第四节　科研规划 …………………………………………（173）
　　第五节　课题管理 …………………………………………（174）
　　第六节　学术管理 …………………………………………（177）
　　第七节　科研档案 …………………………………………（179）

第十章　方志馆安全工作 (182)
　第一节　方志馆安全工作的原则 (182)
　第二节　方志馆安全制度建设 (187)
　第三节　方志馆应急预案制定 (188)
　第四节　方志馆安全设施管理 (189)
　第五节　方志馆安全防护措施 (192)

第十一章　方志馆行政后勤管理 (199)
　第一节　公文管理 (199)
　第二节　印章管理 (204)
　第三节　会务管理 (206)
　第四节　宣传外联 (208)
　第五节　工程管理 (210)
　第六节　固定资产管理 (213)
　第七节　行政后勤档案管理 (216)
　第八节　其他保障服务 (218)

论文选录 (223)

附录1　方志馆建设规定（试行） (269)

附录2　全国地方志信息化发展规划（2016—2020年） (271)

附录3　关于加强全国地方志科研工作的意见 (279)

附录4　关于印发《国家方志馆分馆建设管理工作规定》的通知 (285)

参考文献 (289)

第一章　方志馆的定位与功能

近年来，中国方志馆事业随着全国经济、文化建设的形势，随着地方志事业的不断繁荣而迅速发展。方志馆作为收藏研究、开发利用地方志资源，宣传展示国情、地情的公共文化服务机构，功能定位应立足中国特色社会主义文化建设，立足国情、地情研究，立足方志文化的传承和发展，让政府机构乃至全社会都充分认识到，建设方志馆可以全景式记录和展示一定区域内的自然、政治、经济、社会、文化等方面发生的巨大变化，为改革开放和建设有中国特色的社会主义提供可资借鉴的文献资料，填补我国在文化基础设施建设方面的空白；可以向社会集中展示各地区的自然条件、历史沿革、地方特点和社会风貌，更加有效地培育人们的家国情怀，更好地践行社会主义核心价值观，在推进社会主义文化强国建设中发挥独特作用。

第一节　方志馆的定位

方志馆是否只是收藏志书、年鉴的图书馆，方志馆是否和展览馆一样，主要承担展览、展示的职能，对这类问题的回答，直接涉及方志馆的性质与定位。

在我国大力加强公共文化服务体系建设和中国特色社会主义文化

强国建设的大背景下，对于方志馆，应该寻找新的、更加准确的定位。一个时期以来，我国"覆盖城乡的公共文化服务设施网络基本建立，公共文化服务效能明显提高，人民群众精神文化生活不断改善，公共文化服务体系建设取得显著成效，呈现出整体推进、重点突破、全面提升的良好发展态势"[①]。在此过程中，公共图书馆、博物馆、文化馆、规划馆、档案馆等公共文化服务设施如雨后春笋般建立起来，并发挥着各自的重要作用。诚然，正如国外学者埃莱娜·厄曼·古里安所言，"图书馆、纪念馆、社会服务中心、学校、商场、动物园、表演厅、档案馆、剧院、公园、咖啡馆和博物馆等机构之间的差异将日趋模糊"[②]。但是，与当前经济社会发展水平和人民群众日益增长的美好生活需要相比，与建设中国式现代公共文化服务体系的目标要求相比，我国的公共文化服务体系建设水平尚有很大的提升空间。站在新的历史起点，建设现代公共文化服务体系，是文化强国的重要举措，是全面深化文化体制改革、促进文化事业繁荣发展的时代要求，是弘扬社会主义核心价值观、建设社会主义文化强国的重要任务。为此，2015年，中共中央办公厅、国务院办公厅联合下发《关于加快构建现代公共文化服务体系的意见》，对加强公共文化服务设施建设与发展，提出了明确的目标。在此背景下，作为重要的文化部门，全国各级地方志工作机构应抓住当前难得的历史机遇，积极参与，主动作为，为各级方志馆建设探索出一条科学发展道路。

方志馆作为正在蓬勃兴起的重要公共文化服务机构，可以借助后发优势，在充分借鉴吸收其他各类文化场馆建设经验的基础上，抓住机遇，砥砺前行。在《关于加快构建现代公共文化服务体系的意见》精神的指导下，抓住重点，突出特色，积极争取在公共文化服务体系

---

① 中共中央办公厅、国务院办公厅：《关于加快构建现代公共文化服务体系的意见》，2015年1月14日。

② 参见［美］爱德华·P.亚历山大、玛丽·亚历山大《博物馆变迁：博物馆历史与功能读本》，陈双双译，译林出版社2014年版，第15页。

建设中发挥重要作用，树立自身地位，实现"弯道超车"。

方志馆作为地方志事业的重要组成部分，对其定位，还应该立足于地情研究，立足于方志文化传承的需要，从社会主义文化建设的高度加以认识。中国地方志指导小组原常务副组长朱佳木曾提出："方志馆除了有收藏和展示志书，集中保存和统一管理修志过程中形成的文字资料、图表、照片、音像资料、实物及文稿等各种功能外，更为重要的功能乃是利用地方志工作的独特优势，对广大群众特别是青少年进行国情、地情和爱国主义教育。因此，从一定意义上可以说，方志馆在地方就是地情馆，在国家层面就是国情馆，是重要的爱国主义教育基地。"[①]具体而言，绵延不断地编修地方志是中华民族的优秀文化传统，作为地方志专业机构，各级方志馆必须为传承方志文化传统服务，通过自身功能的实现，展示方志文化的魅力和影响力，让历史悠久的方志文化在新的历史时期焕发出新的生命力，为增强国家文化软实力和社会主义文化强国建设服务。那么，方志文化的魅力何在？方志乃"一方之全史"，又是"一方之百科全书"。这种对方志的定位，深刻体现出方志记述内容的系统性和全面性。作为现代方志馆，其定位也正在于此。

从业务范围上讲，方志馆应该包括编纂收藏研究，开发利用地方志资源，宣传展示国情、地情等主要方面；从管理运营上讲，方志馆需要有相应的机构编制、人员队伍、管理经费等人财物的支持；从基础设施建设上讲，还需有与之相匹配的建筑场馆等必要条件。因此，现代意义上的方志馆具有综合性内涵，不是单一的一个场馆或一个设施，而是一个综合性的公共文化服务机构。另外，从理论研究上讲，方志馆把志书和年鉴记述的内容立体地提供、展示给社会各界，志书是全面系统记述本行政区域内自然、政治、经济、文化和社会历史与现状的资料性文献，年鉴则是年度性资料，二者都是专业、系统、权威的地情资料。因

[①] 朱佳木：《在江苏省方志馆开馆仪式上的贺辞（2010年4月9日）》，《中国地方志》2010年第5期。

此，方志馆是本行政区域内收藏、保护、展示和宣传地情文化最为全面、系统的文化服务机构，是本行政区域内具有文化名片性质的地情馆，或称为省情馆、市情馆、县情馆，国家层面则为国情馆。

第二节　方志馆的收藏功能

方志馆的功能是指方志馆作为典藏地方志的固定场所，利用地方志系统，高效、准确地提供国情、地情文献资料，将其汇集的地方文献数字化、网络化，为社会提供方便快捷的地情信息服务，为推动中国特色社会主义政治、经济、文化、社会、生态建设发挥重要的作用，担负着收藏、展示、宣传、科研、交流、信息化、教育和咨询等诸多功能。

方志馆的收藏功能是指方志馆收藏历代方志、各地方的志书、年鉴、地情资料、影像资料、口述资料、图片资料等内容，发挥征集、整理和保存、管理地方志和地情资料的作用。

一　馆藏资源的分类

方志馆馆藏资源主要是指方志馆收集的能够发挥经济、政治、文化、社会、生态等效益的各类文献。从不同的标准可分为不同的类型。

（一）依据来源，分为官方资源和民间资源

官方资源如历代官修志书、各地方志工作机构主持编纂的地方志书、综合年鉴以及其他地情资料，等等；民间资源主要是指来源于个人，以及与地方志有关的各类资料。

（二）依据范围，分为区域内资源与区域外资源

区域内资源是指当代地方志工作机构主持编纂的地方志书、综合年鉴等；区域外资源是指来源于民间的与地方志有关的各类资料，如私人编修的各类家谱、族谱等。

（三）依据载体，分为纸质资源与非纸质资源

纸质资源是大多数方志馆馆藏资源的基本构成。非纸质资源包括实物资源和数字化资源：实物资源以能够反映地区历史文化积淀的各类物品为主；数字化资源是利用信息技术、人工智能等先进手段，对已有的各类资源进行数字化加工的方志成果。

二　志鉴的收集方式和注意事项

（一）收集方式

①志鉴编修部门将成果送交方志馆收藏；
②发函征集、长期关注、定购丛书收藏；
③陈列展览所需藏品征集；
④建立地方文献资料中心；
⑤收集编写的专业志、部门志等其他成果；
⑥收集编写的大事记；
⑦收集各类期刊；
⑧社会个人捐献。

（二）收集注意事项

收集时需要注重方志的完整性特征，明确收集重点，扩大收集范围。

三　入藏的资料范围

1. 省级方志馆收藏各级各类旧志、新志、年鉴、地情书和全国各省（市）志、有影响的市（县）志，以及与修志有关的各类工具书、资料书。

2. 有一定时效性的志鉴图书资料，要进行抢救性的挖掘购藏。

3. 其他载体的文献，如声像型、缩微型、电子型的文献均需纳入收藏范围。

4. 体现时代和地方特色的、查询方便、覆盖面广、时间跨度大、资料完备的地情信息资料和文献。

四 藏品管理

方志馆藏品的管理是指对收集的资料（即其他藏品）进行挑选、鉴别、分类及数字化处理，使烦杂、零乱的地情文物和文献资料变得系统、有效，实现对地情信息的提取利用。

（一）方志、标本的征集

搜集原始资料，认真做好科学记录，及时办理入馆手续，逐件填写入馆凭证或清册，组织有关人员认真进行鉴定，确定真伪、年代、是否入藏，并分类、定名、定级。鉴定记录应包括鉴定意见及重要分歧意见。凡符合入藏标准的，应连同有关原始资料一并入藏。各种凭证每年装订成册，集中保存。

（二）方志藏品的总账（纸质版和数字版应同时建立，以下以纸质版为例）

a. 设专人负责管理，永久保存。登记时要严格按照规定的格式，逐件、逐项用不褪色墨水填写，字迹力求工整清晰。如有订正，用红墨水画双线，由经办人在订正处盖章。未登入藏品总登记账的大量重复品、参考品，以及作为展品使用的复制品、代用品、模型等，应另行建账，妥善保管。

b. 藏品总账、藏品分类账上的登记号，应用小字清晰地写在藏品的适当部位（不妨碍观瞻、不易摩擦之处）或标签上，并回注在入馆凭证（清册）和总账上。

（三）编目、建档

①方志馆必须建立藏品编目卡片。编目卡片是反映藏品情况的基本资料，是藏品保管和陈列、研究的基础工作。文字必须准确、简明，并附照片、拓片或绘图。

②方志馆必须建立藏品档案，编制藏品分类目录和一级藏品目录。

五 方志馆的保存环境控制

1. 方志馆的文献资料保护措施主要包括保温、隔热、湿度控制、防潮、防尘、防有害气体、防阳光直射、防紫外线照射、防磁、防静电、防虫、防鼠、消毒等。

2. 方志馆要有严格可靠的防水、防潮措施，书库、特藏书库和非图书资料库、阅览室的防护设计应符合国家相关规定，充分考虑必要的通风、空调、除湿设备，有条件的场馆可建设空气调节和净化设施。

六 藏品修复保养

藏品修复保养主要是指对图书进行修复和保养。藏品修复是通过技术手段对已损藏品进行复原，尽量保持其结构完整。藏品保养是阻止或延缓藏品劣化变质而采取的防护性技术措施。

第三节 方志馆的展示功能

展示功能，是指在方志馆内，以方志为基础，配合适当的辅助展品，按照一定的主题、序列和艺术形式组合而成并以特有的语言实现直观教育的功能。

一 展示原则

方志馆的展览，应具有公共文化场馆共同要求的基本条件：拥有符合标准的安全技术防范设备和防止展品遭受自然和人为损害的展出设施；为公众提供文字说明和必要的讲解服务。陈列展览的对外宣传活动除了要及时、准确、形式新颖，还应与本馆性质和任务相适应，突出馆藏品特色、行业特性和区域特点，具有较高的学术和文化含量。因此，必须遵循以下基本原则。

（一）方志性原则

方志馆陈列应力求以展示方志文化体现社会主义先进文化为发展导向，因此，选题的研究与确定是实现这一目的的基本前提。在选题时应依据志书的内容，认真研究，精心选择合适的主题，更多地突出地情、地方志等专业领域的文化传播，使陈列展览具有先进的思想性、时代性、科学性和艺术性。

（二）科学性原则

要突出反映本区域的社会历史、自然历史、政治经济、科学技术和文化发展状况，方志馆陈列所提供的信息必须科学可靠，必须揭示展品之间的内在联系。

（三）物与识辩证统一原则

展品标本作为社会历史、自然历史发展的最有力见证，具有无可辩驳的说服力和感染力。但是，基于条件所限，当下的方志馆起步较晚，大都收藏基础薄弱。因此，方志馆陈列不能像博物馆那样以物为主，而是应逐步探索"物与识"如何有机结合、辩证统一于展览中的道路。其中，作为"物"的展品应以原件为主，如果使用复制品、仿制品，复原陈列应客观真实，同时应予明示。

（四）艺术性原则

展览不仅要反映方志学的有关内容，还要给人以审美的享受。通过美来吸引人、感染人。因此，应正确处理内容与形式的辩证统一关系，应以美的陈列形象生动地揭示主题。

（五）普及性原则

方志陈列展览的教育对象是社会各阶层和知识背景的观众群体，因此它的内容必须兼顾各群体，要适应普及知识的需要，以资料性文献见长。

二 展览活动的要素

（一）坚持公益性原则
方志馆展览首先要坚持公益性的办展宗旨，始终贯穿教化读者、传播文化知识、服务全社会的理念。

（二）保持良好的环境
展览场地是方志馆展示的基本物质平台，需要保持良好的环境。

（三）展览定位要明确
①展示主题明确。方志馆展览要以综合展览为主，如地情展、爱国主义教育展、素质教育类展、文史知识展、科普知识展等。

②观众群定位精准。以社会公众为主体，以青少年和资源环境相关领域业务人员为侧重点，兼顾科学研究人员的需求。

三 展示手段与方式

1. 通过方志实物布展，进行地域文化展示服务。

2. 合理运用现代技术、材料、工艺和表现手法。以实物精品标本展出为主体，兼与现代化声光电、仿生、多媒体、虚拟现实、人工智能等陈列展示手段相结合，采用互动式等多种感官设计，达到寓教于乐的效果。

3. 通过网络平台、讲座、对谈等形式，提供本地区的文化讲解、咨询服务，对社会公众进行国情、地情教育和爱国主义教育等，并为当地政府机构提供资政服务。

四 展厅布局及展示内容规划研究

（一）展厅布局和内容规划
①对不同展厅进行不同规划，突出重点展厅和相关的展示内容。

②要注意方志馆外部展示工程，将展示内容延伸到馆外。

（二）展示形式研究

由于目前用于方志馆展示的高科技手段日新月异，应加强对方志馆展示手段和相对应的展示内容的匹配研究。

五　数字方志馆展览设计应注意的问题

1. 展示设计时选择适当的陈列密度。

2. 科学设置光源。光源不能裸露，道具表面喷饰亚光材料，展柜与窗户保持垂直角度。展品的陈列、采光与照明应力避产生刺目眩光，要突出使用柔和、柔美的光线，尽量避免让观众的视觉感到不适，产生疲劳。

3. 数字博物馆展示设计要充分考虑观众的休息问题。

4. 展览设计应确立一种主色调。根据展览内容，确立主题要求，确定整个空间环境色彩、版面、道具和光色。

5. 空间布局选择要合理，综合安排参观路线。展品设计的布局合理、秩序性强，可使观众少走弯路、看得全面，减轻观众的疲劳程度。

6. 确立符合时代要求的艺术形式。

7. 注重视觉呈现和交互应用、设备和所要表现的历史文化内容、总体展览形式及环境之间的和谐与相融。

第四节　方志馆的宣传功能

宣传功能是指各种宣传手段将方志馆各类信息及时向社会传播，使社会了解并利用方志馆。

一　宣传方式

发布新闻、广告和印刷宣传品是方志馆的主要宣传方式。

（一）新闻

①在报纸、杂志、网络上发表专题文章、藏品介绍、展览巡礼以及其他通讯报道；

②举行记者招待会，宣布该馆当年陈列展览计划和馆内重要活动，介绍陈列展览的主题、特色、重要陈列品及举办的目的、意义等，通过记者的报道广为宣传；

③利用广播、电视介绍正在展出的展览内容。

（二）广告

在方志馆大门口或闹市、车站、码头等处竖立大型广告牌或张贴海报、传单，介绍展览内容、展出日期及时间；或可设宣传橱窗介绍本馆馆藏及各类活动。

（三）印刷宣传品

方志馆印制明信片、展览说明书、图录，或制作幻灯片、录像带向社会传播、介绍其馆藏及重要展览内容。

方志馆还可以邀请政府官员、外交使团及社会名流参加馆庆或馆内其他重要的学术活动，以扩大影响。

二　宣传活动的主要内容

（一）坚持公益性原则

方志馆的展览展示应坚持公益性的办展宗旨，要坚持和贯彻教化读者、传播知识、服务社会的基本理念。

（二）明确展览定位

方志馆展览要明确展览主题，要以综合展览为主，兼顾爱国主义教育展、素质教育类展、文史知识展、科普知识展以及其他专题展览等。

（三）全方位宣传

①要注重方志馆展示的知名度和影响力。以电话、网络或报刊等方式通知新闻媒体，同时要精心安排工作人员撰写新闻稿。新闻稿的内容要详尽，体裁要得当，可读性要强，形成积极正面的宣传效果。

②创建联合网站。利用方志系统可整合跨区域的方志馆或方志工作机构创建网站，介绍方志馆的基本情况、馆藏资源、展览信息等，用规模优势吸引社会公众的浏览，达到宣传的目的。

三 建立专门宣传机构

1. 应设立宣传策划部门，聘用、培养专职宣传人员。
2. 应培养高素质的专业人才队伍。

要注重培养具备专业能力和公关能力的队伍。办展人员要用专业的知识和优秀的公关能力与展览主办方、新闻媒体、社会群众进行广泛的交流沟通。

展览主办方要利用宣传策划人员对已举办的展览进行行之有效的宣传，引起人们的关注，使方志馆具有吸引力，而且要对不同区域进行调研，分析观众对展览的需求，为方志馆举办新展览提供参考依据，提出具有前瞻性、预见性的意见和建议。

第五节 方志馆的科研功能

方志馆的科研功能是指方志馆的实物资料本身具有的价值以及方志馆工作者对其进行搜集整理所蕴含的科学劳动。

一 科研工作的主要内容

（一）旧志的刊印

针对部分有重要意义但流传、分布不广泛的旧志，要重新进行刊印。还有一些过去不被重视的专记地区风情的地方小志也需要重印。

（二）旧志资料的类编

①地方志所蕴藏的各方面历史资料，如地震、天文等专科资料。

②前代学者研究方志的成果资料——应广泛地类编更多学者的论文资料。

（三）旧志目录的编制

旧志数量浩繁，查询不便。方志研究有待开拓编目领域，以便读者了解某地现有方志以及该方志的大致内容和风貌。

（四）方志馆的藏品研究

主要涉及方志藏品的科学、历史、文化等方面的价值，以及相关的科学保护研究等内容。

（五）陈列展览研究

主要涉及陈列展览主题、内容组织、大纲撰写、展示形式、展览方案等内容。

（六）方志馆学相关研究

方志馆学是一门新兴的学科，内容涵盖广泛，其中包含方志馆的管理与运营、方志馆理论研究、安全防范、藏品保护、社会教育、公众性宣传、文化传播、信息化管理以及后勤服务等。

（七）创编新志

拓宽思路，积极搜集志料，做好准备，选准志，尤其要注意填补旧志所偏废的空白点，对社会经济状况、工农业发展和民俗方言等方面的具体材料，要及早进行抢救性记录。

（八）编辑发行学术期刊

对于社会流传或私藏的方志稿都应采集并编辑留存，有条件的应创立期刊，加强文献收集、理论研究和广泛传播。

二 特色资源的研究

（一）挖掘特色资源

①方志馆要加大对历代编修的志书和本区域内有关的地方志书的收集、整理工作，特别是注意收集具有地方特色的、独有的资源。

②应将地情资料作为方志馆馆藏资源的重要来源，在地情资料中总结、发现特色文化信息，形成特色文化成果。

（二）甄选特色资源

对于已挖掘的特色资源，应充分考虑其与地方志工作的关联性；某些应由博物馆、图书馆、档案馆等文化场馆收集的文献资料原则上也要避免或减少纳入。

三 修志人员的稳定性和专业性

（一）保证修志人员的稳定性

方志馆工作人员要保持相对稳定，在长期的地情资料收集、整理和开发利用中，人员稳定有利于修志过程中取舍资料和把控资料，对修志进行宏观把握。

（二）选拔业务水平高的专职修志人员

鉴于方志馆人才队伍建设的迫切需要，我们应选拔业务水平高、具有丰富修志经验的人员，来专门从事地方志的编修工作。在每一轮志书编修完成后，相关人员即可开始进行下一轮志书资料的筛选、整理以及篇目的构思和拟定工作。这样做可以真正实现专家成书，延续不断，确保志书的质量。

四　进行修志经验的总结

方志馆专职修志人员应在每一轮修志工作完成后，及时总结修志经验，加以理解消化。系统地、科学地、有针对性地进行总结，形成理论，深化对方志编纂本质和规律的认识，进一步提高修志水平，为下一轮修志提供可资借鉴的经验。

五　开展评志活动

方志馆收藏了丰富的地方志书，我们可以有规划地开展评志活动，通过对一些有特色的地方志书进行点评和研讨，努力总结地方志编纂的经验、特征和规律，学习他人的修志经验，不断丰富和提升自己的修志知识，多出精品佳志，多出传世之作。

六　促进社会效益的转化

通过将科学研究成果展示出来，促进当地社会和经济发展。实现文旅结合，讲好中国故事，传播中国声音，扩大方志影响。

七　其他应注意的问题

1. 克服方志馆科研工作庸俗化的倾向，用科学态度对待科研工作。
2. 区别方志馆科学研究的级别与层次，按照不同规律、不同方法开展科学研究工作。
3. 加强方志馆科学研究的开放与社会化。

第六节 方志馆的交流功能

交流是指方志馆与方志馆及其他场馆之间的交流，包括交流主体、交流展览、学术交流和参观交流。

一 交流主体

（一）方志馆之间的交流

方志馆馆际之间的交流和对外的交流，应以馆藏资源为重点，既包括馆藏资源建设方面的经验沟通，也包括馆藏资源的开发、保护、研究利用方面的交流，以及资源共享，如方志文化资源的合作开发、特色馆藏资源互借、馆藏资源数据库的建设等。

（二）方志馆与其他场馆的交流

方志馆应加强与各类文化场馆之间的资源交流共享，包括方志馆在内的各类文化场馆都是公共文化服务体系的组成部分，都可以为繁荣和发展先进文化发挥积极作用。

二 交流展览

（一）建立交流展览工作综合机构

方志馆需建立专门负责交流展览工作的综合机构，一般以5—7人为宜。在规模比较大的情况下，也可以独立出外联、保管和办公三个科室。

（二）展览信息收集工作

①指定专人对国内、国外方志馆的展览信息进行收集、整理和筛选，特别是具有浓郁地方特色的展览信息。

②建立展览信息的网络交流平台，各地建立方志馆交流展览协会，实现展览信息资源共享。还可以通过网站交流展览经验、开展学术讨论。

（三）出库交接

保管员按照展览清单对每一件展品逐件检查，并填写附有照片的《展品交接册》（一式两份，甲乙双方各一份），如有特殊情况，需要在《展品交接册》上添加注释。在交接时按照交流展览合同的规定来执行，在《展品交接册》上，要有双方交接人和接收单位的领导签名。

（四）运输过程中的安全问题

送展的相关展品要采用坚固、防潮、防震的包装物进行包装。包装的过程应由专业技术人员亲自操作。包装完成后，要用封条封住，未到目的地不可开启。

包装上不得有方志馆（包括加盖公章）字样或与展品有关的重要提示信息，但要注明包装日期。

（五）布展与展品的回收

1. 布展工作最好是在展品所有权单位的专业技术人员指导下进行。如无条件，应由借方的专业技术人员根据展览协议进行现场布展。

2. 展览结束后，根据《展品交接册》上的记录认真验收展品回库，对有争议的展品，认真做好记录并填写情况说明，由双方经手人签字存档。

三　学术交流

学术交流是指利用方志馆平台、方志文献载体，积极传播方志文化，不断推出前沿性的编研成果，加强与国内、国外志鉴收藏、研究机构的业务交流和学术研讨，搭建学术交流平台。

（一）学术交流的分类

1. 就交流范围看，包括馆际之间、本地区之间、国内与国际间的学术交流。

2. 就交流内容看，分为方志馆之间和跨馆之间的学术交流。

3. 就交流方式看，主要有学术会议、专题讲座、座谈讨论、期刊文献、学术专著、交流深造、参观考察、咨询服务以及采用信息手段进行文献检索、网络学术信息交流等诸多方面。

①学术会议。主要是指方志馆就某一个主题，以会议交流形式，定期或不定期组织有关专家或单位进行学术信息交流的一种形式。学术会议交流的基本程序是主办单位事先拟定交流主题、内容提纲，发出邀请函或启示，然后组织有关专家对文稿进行审查，汇集大会交流、分会交流和书面交流的论文，组织编辑学术文集，举办学术交流会议，组织论文研讨，并评选优秀论文，等等。

②专题研讨与讲座。专题研讨与讲座是针对某一系统、某一领域、某一专题进行深入了解的一种有效方式。它的特点是重点内容突出、系统综合、双向交流启迪。

③交流深造。选派优秀人才和专业技术骨干到有关方志馆或国外进修深造，或者是派出访问学者进行学术交流。

④期刊、专著交流。期刊和专著是学术信息交流的一种重要形式。

（二）学术交流的注意事项

①把握好学术导向，提高学术交流质量。
②发扬学术民主，展开学术争鸣。
③注重学术活动的多样化，拓宽学术交流领域。

四 参观交流

方志馆以专门、独有、权威的资料见长，提供地情文献资料。讲解员是方志馆陈列与观众参观交流的桥梁，负责展览展示的接待、解说，须具备一定的条件，才能发挥桥梁纽带作用。

1. 要具有良好的思想品德与职业道德。
2. 要具有良好的文化素质和专业知识。
3. 要具有良好的公众形象，有利于和观众保持良好沟通。
4. 要具有良好的语言表达能力，善于与观众交流。

第七节 方志馆的信息化功能

方志馆的信息化功能是指方志馆各个部门和各项职能都能够以计算机为日常工具，构成一个以藏品信息数据库为基础、以信息网络为支撑、以业务应用为核心的信息系统。方志馆的信息化建设包括实体方志馆的信息化建设和虚拟方志馆的信息化建设。

一 实体方志馆的信息化建设

实体方志馆的信息化建设重点在于利用计算机、通信等技术收集、整理、保存、加工、展示研究各类藏品信息，其基础工作在于藏品信息管理系统的建设。

（一）信息网络平台建设

信息网络平台建设包括内部网络平台建设和外部网络平台建设两个部分。

1. 内部网络平台建设，即方志馆局域网的软件、硬件环境建设。局域网是以交换机和服务器等为中心，连接方志馆内部各信息点的网络系统，并通过路由器和专线与互联网连接。局域网建设是方志馆内部信息化建设的基础所在。

2. 外部网络平台建设，是方志馆与外界进行信息交流的桥梁、平台。对于方志馆的信息化工程，可申请宽带网服务，并配置防火墙和杀毒软件，做好必要的数据备份，以保障系统不受黑客和病毒的危害以及非授权用户访问。保证工作人员可从互联网上进行相关信息的采集，以充实方志馆的信息化资源。

（二）方志馆网站建设

方志馆的网站是面向社会公众介绍方志馆藏品、传播知识、进行交流的窗口。它没有时间和地域的约束，社会公众能通过网站详细了解方志馆的馆藏、陈列、宣传、学术研究和方志馆动态等情况，是方志馆发挥其功能、服务社会大众的有效途径。

1. 网站规划。网站建设的前期，方志馆要通过论证，制定、规划网站所设的栏目、所要发布和展示的信息种类。

2. 网站建设和维护。组织和吸收方志馆擅长美工、熟悉信息化、熟悉文物与方志馆工作、熟悉计算机知识的人员共同组成团队，进行网站建设和维护。

3. 方志馆如果不具备网站建设和所需要的软硬件设施，以及专业人才，可探索与第三方合作，与从事网站规划设计的专业公司合作，待网站建成后，由设计公司对方志馆具体的工作人员，进行必要的网站维护和建设技能的培训，并建立长期的技术支持关系。

（三）方志馆藏品数据库建设

对于方志馆而言，建立一个规范、有序、标准的藏品信息数据库，是方志馆信息化建设的基本任务，也是方志馆信息化建设的核心和关键所在。方志馆藏品数据库的主要作用是替代传统的藏品卡片式管理，大大提高藏品管理工作的质量与效率，逐步与时代同步。

1. 方志馆数据采集时，要确立藏品信息的分类、编码、字段设置、流程设置、权限分工、关键字设置等，对不完整、不准确信息进行核实完善。字段设置要建立藏品编号、藏品名称、藏品等级、征集人、藏品柜号等方面的基本信息。

2. 要制定统一的标准和记录方式，在制定统一标准时还要考虑今后国家标准出台的可能性。

3. 方志馆信息的采集，要在数据库建设的初期，组织专门的人力，详细地对信息进行核实、整理、分类，保证数据信息完整、准确。

4. 有条件的地区，方志馆要借助现代的技术方式和手段，运用全息数码技术，实现图像信息三维立体影像存储等功能。

（四）数据库的录入和更新

方志馆采用统一的藏品管理信息系统进行数据库的录入和更新，并通过网络进行共建共享，发挥公益作用。

（五）办公自动化（OA）系统建设

方志馆的办公自动化系统，是指以网络化协同办公，并满足方志馆不同层次管理者的需要，以及工作人员高效处理日常事务的需要，比如提供日程安排、公文发送、个人办公、邮件服务、议题讨论、决策支持、管理监督等功能，有效地协助方志馆完成各项任务。

方志馆办公系统的建设理念，应打造成以先进的计算机网络技术为依托，以业务运转为核心，以综合信息服务为基础，以电子邮件、信息查询、工作流程及日常事务等为内容的综合办公平台，提高方志馆内部的办公效率、决策能力，以及在特殊情况下的应急处置能力。现代方志馆办公系统应采用"无纸化"和"移动办公"的工作模式，整个系统应由办公和服务管理、决策支持两个子系统组成，要具备领导决策支持、个人事务处理以及办公事务处理的功能，建立信息库，实现信息共享。

（六）方志馆信息系统安全

方志馆信息系统安全主要包括两个部分：一是存储安全，二是传输安全。

1. 多数方志馆现有的系统，主要在方志馆内部进行应用，所以对传输的安全考虑相对较少，主要是维护存储安全方面的工作。

2. 方志馆信息存储安全，就是防止数据中心的数据被非法拷贝和盗用，针对方志系统，采取的方案主要有两种：一种是利用网络数据库自身的安全控制策略保证存储的安全；另一种就是利用相应的加密办法对存储的数据进行加密,从而实现数据的存储安全。

(七) 展示信息系统

方志馆可以开发多媒体导览系统,采用移动导览设备、数字投影、多媒体触摸屏等多种方式,简捷、方便地向观众展示信息。

(八) 藏品库房智能化系统

该系统对方志馆藏品所在的整个环境进行自动监控,并实现防盗报警和防火自动监测的功能。

(九) 安全保卫监控子系统

方志馆安全保卫中,可广泛运用当前先进的防护技术,当盗警和火警发生时,系统会自动关闭相应的门和通道,开启周边的灯光,记录现场状况,并迅速通知安保人员。

二 虚拟方志馆的信息化建设

数字化场馆始于网络技术的运用,场馆将馆藏资源和资源相关信息通过网络平台与个人、学校和社会共享,或将参观对象的学习要求和结果反馈给对方,它是基于整体环境和操作系统的资源虚拟转换。场馆的数字化为学习者创设了一个将实体场馆与虚拟场馆相结合的机会。它将学习的可能延伸到了场馆的围墙之外,也在现实和虚拟空间之间建立了资源共享平台。[①] 在信息技术迅猛发展的当今时代,虚拟场馆应运而生,并在新冠疫情肆虐全球数年的背景下,获得了极大发展和更多受众。

这一方面,博物馆界的虚拟博物馆和线上展览开展较早,目前也较为普及——馆校合作的数字化系统已经在全世界范围得到普遍应用。例如,英国场馆的 My Art Space 使学生可以通过手机提前发现、收集、定义将要参观的场馆、展品。另一方面,随着数字化设备日趋微型化,

---

[①] 王乐:《馆校合作研究:基于国际比较的视角》,厦门大学出版社 2017 年版,第 266 页。

场馆纷纷利用或研发具有智能意义的便携式移动设备，如个性化数字辅助装备（Personal Digital Assistant）、智能手机（Smartphone）等，建立参观者与场馆间实时长效的数据追踪系统，如位置、数据共享、数据上传下载、自我或他人评价等。在我国的公共文化场馆中，虚拟场馆和线上展览发展也较为迅猛。以博物馆为例，据 2020 年国际博物馆日开幕式上国家文物局局长刘玉珠公布的数据，截至 2019 年底，全国备案的博物馆达到 5535 家，举办展览 2.86 万个，接待观众 12.27 亿人次。仅春节期间推出线上展览就有 2000 余项，总浏览量超过 50 亿人次。[1] 2021 年国际博物馆日开幕式上，文化和旅游部副部长、国家文物局局长李群公布的数据显示，在全球博物馆受到新冠疫情广泛影响的背景下，2020 年度我国博物馆推出陈列展览 2.9 万余个、教育活动 22.5 万余场，接待观众 5.4 亿人次，网络观众数以亿计。[2]

虚拟方志馆同样是完全依赖于计算机和网络技术而存在的方志馆。利用虚拟技术，可以开展各种线上主题展览，打造全国方志馆展览展示阵营；可以对全国地情进行三维全景展示，打造全国地情和爱国主义教育基地；等等。在地方志信息化建设中，充分发挥虚拟技术、数字影像、网络、新媒体等各种媒介的作用，宣传推介方志文化，是增强方志文化软实力、展示中华文化独特魅力的重要途径，是扩大中国特色传统文化影响力、推动方志文化"走出去"的重要载体。

第八节　方志馆的教育功能

科教兴国是我国的基本国策，而终身教育是其中一项具有国家文

---

[1] 《2020 年"5·18 国际博物馆日"中国主会场活动开幕式在南京博物院举行》，央广网，http://wyzs.cnr.cn/2012art/zhongdianjiemu/20200520/t20200520_525097131.shtml。

[2] 《2021 年"5·18 国际博物馆日"首都博物馆内举行了中国主会场活动开幕式》，国际博物馆日_新浪新闻，http://cul.news.sina.com.cn/zxxx/2021-05-19/doc-ikmxzfmm3322210.shtml。

化战略意义的重要举措。"终身教育"作为一项国家政策在我国推出，始于1993年首次使用该概念的《中国教育改革和发展纲要》。1995年，《教育法》中"总则"的"目标"中提出这样的表述："促进各级各类教育协调发展，建立和完善终身教育体系。"此后，全国教育事业"九五"计划和"十四五"规划等重大政策文件均将"逐步建立和完善终身学习体系"作为目标。随后，党的十六大报告在构建终身教育体系的基础上，首次将"建成全民学习、终身学习的学习型社会"作为全面建设小康社会的目标。《国家中长期教育改革和发展规划纲要（2010—2020年）》提出"到2020年构建体系完备的终身教育，基本形成学习型社会"。《教育部等七部门关于推进学习型城市建设的意见》将建设学习型社会作为实现"两个一百年"奋斗目标和中华民族伟大复兴中国梦的重要内容和有力支撑，把学习型社会建设提升到了前所未有的战略高度。2019年党的十九届四中全会和《中国教育现代化》提出"构建服务全民终身学习的教育体系"。2021年《中华人民共和国国民经济和社会发展第十四个五年规划和2035年远景目标纲要》提出，要"加快构建网络化、数字化、个性化、终身化的教育体系，满足经济社会发展和全民终身学习的多样化教育需求"。中国的终身教育战略是党和国家基于国情推进教育改革发展的总体方略，既符合国际终身教育发展趋势，又具有强烈的本土化特征。① 公共文化场馆开展的各类活动、提供的各种知识和文献，是人们从青少年时代的校园生涯结束后步入学习型社会，实现终身教育的多种渠道之一。

　　方志馆发挥教化功能时，爱国主义教育和国情、地情以及乡土教育是其中最重要的教育内容。方志馆作为保存地情资料的中心，其中有许多文献记述了中国共产党领导人民浴血奋战的革命斗争史，利用

---

① 参见汤晓蒙、范冬清《中国终身教育国家战略的演进、内涵与实现》，《终身教育研究》2022年第1期。

这些资料可以对广大人民群众——特别是青少年——进行爱国主义教育。"未来属于青年，希望寄予青年。"① 社会各阶层的人可以通过走进方志馆了解国情、地情，从而接受热爱祖国、热爱家乡的教育。

一 爱国主义教育和国情、地情、乡土教育

习近平指出："青年工作，抓住的是当下，传承的是根脉，面向的是未来，攸关党和国家前途命运。"② 为使爱国主义优良传统随着新时代不断赓续发展，党和国家的事业薪火相传，加强青少年乃至社会各界爱国主义教育，我们必须培元固本、守正创新。在新时代新征途中，必须坚定坚持党的领导，进行青少年等各类人群的爱国主义教育，才能使爱国主义教育沿着正确道路持续有序推进。而方志馆的爱国主义教育就是利用开放性、群众性的方式，通过展览陈列中的革命历史普及，各类志鉴和地方文化资料中的红色文化记载，增强人们的爱国意识和信念、提高人们的正确认知、影响人的思想品德的活动。把方志馆作为爱国主义教育基地是加强爱国主义教育和精神文明建设的一项重要工作。

国情、地情和乡土教育，是我国基础教育的一部分，人们可以通过方志馆了解家乡的风土人情、资源分布、历史变迁。如果将方志馆承载的一地的历史兴衰、经济枯荣、社会变迁、政权更迭、民族分合等地情，以图文并茂、声光电等现代化的科技手段展示，则可成为对广大群众（特别是青少年学子）进行乡土教育、爱国主义教育和革命传统教育的生动教材。

---

① 习近平：《在庆祝中国共产党成立一百周年大会上的讲话》，《人民日报》2021年7月2日第2版。

② 《让青春在奉献中焕发绚丽光彩——习近平总书记关于青年工作重要论述综述》，《人民日报》2021年5月4日第1版。

二　改进陈列方式和教育方式

通过精品展示，丰富爱国主义教育内容；通过流动展，把展览送到学校、社区、乡镇、军营；通过展览让更多的人了解国情、地情知识。

（一）举办各种知识讲座及展览

1. 方志馆举办专题展览，丰富和拓展教育内涵。为配合党和政府新时期的工作重心和教育重点，适时举办一些主题鲜明的专题展览。

2. 方志馆通过承办、组织丰富多彩的各种展览和社会活动，扩大方志馆的教育辐射面。

3. 充分发挥报刊、广播、电视等传统媒体作用，特别是大力运用手机报、微博等新媒体，把各类文化元素注入爱国主义教育活动中。

（二）丰富陈列手段

1. 利用原始的历史图片、文物、文字资料等第一手材料，确保展陈内容和形式的严谨、真实，做到形式和内容的统一。

2. 陈列展示要注重首创和原创性。

3. 风格和展陈形式方面要有突破和创新，重点场景仿真复原，运用蜡像、雕塑、影视资料以及多媒体技术增加展陈的技术含量，从多角度再现真实历史场景，着力打造爱国主义教育平台。

三　加强宣传，营造爱国主义教育氛围

（一）制作宣传资料

在陈列展览推出之际，出版相应的宣传图录并免费赠予参观者，使展览信息得以延伸。

（二）密切与新闻媒体的联系

方志馆要采取措施进一步密切同新闻媒体的关系，使新闻传媒成为方志馆吸引社会关注、改变自身形象和外部环境的重要平台，利用其社会力量，广泛组织各层次的观众。

（三）加强同社区和学校的联系

1. 加强与社区的联系。

2. 加强与大中小学校的联系，向学校介绍方志馆的陈列内容、环境氛围和服务接待等情况，使其形成并强化对方志馆教育价值的认识，有意识地选择方志馆作为第二课堂。

3. 配合学校组织学生到方志馆参观时，开展有关方志馆的征文、演讲比赛、知识竞赛等，向优胜者发放奖品；利用寒暑假在方志馆举办"冬令营""夏令营"，或利用中小学一年两度的"春游""秋游"，组织学生到方志馆参观。

（四）与各级团委、工会、妇联等组织建立联系

积极主动地与各级团委、工会、妇联等组织建立联系，根据他们各自的特点，配合其贯彻实施纲要和开展工作。把沟通交流与宣传教育结合起来，挖掘新形势下爱国主义内涵，拓展爱国主义教育基地外延。

（五）延伸宣传

1. 组织巡回展出、演讲团、报告团，有条件的地方可培养并成立演出小分队，延伸教育阵地。

2. 积极开展志愿者服务。利用寒暑假期，把志愿者服务作为开展爱国主义教育活动的重要载体。

3. 充分利用新兴技术，打造网上纪念馆，努力增强教育活动的吸引力和时代感。

4. 通过出台激励政策，鼓励出版各类乡风民俗专著，发行地方报纸、杂志等。

四 健全规章制度，强化内部管理

（一）制定爱国主义教育基地管理实施意见

建立健全规章制度，是爱国主义教育基地顺利开展工作的保证。通过制定和完善管理办法、工作考核细则、人员交流培训规划等，可以有效建立科学运行机制。

（二）明确科室工作职责

明确规定爱国主义教育基地有关科室的工作职责，成立方志馆管理工作领导小组，统一指导、组织和协调爱国主义教育工作。

（三）加快地方志人才队伍建设

1. 要采取多种形式、多种渠道培养和引进高素质人才。要采取有效机制，充分调动方志馆工作人员的积极性和创造性，加强地方志工作人员的业务技能培训与教育，建设一支服务型、复合型高素质人才队伍。

2. 地方志工作人员自身也要增强社会服务意识，加强自身能力建设，切实提高服务能力。

（四）做好接待工作

1. 制定针对未成年人特点的参观路线和讲解服务，安排专门的安保措施，提升教育基地的接待工作和服务质量。

2. 针对接待任务重的实际，要专门设计接待任务表，规范接待程序，理顺接待环节。

五 建设爱国主义教育基地

爱国主义是民族精神的核心，加强爱国主义教育，是保障未成年人健康发展的需要。充分利用方志馆普及国情、省情、地情知识，进行爱国主义教育，创建爱国主义教育基地，是拓宽方志馆服务社会渠道的重要手段。

（一）爱国主义教育基地须具备的基本条件

1. 有丰富的爱国主义教育内容和比较成熟的宣传资料。

2. 有一定规模的场所和基本配套设施，有专业人员负责落实基地的规划、组织和管理工作。

3. 能够结合自身特点，开展适合青少年参与的各类主题教育活动，并与所辖范围内至少一所以上的学校、机关或企事业单位建立共建关系，定期组织开展活动。

4. 应当为学生接受爱国主义教育提供便利，年接待学生人数达到年接待总人数的25%，对集体参观的学生予以免费。

5. 有健全的管理机构和规章制度，每年要制订基地工作计划。

（二）分级管理的原则

各爱国主义教育基地的上级主管部门要加强对基地工作的领导，重视和关心基地的建设，在人力、物力、财力和政策上给予积极支持。爱国主义教育基地领导小组每年应选择并扶持一些重点基地，特别是对一些具有创新意识、开展活动成效显著但经费比较困难的基地予以重点扶持。

第二章　方志馆立项

方志馆立项是方志馆建设的重要一环，直接关系着方志馆建设项目能否顺利启动。立项建设环节较多、情况复杂、技术难度系数高，既要了解项目建设的背景、重要性、必要性和可行性，又要有较强的专业技术做支撑，提出的建议要合规、合情、合理。必须做到立项建议依据充分、建设确有必要、实施切实可行。（以下本章仅为各级方志建设提供一个参考模板）

第一节　项目概况

项目建设概况应涵盖以下五个方面的主要内容。

一、项目名称：××方志馆建设工程

二、建设性质：新建/改造/购置/划拨

三、建设地点：××市××区××街（路）××楼

四、项目主要技术指标

（一）建设用地面积：××××平方米

（二）建筑规模：××××平方米

（三）建筑高度：××米以下

（四）总投资：××××万元人民币［以××××元/平方米计

算，建筑面积××××平方米，为××××万元；二次装修（改造）工程费用××××万元；社会技术服务费××××万元，必要设备购置及安装费××××万元；购楼税费××××万元］

（五）资金来源：拟申请政府预算内投资/民营投资/募捐/众筹等

（六）建设期：××年

五、项目法人介绍

××方志馆建设项目法人：××地方志办公室

第二节　建设指导思想与基本要求

一是方志馆是集中反映国情、地情的现代化文化基础设施。

二是方志馆具有收藏、展示、宣传、科研、交流、信息化和教育等诸多功能，可以向社会各界提供有效、便捷的综合服务，提供优美、舒适、整洁的工作环境。

三是方志馆采用各种现代化设施，为更好地进行志书和年鉴的收集、整理、保管、利用、查阅、研究、编纂等工作提供一流的条件。

四是方志馆在建筑风格和文化内涵方面要突出民族与时代特色，建筑设计应做到实用、灵活，在充分考虑各项功能需要的情况下，还要考虑未来的发展需要，要将方志馆建设成为文化精品工程和当地的文化名片、标志性建筑。

第三节　项目建设的背景、必要性和意义

一　项目建设背景（以国家层面为例）

地方志是中国文化典籍中的瑰宝，是国情、地情的资料宝库。地

方志编纂是浩大的文化建设系统工程，是建设先进文化的一项基础性工作。

2006年5月，国务院颁布实施《地方志工作条例》，掀开了依法修志的新篇章。2015年8月，国务院办公厅印发《全国地方志事业发展规划纲要（2015—2020年）》，实施依法修志，为地方志事业发展描绘了宏伟蓝图。2016年3月，全国"十三五"规划提出"加强修史修志"，明确了地方志工作在"四个全面"战略布局中的重要地位和作用。多年来，各地始终坚持把地方志工作纳入国民经济和社会发展规划、政府工作任务中，做到认识、领导、机构、编制、经费、设施、规划、工作八到位（即"一纳入、八到位"），地方志编修体系、理论研究和学科建设体系、质量保障体系、资源开发利用体系、工作保障体系"五位一体"的地方志事业发展综合体系正在形成。

特别是党的十一届三中全会以后，全国开展的"两轮"大规模新编地方志工作取得丰硕成果。至2014年底，共编纂出版省、市、县三级志书7000多部，行业志、部门志、专志、乡镇志等20000多部，地方综合年鉴15000多部，专业年鉴7000多部，加上大量的地情文献、旧志整理成果和方志理论研究成果，构筑了一座以国情、地情为主要内容并不断丰富的文化资源宝库。

方志既是宝贵的文化遗产和精神财富，又是开启未来的重要智慧源泉。开发方志资源、发掘历史智慧，全国地方志系统利用掌握的信息资料优势，在规划、旅游、城建、商务以及防灾减灾、文化建设、宣传教育等方面发挥服务功能。修志致用，地方志在积极服务中心工作和社会需要方面已经迈出坚实步伐。古老的修志文化传统焕发出新的活力。

面对信息时代的挑战，全国地方志系统着力建设各类地情网站、数据库，并逐步实现省、市、县三级联网，展示地情信息，传播地域文化。方志馆集收藏、展示、编研、学术交流、人才培训、资源开发利用和爱国主义教育等功能于一体，配套开展数字方志馆建设，利用实体和网络相结合的形式，为经济社会发展、方志文化宣传提供平台。至 2014 年底，全国地方志系统共建成省级网站 27 个，市级网站 222 个，县级网站（页）772 个；建成国家方志馆 1 个，省级方志馆 16 个，市级方志馆 83 个，县级方志馆（室）276 个。

新中国方志事业开展以来，地方志工作者以为民族文化续脉为己任，锻造了修志问道、直笔著史的方志人精神。他们中间，有爱岗敬业、鞠躬尽瘁的燕居谦、郑永立等普通修志人员代表；有学问深厚、继往开来的朱士嘉、傅振伦等一批学者专家；有为地方志事业东奔西走、精心谋划的梁寒冰、董一博等一批地方志工作者；有勤奋工作、成绩突出的华贡杰等一批受到各级表彰的地方志系统先进工作者。以这些优秀人物为代表的数十万专兼职修志工作者青灯黄卷，默默奉献，求实创新，薪火相传，共同铸就了今天辉煌的地方志事业。

二　各地方志馆的建设情况

方志馆集收藏、展示、编研、咨询、信息化、宣传、开发利用、教育培训、交流等功能于一体，利用实体和网络相结合的形式，通过展示国情、地情和宣传方志文化，为经济社会发展提供重要平台。至 2020 年底，全国已建成方志馆 658 个，其中国家级方志馆 1 个，省级方志馆 21 个，地市级方志馆 125 个，县区级方志馆 434 个，乡镇（街道）级方志馆 26 个，村（社区）级方志馆 51 个。

三　方志馆建设的必要性及意义

（一）填补文化基础设施建设的一项空白

编史修志是中华民族的优秀传统，是社会主义文化建设的基础工程。方志馆是集方志编修、收藏、研究、开发利用于一体的文化基础设施，现有各类文化场馆（如博物馆、展览馆、图书馆、美术馆、文学馆等），唯独没有体现中华民族悠久历史和浓郁文化特色的方志馆。我国是文明古国，历代政府都非常重视方志文化，这是民族血脉的延续。全国人大代表和政协委员曾多次提出议案，呼吁重视方志资源的保存和开发利用，建议尽快建设方志馆。例如，2005年3月全国政协十届三次会议，有委员在大会发言，希望能有一座国家方志馆（见《光明日报》2005年3月6日第1版）。

建设方志馆可以更好地记录经济、政治、社会、文化等方面发生的巨大而深刻的变化，为我国改革开放和建设中国特色社会主义提供值得借鉴的历史资料，填补我国在文化基础设施建设方面的一项空白；建设方志馆可以向社会集中展示各地区的地方特点、历史沿革、自然条件、社会风貌，更好地为中华民族增光添彩。

（二）有利于集中收藏志书、年鉴和国情地情基础资料

自秦汉以来，历朝历代编修过大量志书，有许多编修机构，但从未专门设立收藏和利用机构，致使宋代以前的志书多遭损毁，留存下来的已是凤毛麟角，弥足珍贵，其中有些还流失海外。宋代以后的志书，虽尚存万余种，但很多也散佚于海外，藏于欧、美、日等国家地区的图书馆，存于国内的也分散藏于190多个图书馆中，既不便于查阅使用，也不利于开发利用。在一些收藏量少的单位，这些志书未作特藏管理，还存在再次流失的危险。特别是民国初年的新式装帧志书，由于当时造纸技术的局限，其纸质已达保存极限，很多图书馆因经费限制，无力进行修复或复制，需由专门机构进行抢救性保护。

中华人民共和国成立以来首轮编修的志书，仅省、地（市）、县三级规划的就有5800多部。国家规划之外各地、各部门编修的部门志、行业志，还有更多数量的山川志、名乡名镇志、院校志等，计划出版的各种志书约3万部。按照国务院关于每20年要续修一次的规定，目前已全面完成两轮修志任务。

目前，大部分省（自治区、直辖市）的方志馆以收藏本地志书为主，难以将全国志书收集齐全。现已出版的新志只能分散地藏于一些公共图书馆和科研机构，尚无一家能较完整地收藏，无法得到妥善的保存和利用。近年来出版的大量部门志、行业志和各级地方志机构编纂的很有价值的地情资料书籍也无力收藏。部分20世纪80年代出版的志书已经很难收集齐全。反观美、英、法、德、荷、日、韩等国，却很重视收藏中国新旧志书，特别是中国的新编地方志。有的中国学者甚至要到海外图书馆才能看到系统收藏的中国新编地方志。一些有识之士非常担心再次出现敦煌在中国而敦煌学在国外的局面。可以说，目前我国的志书资源还有很多流传在民间、中国台湾地区和其他国家。

地方志书作为精神文明建设和收集保存资料的载体，如今越来越受到重视。各级方志馆的建立，有利于志书、年鉴的集中收藏，将会使地方志资源得到更好的保护、管理和开发利用。

（三）有利于集中编修、收藏、研究、开发利用志书，充分发挥志书的资治、存史、教化和服务功能，加强培训和扩大学术交流

地方志是中华民族的文化遗产，加强对方志（特别是旧志）的整理、出版和研究十分必要。建设各级方志馆可以完整地收集、收藏地方志和各类地情、国情资料文献，并根据各级领导和社会各界的需要，组织力量开展多方面研究；可以对某地、某部门、某专业、某事件的资料进行专题研究；可以进行地情和地域发展以及方志理论研究；可以开展学术交流、理论研讨、志稿评议、志书和年鉴评论等活动，为提高志书质量，开发志书和地情资料资源，研究国情、地情提供科学的依据；可以举办各种展览、专题讲座、报告会，利用丰富的地方志资源开展中国传统文化教育，成为国情教育、地情教育和爱国主义教育的一个重要基地。

（四）有利于为续修地方志收集、储存资料

地方志包括地方志书、地方综合年鉴。地方志书是全面系统地记述本行政区域自然、政治、经济、文化和社会的历史与现状的资料性文献；地方综合年鉴为年度资料性文献。地方志的价值在于资料的全面性、系统性和准确性。因此，广泛收集资料是编纂高质量地方志书的前提和基础，努力提高修志人员的理论修养和业务素质是修好志书的关键。在全国地方志事业不断发展的形势下，国务院《地方志工作条例》规定20年左右续修一次，修志中收集到的各种资料应于修志工作完成后移交方志馆保存。但至今很多地方尚未建成方志馆，也没有一处可以集中收藏和培训地方志人才的合适场所，这对于地方志事业的可持续发展无疑是极为不利的。

各级地方志在编写过程中，形成了一批资料长编、志稿、送审稿。这些资料内容一般比成书多十倍至三十倍，既有丰富的资料价值，又反映志书修改过程中的思路，对研究志书编纂具有宝贵的参考价值。特别是一些修志名家的审阅稿，倾注了他们的心血，更是兼具研究价值和收藏价值。以往因没有专门的收藏机构，很多都令人痛心地散失了。这部分也应当是方志馆最具特色、最具使用价值的收藏之一。虽然今后电子文本逐渐增多，但纸媒体本在相当长时间内仍要继续收藏。

（五）有利于建立国情、地情网络，实现信息共享

地方志上及天文，下涉地理，通古达今，经济、政治、文化、社会等无所不包。方志馆可运用现代化手段，将这些资料转化为网络信息资源，为社会提供广泛的服务，发挥重要的经济和社会效益。

现在已经建成的北京、上海、山东、黑龙江、陕西、福建、广东等省（市）情网站，已初步显示出其不可替代的作用。国务院《地方志工作条例》明确规定了各级地方志工作机构的职能和任务，《全国地方志事业发展规划纲要（2015—2020年）》在总体目标中，也明确提出了建设方志馆的工作任务。全国方志界都迫切要求实现全国联网，开发志书资源，把志书推向社会，让志书走向世界。各级方志馆的建设将会大大加快地方志信息化、网络化建设的速度和现代化手段运用的程度，进而更加广泛深入地开发志书资源，更好地服务于社会。

综上所述，建设各级方志馆可以填补国家基础文化设施建设的一项空白；有利于集中收藏志书、年鉴，以及地情、国情基础资料；有

利于集中编修、收藏、研究、开发利用志书，充分发挥志书的资治、存史、教化、服务功能，加强培训和扩大学术交流；有利于为续修地方志收集储存资料；有利于建立地情、国情网络，实现信息共享。因此，建设各级方志馆是非常必要的。

第四节　项目建设的前期工作

一是争取有关部门和领导的支持，提出合理化建设建议；争取社会力量积极支持；社会名流提出议案，营造舆论氛围。

二是积极进行项目前期准备工作。多方寻找、考察选址，并对多处选址调查比较，确定理想方案。

三是多方调研，充分论证。

第五节　项目地址及建设条件

一　建设地点

该项目地址：××市××区××路（街）××楼。

项目用地性质规划为公建用地，规划批准建设用地面积××××平方米，建筑控制高度××米。

二　选址依据

项目建设单位曾先后在××市××区选址××处，经反复比较，并听取有关单位和领导意见，最终确定××市××区××路（街）××楼为××方志馆首选用地。有利条件如下。

1. 该用地位于××城市中心，交通便利，建成后周边人文及交通环境较好，符合××方志馆对文化氛围和交通条件的选址要求。

在选址过程中，我们也考察了解到一些同类文化设施选址的经验、教训。××馆地处××附近，便于高校、研究单位、社会各界人士参观、举办讲座，吸引大量观众，较好地发挥了社会效益；××馆建于××郊区，交通不便，又远离文化区，面临闭馆的窘境；××馆于20世纪90年代中期建于××新区边缘，十年来仅能作为藏书库，未能完全发挥预想的作用，现正向市政府申请新建。

2. 该地址距××上级单位××千米，便于进行行政、业务上的管理和联系。

3. 该地址经××市规划委员会于××××年批准使用，位置符合《××市区中心地区控制性详细规划》的有关要求，与周边地区现状、规划性质无矛盾，并可以对带动该地区的文化发展起到积极的促进作用。

4. ××市××区政府对该项目选址在此表示欢迎，并表示将对该项目的建设提供支持和便利条件。

5. 项目用地中无耕地等农用地，不占用宝贵的耕地资源。

该用地已经××市规划委员会确认批准并颁发有××规划许可证。

三　用地规划

该用地已经××市规划委员会批复规划意见书，其主要规划指标如下。

建设用地使用性质：公共设施用地。

建设用地面积：××××平方米。

容积率：××。

建筑密度、绿化率：符合规定要求。

建筑使用性质：办公、编研、藏书、阅览、展览、学术会议、业务培训、文化交流。

建筑控制规模：×××平方米。

建筑控制高度：××米。

建筑退让距离：符合规定要求。

四　用地现状

该项目建设用地为国有土地，土地使用权归××市××单位。

五　市政条件

该项目用地周边有比较齐全的市政管线系统，能够为该项目提供必要的市政条件。

1. 给水：周边有现状××自来水主管线。
2. 排水：周边有现状雨水、污水主管线。
3. 供电：周边有城区输电线路，具备供电条件。
4. 供暖：项目拟采用一带多形式安装空调（或中央空调）。
5. 电信：多种电信管线已在周边连通。
6. 道路交通：该项目地处××市××区，虽处中心区但不拥堵，交通十分便利。

第六节　建筑规模和建设方案

一　建筑规模和依据

（一）建筑规模

该项目建设为××方志馆，该馆总建筑面积××××平方米。

（二）功能分区

××方志馆是一个多功能的为社会公众服务的文化设施，具有藏书、展览、科研、编修、学术交流、教育培训、资源开发利用和服务等功能。该方志馆的建设在满足当前需要的同时，也要充分考虑未来发展的需要。

××方志馆功能区面积分配见表2.1。

表 2.1　　　　　　　××方志馆功能区面积分配

序号	功能区	建设面积（m²）	使用面积（m²）
1	办公区	1200	840
2	编研区	429	300
3	阅览区	885	619
4	藏书区	5859	4101
5	会议区	595	417
6	展览区	497	348
7	读者服务休息餐饮区	787	551
8	地下停车场及设备管理区	1637	1146
	合计	11889	8322

有条件的地方还要设计数字信息区和对外交流区等。

二　区域功能

（一）办公区

××办公室办公区域（含××个专业委员会），建筑面积××××平方米，使用面积××××平方米。

根据计投资［1999］2250号文件规定：以一级办公用房、40个编制定员计算，办公用房建筑面积应为1200平方米（使用面积840平方米）。

（二）编研区

该区域是地方志系统组织大型研究课题、编修地方志的工作场所，也是外聘编纂人员及参加国内外学术交流的来访学者写作、住宿的工作间。建筑面积×××平方米（使用面积×××平方米）。

（三）阅览区

建筑面积×××平方米（使用面积×××平方米）。其中分为普通阅览室建筑面积×××平方米（以每个座位4.28平方米，××个座位计算）；电子阅览室建筑面积×××平方米（××个座位）；期刊阅览室建筑面积×××平方米（××个座位）；缩微文献库及阅览室建筑面积×××平方米；特藏库及阅览室建筑面积×××平方米；涉密文献库及阅览室建筑面积×××平方米。其中还含有工作人员进行文献编目、整理、复制、电子网络管理等的工作区域。

（四）藏书区

××方志馆书库总建筑面积××××平方米（使用面积××××平方米）。其中新编志书库建筑面积×××平方米，年鉴书库建筑面积×××平方米，旧志库、期刊库、志稿及资料长编库、周转库、善本库等建筑面积×××平方米，地情资料及三级志书以外的书库建筑面积×××平方米，其他书库×××平方米。

计算依据如下（以国家方志馆为例）。

地方志书、地方综合年鉴、合订本期刊多数为100万字十六开精装本，每册相当于普通图书6册体积。

新编地方志首轮志书约6000册，相当于普通图书3.6万册，以每册书收藏3本（1册为库本，2册为流通本）计，共10.8万册。以每15年续修一次计，30年后相当于32.4万册。

地方志系统编纂的地方综合年鉴，以每年1000册，每册收藏2本（1册为流通本，1册为库本）计，相当于普通图书每年增加1.2万册容量，30年后相当于36万册。

有代表性的志书资料长编、送审稿,地情资料书,地方志期刊及合订本,民国以前的旧方志,各级各类专业、企业学校、乡镇村、山水寺庙志,以及方志理论及相关学科参考图书,以年增长3000册计(相当于普通图书1.8万册),30年为54万册。

以上总计30年后方志馆藏书总量约为122.4万册。

根据教育部1980年确定的高校图书馆藏书库建筑面积标准,书库应以30平方米/万册计,还必须考虑近年来很多志书、年鉴、期刊都改为大十六开国际标准开本,增大了每层书架高度,限制了书架摆放层数,故以36平方米/万册计,书库应为4406.4平方米,受建筑空间所限,实际为4101平方米。

(五)会议区

会议区建筑面积××××平方米(使用面积××××平方米)。分为××××平方米大中型会议室×个,××××平方米小会议室×个(附×××平方米会议休息室×个)。会议室分别用以召开大、中、小型学术会议、学术讲座、全体人员会议、业务培训等。

(六)展览区

国家方志馆展区建筑面积××××平方米(使用面积××××平方米)。其主要功能是充分利用不同时期全国各地的志书,年鉴,国情、地情的原始资料,中间成果以及具有丰富内涵的实物藏品进行展示,向社会各界介绍方志、年鉴等信息资源的价值和开发、利用的重要性及利用途径、方法,发挥地方志"资治""教化"的功能,使方志馆成为开展中国传统文化教育、国情地情教育、爱国主义教育的基地。展厅拟分为三部分:一是方志发展史及成果展示(为相对固定部分);二是地情展示;三是临时性专题展览。

(七)读者服务休息餐饮区

该区建筑面积×××平方米(使用面积×××平方米),供读者、来访者餐饮休息,一部分兼做职工食堂。

（八）地下停车场及设备管理区

该区建筑面积×××平方米（使用面积约×××平方米），用于本建筑的停车、供排水、电力、热力、燃气、防火设备等配套设施的运行。

三　设计建设方案

（一）建筑设计总体要求

××方志馆是一座集藏书、展览、科研、修志、学术交流、人才培育、志书资源开发和服务等多功能于一体的现代化文化设施，是××市重要的大型文化和教育设施。因此，建筑风格应区别于一般现代建筑，应以独特新颖的构思使方志馆成为城市的重要景观，建筑设计要做到传统与现代相融合、民族与世界流行趋势相融合，突出传统文化特色。

××方志馆建筑总体设计应体现"以人为本"的原则，以公众为中心，展陈区应设有为残疾人服务的无障碍通道，设有多处公众休息室，等等。

另外，××方志馆作为大型永久性建筑，其建筑功能及各相关系统设计应达到相应的先进水平，并可适当超前考虑，为未来发展留有余地。例如：在方志馆的功能设计上应考虑全面，为文化交流、学术研究以及满足公众的服务需求留有发展空间，为未来20—50年的藏书留有空间。同时，应采用现代化的建筑技术、信息技术和管理手段，为整个建筑建立一个完整的智能化管理系统。当建筑设计与建筑功能发生冲突时，设计应服从于功能。

（二）方案设计

目前××方志馆在前期工作中已请××建筑设计研究院对××方志馆的建设进行了初步概念性设计，并初步设计了方案，简述如下。

1. 方志馆环境分析

××方志馆位于××市××区，总用地面积××××平方米，总建筑面积约××××平方米，由藏书、展览、科研、修志、学术交流、人才培育、志书资源开发和服务等多功能设施组成。本工程用地西侧邻××路，东侧邻××路，南侧邻××路，北侧邻××路。该项目的建设将很好地完善该地段的城市文化设施，并极大地提升该地段的城市文化品质，起到优化区域文化环境的作用。

2. 设计原则

都市性——因××方志馆对外展示和科学普及功能需要，将方志馆主入口方向靠近城市主干道，形成外向的场所和标志性建筑，在景观和功能上为城市增加亮点。

开放性——注重与周边环境的有机联系，形成开放空间与城市空间的有机融合。西邻××，东距××设施不远，有利于形成浓厚的历史文化氛围。

统一性——其一，表现在与周边环境的空间形态、建筑风格、设计手法的协调和统一；其二，表现在内与外以及形式语言的统一。

文化性——以含蓄、厚重的语言创造出外敛内张的建筑风格，营造浓郁的文化氛围，并体现出方志馆建筑的时代感。

有机性——以理性思维结合方志馆独特性质，创造出在自然中可以生长的"有机"的建筑单元；以灵活的组织方式创造出现代城市景观，以独特的大背景写意出方志馆建筑的历史与现代感。

实用性——回归最基本的建筑设计原则，即实用、经济、美观。建筑的立面形式是基于内部机能而生成的表里一致的"皮肤"，虚实结合反映出内部空间的变化，而最终构成标志性建筑。

可持续性——在设计中充分体现文化机构的特点，在使用功能和整体表现上要现代化，合理计划资源配置，尽可能降低建设和运行成本，并在建设上充分体现文化建筑的创新性和和谐的科研氛围，同时为方志事业的可持续发展留有必要的余地。

（三）建设方案

经过多方考察，按照国家招投标环节的规定，并报××单位同意，拟选定由××建筑事务所设计、××单位建设、××单位施工、××

单位监理、××单位跟踪审计。

该项目于××××年××月开工，××××年××月竣工。

1. 设计总体情况

该项目总建筑规模××××平方米；地上××层，局部××层，共××××平方米，地下××层，共××××平方米，符合方志馆各项用途，与我们对方志馆的设想一致。

该项目地上总长度××米，宽度××米，四边自然采光好。地下总长度××米，宽度××米，地上每层建筑面积在××平方米至××平方米之间，符合我们对功能区分割的要求，布局上便于管理。

首层层高××米，适于作为展厅，便于布展，能够表现出××方志馆的气势；二层以上层高为××米，适于作为会议室、办公用房等。地下××层作为藏书和管理用房较适宜。

该建筑的框架结构设计合理、布局灵活、方便使用，采用自然光，地下部分有大面积采光带，有利于藏书，符合节能原则。

该工程中藏书库部分须重点做好防火、防水、防盗的工作。综合评估该方案的地理位置、楼宇结构等，其性价比比较合理。

2. 总体布局

（1）拟建设或购买的楼宇为××层写字楼，建设面积为××××平方米，地下××层、地上××层、局部××层。建设物埋深××米，地上地高××米。××层为停车场，××层为设备层及服务配套用房，××层为门厅、部分写字间，××层以上均为办公空间。

（2）拟建设或购买的楼宇自身的耐火等级为一级，耐久年限为二级50年，其结构选型为钢筋、混凝土框架结构体系，抗震设防烈度为八度。

（3）人防工程的抗力等级为六级，设计防化等级为丁级，战时为物资库兼平时停车库。

（4）消防设计，综合楼地上部分建筑面积××××平方米。各个层面的建筑面积分别在××××平方米左右。将每个层面作为一个防火分区。

其中，藏书库××××平方米；人防建筑面积××××平方米，非人防的建筑面积×××平方米；车库建筑面积×××平方米；职工食堂及后厨为一个分区，建筑面积××××平方米；配电室单独为一个分区，建筑面积××××平方米；剩余部分为一个分区，建筑面积×××平方米。均可符合规范对分区面积的要求。

（5）无障碍设计。××入口处设无障碍坡道，设无障碍电梯。

3. 建筑风格

现代式——建筑整体体现现代感，遵循现代建筑理念，即理性、逻辑、少装饰，做到功能、结构、形式美的有机统一与表达。

古典式——建筑整体体现古典美，富有人文气息，民族特点突出。

文化感——突出方志文化理念，体现厚重的中华民族优秀文化氛围。

4. 局部改造及部分装修费用

对方志馆来说，拟建设或购买的楼宇无论是建筑形式还是平面布局都比较理想，但随着时间的推移和认识的不断提高，在局部范围内有可能进行必要的调整。

如：局部喷淋灭火系统不利于书库，需改造成气体灭火系统。按照防火规范应分割成不大于800平方米、灭火体积不大于3600平方米的空间；增加部分防火墙及防火卷帘门；为避免采光带的紫外线对图书的伤害，增加电动遮光罩；等等。

再如：对局部重要部分（如会议室、展示厅、学术报告厅、阅览室、电梯候梯厅等地方）进行部分改造，粘贴部分石材，对书库内墙面粘贴瓷砖，对书库内地面粘贴地砖，在必要部位增加吊顶等必要的装饰。会议室、展示厅、外宾接待室、学术报告厅、志书及方志成果展示厅、网络中心、电子阅览室等专门用房需进行必要的装修改造，详见表2.2。

表2.2　　　　　　　××方志馆二次改造及装修费用

序号	名称	数量	单位	单价（元）	合价（元）
1	一、楼宇改造工程费				
2	二次改造及装修工程费用（明细附后）				5061341.87

续表

序号	名称	数量	单位	单价（元）	合价（元）
3	方志学术报告厅及其他功能厅（明细附后）				7209630.00
4	改造及装修工程费小计			（2）+（3）	12270971.87
5	不可与预见费			（4）×5%	613548.59
6	楼宇改造工程费合计				12884520.46
7	二、社会技术服务单位收费				
8	工程设计费			（6）×6%	773071.23
9	工程监理费			（6）×5%	644226.02
10	招投标代理费			（6）×3.5%	450958.22
11	工程审计费			（6）×5%	644226.02
12	建设单位工程管理费			（6）×3.5%	450958.22
13	小计				2963439.71
14	三、必要设备购置及安装				
15	防火卷帘门	4	套	12000.00	48000.00
16	电热水器	123	个	2800.00	344400.00
17	电开水炉	6	个	10000.00	60000.00
18	电动水平移动遮光罩	265.68	m²	600.00	159408.00
19	背景音乐综合布线、安保监控系统设备安装	11889	m²	110.00	1307790.00
20	一拖多空调机组	6450	m²	466.67	3010021.50
21	无机房2站电梯	2	部	310000.00	620000.00
22	安装烟必净气体灭火系统，分为三个防火分区				5000000.00
23	水箱供水改变频给水				300000.00
24	小计				10849619.50
25	四、购楼税费				
26	契税			购楼价111756600×3%	3352698.00
27	交易手续费			购楼价111756600×0.5%	558783.00
28	印花税			购楼价111756600×0.05%	55878.30
29	小计				3967359.30
30	各项费用总计				30664938.97

5. 经济技术指标

总用地：××××平方米。

建筑面积：××××平方米。

建筑密度、绿化率：符合规定要求。

停车位：××辆。

四 相关设备系统

（一）系统综述

××方志馆建成后，将成为××市一项重要的文化设施、教育基地，作为大型的永久建筑，为使其具有完备的功能、良好的收藏保管条件、优雅的阅读环境以及舒适的工作环境，要求方志馆各相关系统及设备配置具有足够的先进性、可靠性，并考虑一定的前瞻性。

（二）系统组成

××方志馆各相关系统从设备构成上应包括三大部分：楼宇自动化系统、办公自动化系统和通信自动化系统。楼宇自动化系统可进一步划分为：电力供应与管理系统、照明控制与管理系统、环境控制与管理系统、消防报警与控制系统、保安监控系统、交通控制系统等，详见表2.3。

表2.3　　　　　　　　　楼宇自动化系统功能

	子系统	子系统功能
楼宇自动化系统	电力供应与管理系统	高压配电、变电，低压配电，应急发电
	照明控制与管理系统	工作照明，事故照明
	环境控制与管理系统	给排水
	消防报警与控制系统	火灾自动监测与报警，手动与自动灭火系统，联动控制，消防广播
	保安监控系统	防盗报警，门禁系统，电视监控系统，记录取证
	交通控制系统	电梯，停车场

由于强弱电一体化和机电一体化的发展，传统划分的强电、弱电系统，已不能准确反映方志馆各功能性系统的内容。在目前的楼宇建

筑中，信息化、智能化的控制与管理已成为主要趋势。

另外，对于方志馆这样特殊的公用建筑，其各系统设计要求应严格执行国家有关设计规范。

1. 温湿度控制系统

方志馆藏书区域要达到国家有关规定的要求。

有关新风量、噪声等级、通风设计等均应符合国家有关规定。

2. 消防系统

消防系统设计由火灾自动报警、消防联动控制系统和固定灭火装置组成。

火灾自动报警及消防联动控制系统。根据《建筑设计防火规范》第10.3.1条规定，方志馆应设置火灾自动报警装置及消防控制室。按照使用性质、火灾危险性、疏散和扑救难度，方志馆为保护一级，系统形式应为控制中心报警系统。

火灾自动报警及消防联动控制系统宜选用总线制智能系统。根据现场实际，安装点式感烟探测器、点式感温探测器和线型火灾探测器。消防控制室应有下列功能：（1）接收火灾报警，发出火灾的声、光信号，事故广播和安全疏散指示，等等；（2）控制消防水泵、固定灭火装置、通风空调系统、电动防火门、阀门、防火卷帘、防排烟设施；（3）显示电源、消防电梯运行情况、电梯回降控制等。

固定灭火装置。馆内库房中的方志、年鉴多为纸制品，不宜采用自动水喷淋。按照《建筑设计防火规范》第8.7.5条规定，应安装二氧化碳灭火设备。二氧化碳灭火剂是一种无色、无味、不导电的惰性气体，具有无毒性、不损坏设备、绝缘性能好的优点，并适用于藏书库。同时应按照国家有关防火规范，配套其他消防设施。

消防系统设计中，应执行下列有关技术及管理要求。

GB50116—2006《建筑设计防火规范》；

GB50116—98《火灾自动报警系统设计规范》；

GB50045—95《高层民用建筑设计防火规范》；

GB50193—93《二氧化碳灭火系统设计规范》；

GBJ84—85《自动喷水灭火系统设计规范》。

（此项要以消防部门不断变化的最新规范标准执行）

（三）系统集成性

××方志馆是一个功能多样的现代化建筑，在该馆管理系统的设计中，应充分考虑各智能化系统的高度统一，形成高效率、低运营成本和高安全性的完整"智能建筑管理系统"。管理系统采用系统集成的方式，确保建筑物内的高度安全性和对灾害的预防能力，实现各种资料、数据、信息共享和综合利用，提高方志馆的管理水平。

方志馆的管理系统无论硬件还是软件，均采用模块化结构，易于扩展。当某一部分发生故障时，不影响其他部分的正常运行。另外，应符合抗震要求。

第七节 环境保护和能源节约

一 环境保护

××方志馆本身要求有很好的环境条件，以便保存方志、年鉴和为公众、工作者提供舒适优雅的空间。同时，对方志馆本身可能对环境造成污染的因素拟采用以下措施解决。

（一）废水处理

本项目采用雨、污分流方案。

（二）废气处理

对本项目餐饮操作间产生的油烟气和停车场汽车产生的尾气，前者通过排油烟机将油气分离后经专用烟道引到楼顶部排入空中，后者利用地下室强制通风将尾气排至室外，保证停车场的空气符合环保要求。

（三）噪声处理

噪声污染主要来自机电设备运转时发出的机械噪声。在设备选型时采用低噪声设备，并配减震装置。必要时应采用隔音建筑材料。同时将鼓风机、引风机集中设置，在鼓风机吸风管上设消声器，隔离安放，在机房墙壁加贴吸声材料，以减少噪声。

（四）施工中的环境保护

本项目在施工过程中，机械设备噪声及施工中粉尘对周围人群和环境会造成污染。因此施工中对产生噪声较大的机械设备需加隔声装置，对粉尘拟采用喷水降尘。

总之，在项目建设和运营过程中，采取上述措施后均可符合环保法规的要求。

二　能源节约

能源节约是每一个项目应遵循的准则。本项目采用的具体节能措施如下。

1. 本建筑主要使用自然采光手段，大量节约了照明用电。
2. 公共出口的外门均设置门斗以减少冷（热）量损失。
3. 一切耗能设备（如空调机、垂直电梯、风机、水泵、照明设备等）均采用节能新产品。
4. 本项目应按照××市《民用建筑节能设计标准》进行设计。

第八节　项目建设组织

一　建设组织

××方志馆的建设由××办公室提出申请，由××办公室担任项目法人。项目建设的具体工作由××办公室负责。

二 运行管理模式

××方志馆的建设由××办公室报××发展和改革委申请资金，该项目建成后挂"××方志馆"牌子。

三 实施方法

该项目进行评估后定向投资建设（或购买）。

四 进度安排

该项目计划××××年完成，××××年投入使用（建设进度表略）。

第九节 投资评估及资金筹措

一 投资评估

（一）投资评估编制依据及说明

1. 土建工程费用及技术设备系统费用参照近年来××市类似工程项目和方志馆建筑面积及建设标准规范，部分建筑面积为藏书、阅览、会议、展厅之用，对其承重、密闭、通风、干湿度等装修有特殊要求，造价高于一般写字楼。其余部分按一般标准的原则评估。

2. 土地费用按照××市有关征地、补偿办法和××市现行规定进行，并参照当地标准进行评估。

3. 其他建设费用参照《××市建设工程费用》（××××年版）

中规定的技术经济指标计算。

4. 预备费估算只计算基本预备费。基本预备费费率按 8% 计取。

5. 投资中不含专业设备购置费和开办费、培训费。

（二）投资计算结果

依据以上标准和工程量计算，该项目总投资为××××万元人民币（其中建设或购买楼房以×××元/平方米计算，建筑面积××××平方米，计×××万元；二次改造及部分装修工程费用×××万元；社会技术服务费×××万元；必要设备购置及安装费×××万元；购楼税费×××万元）。

二　资金筹措

全部投资由建设单位向国家发展和改革委员会申请资金（或民营、众筹、募捐等）解决。

第十节　社会效益分析

××方志馆的建设具有重要的社会意义。

一是××方志馆的建设可以填补基础文化设施建设的一项空白。同时，方志馆的建设也使志书、年鉴、国情地情资料得到更好的保护和管理，使大量宝贵的资料免于遭受失散毁弃的命运。

二是××方志馆建设可以服务于国家或地方政府决策、经济和文化建设、科学研究、爱国主义教育等，发挥重要的经济和社会效益。

三是××方志馆建设可以作为地方志编纂、研究、培训中心，为地方志这一优秀文化传统奠定可持续发展的坚实基础。

四是××方志馆的建设可以为开展国内外文化交流和方志理论研究提供场所，使方志馆成为国内外，特别是港澳台地区华侨、华人进行文化学术交流的中心。建设××方志馆将有助于向海内外系统、全面地介绍我国的国情、国力，增强中华民族的凝聚力、向心力，促进祖国统一。此外，××方志馆举办的各种展览、专题讲座、报告会和丰富的地方志资料，可以为广大读者观众提供爱国、爱乡、爱家的生动教材，使方志馆成为开展中国传统文化教育、国情地情教育以及爱国主义教育的重要基地。

五是××方志馆可以充分体现一定区域内政治中心、文化中心的特殊地位和独特优势，对方志事业的发展将会起到极大的促进作用。

第十一节　项目建设结论与建议

一是××方志馆的建设有利于集中收藏志书、年鉴和地情、国情基础资料；有利于充分发挥志书的资治、存史、教育和服务的功能；有利于加强人员培训和扩大学术交流；有利于收集储存各类基础性资料，为持续高质量收藏、编研地方志提供条件，成为国情、地情的展示和教育中心。同时，该方志馆填补了基础文化设施建设的一项空白，其建设是必要的。

二是该项目地址位于××省××市××区，规划建设用地面积××××平方米。该地地理位置优越，人员集中，交通便利，市政基础设施条件较好，适于建设面向社会服务的文化设施。

三是××方志馆建筑总面积××××平方米，总投资额××××万元人民币，现申请投资兴建（或购买）。

四是建议尽快对该项目进行评估，并在此基础上，尽快批准该项目为××方志馆建设工程。

五是建议尽快确定建设方案，进一步加快工程施工进度。

第三章　方志馆藏品征集

地方志是写在中国大地上的"百科全书",而藏品则是"百科全书"赖以存在的物质基础,是展现特色地情、辉煌成就和方志文化的瑰宝。

第一节　方志馆藏品

收藏藏品是人类的本能和天性。即便是其他动物也会收藏果仁等食物用以过冬。人类亦是如此。当然人类收藏的主要用途和动物是有区别的,是为了文化、文明的研究和延续。持这一观点的美国学者对收藏行为进行了如下分析:"收藏似乎是人类的本性,原因可能有如下几个方面:出于人身安全的考虑(当今很多人认为收藏是一种很好的投资)、社会地位(托斯丹·范伯伦称之为'炫耀性消费')、知识追求和鉴赏(真正喜欢藏品且想了解藏品的一切信息)以及名垂青史的愿望。"[1] 无论何种原因,个人收藏的发展,终究直接导致了美术馆、博物馆、图书馆等各类场馆的诞生与蓬勃发展。"一位王子、贵

---

[1] [美]爱德华·P. 亚历山大、玛丽·亚历山大:《博物馆变迁:博物馆历史与功能读本》,陈双双译,译林出版社2014年版,第9页。

族、高级神职人员、富商或银行家会出资购买绘画、雕塑和其他精美而实用的物品,或者出资委托艺术家进行创作。随着藏品数量的增加,收藏家热衷于藏品鉴赏,搜寻高质量的藏品,择优收藏。"① 早在15世纪早期,法国国王查理五世的弟弟贝利公爵对收藏珍品奇物有极大兴趣,并在身后留下了一座收藏有大量镶嵌着宝石的书籍的图书馆和各种珍奇异兽标本的动物储藏库。对中国瓷器的收藏也是各国皇室豪门的共同爱好。法国国王路易十四有一个专门收藏中国瓷器的瓷宫;英国女王玛丽二世醉心于中国瓷器的收藏,以至于被旅行家笛福在回忆录中描述为"收藏达到惊人的程度"。瑞典至今仍完好保存着"中国宫";苏丹宫殿中,有名为"中国哈奈"的建筑收藏中国珍品。同样的,欧洲艺术品也和中国瓷器一样被拥有大量财富的权贵们青睐有加。19世纪末期,美国等地的企业家和金融家在积累大量财富后,纷纷开始广泛收藏欧洲艺术品,这些收藏后来逐渐成为各个博物馆藏品的来源。美国国家自然博物馆以"地球"为主题收藏人类和自然环境资料,共拥有各类标本达1.26亿件,堪称世界第一。而大都会艺术博物馆一直以其囊括了"世界上每个地区、每个时代、有记载的每种文化、任何已知质地、任何艺术类别"的博物馆藏品而自矜。可以说,收藏及展示收藏的爱好和风尚对珍宝馆、博物馆、美术馆等场所的形成有巨大的影响作用。

在中国,以图书收藏为例,无论从殷商刻有卜辞的甲骨被完整保存收藏算起,还是从各类典籍中记载的老子担任周守藏室之史算起,中国藏书都有着悠久的历史。从载体来看,有龟甲兽骨、金石、竹简、木雕、贝叶、缣帛和纸张等;从记录工具看,有刻铸、书写和印刷。中国很早就形成了宫廷和官府藏书、寺院和道观藏书、书院藏书、私人藏书四大藏书体系。在频繁动荡的朝代更迭之后,还形成了著史修

---

① [美]爱德华·P.亚历山大、玛丽·亚历山大:《博物馆变迁:博物馆历史与功能读本》,陈双双译,译林出版社2014年版,第27页。

志的传统。作为中华民族特有的传统文化形式，中国编修地方志书的历史十分悠久，方志馆则是传承这一民族文化传统的重要平台。从古时的史馆、翰林院、图志局、一统志馆，到近现代的通志局、通志馆、学习苏联等模式建立的地志博物馆，以及当代的方志馆，等等，都为地方志事业做出了不同程度的贡献。它们不仅收藏志鉴类图书和地方文献，是记录民族文化传统的历史载体和展现中国悠久历史的现实平台，也积极举办各种以方志文化为主题的展览陈列，是向世界展示中华民族文明和当代发展成就的重要舞台。

苏东海曾指出："文物是无限的，藏品是有限的。"[1] 方志记载的范围虽限于一个区域单位，即所谓一邑之小，但其内容却极为广泛。纵向来看，既记古又记今；横向来看，既记自然、地理，又述政治、经济、军事、文化，还记社会风土人情、人物，不仅是有关自然科学的"博物之书"，而且是一地社会科学的"一方之全书"。在现代，地方志被誉为地方的"百科全书"。方志文化虽然包罗万象，但作为保存、展示方志文化的场馆，方志馆搜集入藏的藏品不能一概全收统统入藏，同样需要根据本地特色、展览需求来甄别入藏。我们认为，方志馆藏品主要包括志鉴类图书、地方历史文化相关文献资料、艺术品、民俗文物其他文物或物品等，是国家的珍贵文化财富，具有科学价值、文化价值和历史研究价值，也是方志馆开展陈列展览、宣传教育和科学研究工作的物质基础——"当某物与我们对过去的记忆相联结时，因物的'存在'及其'可见性'，不仅能唤起相关记忆，更能让'过去'更真实"。[2] 藏品征集和保管指的是方志馆对藏品及藏品信息进行的搜集、贮藏、管理保护和宣传研究等工作。藏品征集与入藏保管工作的优劣能够直接影响到方志馆各项业务的顺利进行，是方志馆的一项重要的基础业务工作。

---

[1] 苏东海：《博物馆的沉思——苏东海论文选》（卷二），文物出版社2006年版，第62页。
[2] 王明珂：《反思史学与史学反思》，上海人民出版社2016年版，第118—119页。

第二节 藏品征集途径与程序

苏东海曾经说过:"博物馆物是博物馆存在的物质基础,是博物馆功能发生的根据,是博物馆价值的源泉,有什么样的物就有什么样的博物馆。"[1] 同样,"是否收藏大量方志等历史文献,是衡量一个方志馆地位和等级水平的重要标准"。[2] 方志馆藏品征集是方志馆开展展览工作和为公众及社会提供资政服务的重要保障。

一 藏品征集途径

方志馆藏品征集的途径包括接收下级机关呈缴已出版志鉴、以公共财政资金有计划地向社会公开征集、接收个人或集体捐赠、从市场购买、拍卖购买、代管寄存等。以呈缴征集为例,2022年,中指办和国家方志馆联合下发《关于国家方志馆征集志鉴、地情书等各类资料的函》,截至2022年5月,首轮志鉴已经征集完成,二轮志鉴还在统计中。而公开征集和代管寄存等方式,济南市方志馆在2020年的征集中即已采用。在济南市方志馆发布的征集启事中,对征集方式作了详细分类。

(一)集中组织征收

对确需展陈馆藏的国家或集体所有的实物资料(主要指图书资料),采取征收方式予以征集。

(二)鼓励个人捐赠

鼓励持有人向方志馆捐赠史志实物资料,经专家鉴定后即可进馆。捐赠进馆的史志实物资料产权归国家所有,由市方志馆负责整理、收

---

[1] 苏东海:《博物馆物论》,《中国博物馆》2005年第1期。
[2] 潘捷军等:《中国方志馆》,方志出版社2016年版,第339页。

藏和开发利用。对于捐赠资料及藏品者，发放捐赠收藏证书。

（三）有针对性征购

对于较珍贵确有收藏价值的资料及藏品，经专家鉴定后，给予适当补偿（国务院《地方志工作条例》第十一条第二款：地方志资料所有人或者持有人提供有关资料，可以获得适当报酬）。有偿征集的史志实物资料产权归国家所有，由方志馆负责整理、收藏和开发利用。

（四）托管或寄存服务

1. 制定托管或寄存服务细则和协议，对于能够展示历史文化的书籍资料及其他物品，不愿意放弃所有权的，可以办理托管或寄存服务，做好登记，展示一定时间后，所有人可以取回。

2. 收集社会资源信息，根据资料、藏品信息来源上门沟通评估。

3. 签订意向协议，建立资料、藏品信息档案。[1]

接收捐赠则是方志馆征集藏品中较为引人瞩目的一种方式，捐赠物品范围也林林总总，既有志书、地方文献丛书、家谱等传统方志文献，也有人物传记手稿、非遗手工艺作品等物品。比如在 2021 年，宜兴孝思堂谈氏修谱委员会向江苏省方志馆捐赠《谈氏宗谱》，常州家谱馆向省方志馆捐赠《张氏宗谱》《谢氏宗谱》；[2] 山东省方志馆副馆长管士进一行主动上门，接受张文国捐赠的栗政平女士手稿《怀念我的父亲》；[3] 中共广东省委党史学习教育领导小组办公室、中共广东省委宣传部指导，中共广东省委党史研究室和广东广播电视台联合策划制作的《行进大湾区》"红色起点"节目组向广州市地方志馆捐赠广彩、剪纸、打铜、通草水彩画等四种岭南非遗代表传承人创作的作品。[4]

---

[1] 《济南市方志馆展陈馆藏资料征集启事》，济南市情网，http://jnsq.jinan.gov.cn/art/2020/6/11/art_ 8501_ 4479656.html。

[2] 《江苏最大体量家谱宜兴〈谈氏宗谱〉入藏省方志馆》，中国方志网，http://www.difangzhi.cn/fzg/szyj/202109/t20210922_ 5361965.shtml。

[3] 《山东省方志馆上门接受珍贵手稿捐赠》，中国方志网，http://www.difangzhi.cn/fzg/szyj/202110/t20211028_ 5370091.shtml。

[4] 《〈行进大湾区〉"红色起点"节目组向广州市地方志馆捐赠非遗作品》，中国方志网，http://www.difangzhi.cn/fzg/szyj/202109/t20210906_ 5357740.shtml。

这样的例子不胜枚举。

中华人民共和国成立后文博界征集藏品曾有过无偿调拨——包括从海关、公安、司法等机构调拨已被查处没收的文物、考古发掘等途径，但是方志馆界目前并无这些渠道所得藏品。

方志馆的藏品征集是一项相对专业、针对性强、涉及面广、手续相对烦琐的工作。志鉴类图书、地方历史文化相关文献资料、艺术品、民俗文物及其他文物或物品等，无论是保存在公私机构还是个人或者处于市场流通中，都具有数量惊人、门类繁多、难于界定和不便收集等困难，方志馆应根据自身展示本地地情和地域文化特色的定位，以及策划展览主题专题的需求，有计划、有针对性地开展征集。"各种由政府及民间机构建立的历史博物馆、民俗文物馆、原住民或少数民族文物馆等等，都选择特定性质的'物'，将它们依时间、空间及其他逻辑安排在展场内，加上简单的文字语言解说，以传递社会所主张的'历史''文化'或'民族'等国民或公民集体记忆。"[1] 所以在征集中，要注重体现方志性、地域性、专题性、特色性、稀缺性。各地方志馆还要定期进行馆藏清理，制作藏品总登记账，掌握馆藏空白，与时俱进地调整专题展览所需藏品内容，针对馆藏构成中的缺项和薄弱项目，制定年度重点征集范围，并定期开展公众调研，以便及时查漏补缺，从而保证制订出适合本地方志馆特色和实际情况的阶段性和长期性征集计划。

需要注意的是，无论通过哪种途径征集藏品，为了有效保障入藏物品质量和最大效益地使用国家财政经费，方志馆必须严格遵守政府相关部门经费使用规章制度，做到征集手续齐备，征集物品无纠纷无疑义，价格无争议，文物鉴定符合相关管理规定，按规定留存相关单据凭证以供审计和督查，并在规定期限内及时登记藏品总账和分库账目。所有藏品的征集入藏，从信息收集、真伪鉴定、价格评估、履行征集手续（购买、拍卖等）、建档入账等，都要有章可循、有据可查。

---

[1] 王明珂：《反思史学与史学反思》，上海人民出版社2016年版，第117页。

藏品征集、入藏，并不意味着保管工作的终结。文博学者李文琪在对首都博物馆的藏品保管工作进行探讨时指出："'提供利用'，是藏品保管工作最直接也是最根本的目的，藏品保管部门的工作难点即在于，不仅要满足博物馆当前对藏品利用工作的需要，还要不断探索并发现如何更好地发挥'提供利用'这一功能的方式，这种探索和发现包含两个层面，第一层是对其所管理的藏品资源的科学研究，第二层即是对保管部门工作本身的总结、反思、研究、探索。"[①] 方志馆由于发展现状制约，大都存在有编无人、一编多岗等人员不足问题，很多馆藏部人员也同时兼任本馆策展、科研、规划等多种职责。正确理解、充分认识入藏、保管、利用的重要性，是方志馆实现良性循环和长远发展的必要保障。

二 藏品征集程序

一般而言，藏品征集入藏应当履行如下程序。

1. 由负责征集工作的具体负责人或者展陈项目相关负责人提出拟征集主题、范围或者相关标的物、物品信息及资金需求数量；

2. 馆藏部核查库存是否有重复藏品或类似藏品、可替代藏品，并提出征集计划的可行性建议；

3. 组织专家委员会进行鉴定和评估，原则上不少于五人，并出具鉴定和评估意见（签名）；

4. 报请主管领导批准并履行购买手续或者其他相关手续；

5. 接收藏品并登记入账、入库。经手人和接收人要履行移交手续，内容包括照片、藏品信息资料目录表等。入藏要填写凭证，包括总账号、征集编号、收据凭证编号、藏品名称、时代、数量、重量、质地、完好情况、来源、征集日期、经手人、备注等。

---

① 李文琪：《对藏品及藏品保管工作的再思考》，《中国博物馆》2013年第1期。

第三节 入藏保管原则、标准和内容

一 方志馆藏品入藏保管的原则

藏品保管工作中需要遵循保护为主、科学养护、有效管理、合理利用的原则。

二 方志馆藏品保管的标准

1986年6月19日，中华人民共和国文化部颁布了《博物馆藏品管理办法》，其中第三条明确规定了藏品入藏保管必须做到"制度健全、账目清楚、鉴定确切、编目详细、保管妥善、查用方便"。方志馆亦可借鉴。

（一）制度健全

藏品保管工作关系藏品安全，规范化的保管工作制度是确保藏品安全和提高工作效率的基础，藏品保管章程应包括：《库房保管人员选用守则》《藏品核查制度》《藏品入库登记制度》《藏品库房安全管理办法》《库房值班和进出人员登记制度》《藏品管理奖惩制度》《藏品修复复制准则》《藏品安全操作规范》《藏品安全保密制度》《关于藏品提用、注销及统计的规定》等。

（二）账目清楚

藏品账目包括总账和辅助账。总账记录藏品基本信息，如名称、来源、年代、质地类别、完残程度等。辅助账有藏品分类账、藏品收入账、注销账、参考品账、复制品账、寄存藏品账、待处理账。账目登记须由专人负责，同时做到账物分开，账目书写要字迹清晰、准确完整，所有藏品记录凭证都应编号成册，妥善保存。

(三) 鉴定确切

藏品鉴定是藏品科学管理的前提，是保证藏品质量的关键。藏品入藏前，方志馆组织专业人员进行初步鉴定，辨其真伪，断定年代以揭示藏品蕴含的价值。鉴定过程做好笔录，可存在分歧，但要同样记录入档，待以后深入研究。

(四) 编目详细

编目是在鉴选的基础上，对藏品进行研究鉴定并作科学陈述的过程。藏品编目包括：编目卡、藏品目录、藏品档案。详细准确的编目方便检索藏品信息，是藏品充分发挥效益的前提。

(五) 保管妥善

藏品保管是一项专业性的科学保护工作。20世纪30年代意大利罗马召开的关于艺术品保护国际研讨会上首次提出藏品预防性保护概念以来，目前已经在国际范围内达成了从源头上、机制上预防性保护藏品的共识，即通过对环境的有效监测与人工、机械设备控制干预，在不危及藏品真实性的前提下，对可能会出现的种种损坏文物、文献及其他藏品的情况进行科学预测与细致深入的研究分析，制定科学的解决办法和采取及时、必要的措施，最大限度预防或减缓环境因素对各类藏品的破坏作用，达到长久保存藏品的目的。"创造良好的保存环境，使文物处于适宜的环境中，是阻止或延缓其自然损坏的重要措施。"[1] 方志馆藏品保管应设专用库房，专人管理。库房建筑和保管设施要求科学、安全、坚固、适用，做到以防为主、重点保护，防止藏品自然老化或损毁。同时，入藏后的藏品在展出时也不容大意。据媒体报道，文物在保管、测试、展览过程中遭遇损坏并非个例，以前很多博物馆都发生过类似事件，据媒体不完全统计，2000—2011年就至少已发生七起国家珍贵文物损坏事件。

---

[1] 钟菲萍：《馆藏文物保管科学化研究——以刘少奇同志纪念馆藏品保管为例》，湖南省博物馆学会编：《博物馆学文集8》，岳麓书社2013年版，第148页。

时间：2000年2月。文物名称：战国青铜器九鼎八簋。级别：一级。地点：湖北省博物馆。损坏情况：玻璃垮塌将其中两鼎两簋砸伤。

时间：2006年9月。文物名称：汉代黄釉盒。级别：二级。地点：庆阳市博物馆。损坏情况：测量文物时磕碰损坏。

时间：2007年9月。文物名称：汉代王杖木鸠。级别：一级。地点：武威市博物馆。损坏情况：存放木鸠时掉地，嘴部破裂。

时间：2007年7月。文物名称：宋代水月观音坐像。级别：二级。地点：宁县博物馆。损坏情况：头部被盗。

时间：2008年5月。文物名称：《潇湘图卷》。级别：一级。地点：故宫博物院。损坏情况：展出时因滴水淋湿而受损。

时间：2009年5月。文物名称：两尊元代石狮子。级别：三级。地点：二仙庙。损坏情况：施工移动时未保护而拦腰折断。

时间：2011年7月。文物名称：宋代哥窑青釉葵瓣口盘。级别：一级。地点：故宫博物院。损坏情况：人为操作失误导致瓷器受损。

以上七起珍贵文物损坏事件多由人为因素造成。其中甘肃省（武威、宁县、庆阳）占三起，故宫占两起，且两起均涉及一级文物，湖北和山西（二仙庙）各一起。①

这些案例虽然是文博系统事故，但值得包括方志馆在内的各类文化场馆长期引以为戒。

（六）查用方便

查用方便包含两层含义。一是便于清点查阅，方志馆藏品库房应考虑大型设备和车辆等出入便捷，存放关键在于排架科学合理、方便清查。藏品可按质地分类摆放，固定位置、距离适宜，便于定位查阅。二是便于藏品的提取利用。藏品不仅要考虑入藏时运输安全便捷，也

---

① 《国家珍贵文物损坏事件盘点》，尚品频道_新浪网，http://style.sina.com.cn/col/collections/2011-08-04/072481873.shtml。

要考虑提取布展时的运输问题。同时，在入藏后，排架定位以后，采用流水号将其所在库别、柜号确切标明，提取时查找方便，退还时准确归位。以美国大都会艺术博物馆为参考案例，多年前其文物总账登记区已经被设计成一个有机整体，从文物进入博物馆的通道，就可以实现直达工作流程的每一个环节。集装箱式汽车可以直接开进这个区域，并在此进行文物箱体的装卸和文物点交登记工作。同时，这个区域可以通过电梯直达各主要部门的库房区，前往文物保护中心和拍摄工作区的通道十分便捷，工作人员无须上下台阶，即可以方便地搬运任何文物，文物始终处于安全运送的状态中。各部门的文物藏品库房和陈列展区之间有直达电梯，可以安全运送文物展品，并方便运送辅助展品和各类布展工具。这套体系也已经被世界各地许多文化场馆采纳，对当下的方志馆建设依然有启发意义。

三 方志馆藏品保管的内容

藏品保管工作主要包括：藏品接收、数据核定、藏品档案、登记编目、安全入库、库房管理、藏品研究、藏品注销、统计查询、藏品利用、包装运输等内容。

第四节 方志馆藏品保管岗位的设置

方志馆藏品保管岗位设置要依据馆内实际需求，妥善安排、专人专项、职责到位。藏品保管部门通常按照鉴选工作、总账工作、登记编目、库房工作、摄影扫描、养护复制、藏品提用工作、包装运输工作等重要环节设置岗位。

一　鉴选工作

藏品鉴选工作包括鉴定和选藏两方面，是依据收藏标准对所搜集藏品进行初选的过程。鉴选工作者要通过慎重比较、历史考证、科学检测，对藏品真伪进行辨明，考证内涵，评定价值，定名分级。做好鉴选工作记录和鉴选登记表，前者包括藏品来源、数量、鉴选人员名单、鉴定资料（包括不同意见）等，后者包括鉴定藏品年代、出处、流传经过、定名、价值、等级（存量、价值、现状）等。

二　总账工作

方志馆总账体现馆内藏品的综合全貌，对藏品起着监护作用，并按规定由馆长、保管部门负责人和记账员签字才有效。总账工作负责建立并保管藏品账目、信息数据和藏品档案等。主要包括藏品接收时入库凭证、原始标本卡片的保管；藏品登记总账的编写；藏品档案的收集整理；各季度、年度账册核对；藏品手写、电子账目的管理、藏品出库、归库管理；藏品数量信息统计、录入、报送；等等。

三　库房和包装运输工作

库房工作指库房日常安全管理和对藏品的科学养护，主要包括藏品的征集、鉴定、分类、定名、登记、上架、制卡以及藏品的养护、复制、清点、提用、交接等日常事务的动态管理。包装运输工作指藏品在接收入藏、提用出库过程中的搬运、包装、运输等工作。

第五节　方志馆藏品接收

藏品接收是指方志馆保管部门按照入馆凭证或清单，对图书、标本和其他物品进行核对验收，核对藏品的完残程度并进行必要的技术处理，同时还要接收藏品原始记录的过程。

一　接收办法

藏品保管部门办理藏品接收，须由领导人审批，办理人对接收入库的藏品进行初步整理和鉴选工作，将实物与原始凭证（入馆清册、征集收据、入库凭证等）进行认真核对，办理接收手续。收集入库藏品相关资料，登记入库，形成藏品入藏的原始档案。

二　核查内容

依据藏品的原始清单，逐件核查并形成影像记录。重点核查藏品的名称、年代、数量、重量、质地是否属实；藏品是否有附属物；是否有明确藏品来源；是否注明藏品收购价钱；等等。根据藏品来源，查收相关的原始单据、凭证，主要包括以下内容。

（一）捐赠证明

捐赠品应有捐赠证明，证明内容应包括捐赠品的名称、数量；捐赠人姓名；捐赠时间；是否自愿捐赠；个人捐赠应附有捐赠人亲笔签名、身份证号码、住址以及公证书和捐赠协议等，单位捐赠应加盖公章。完备的捐赠证明应一式两份，由收授双方分别保存。

（二）接收清单

调拨品应有接收清单，接收清单包括交拨清单或移交清单，由交拨或移交单位出具。内容包括交拨或移交时间及地点，交拨或移交藏品的来源、名称、数量、质地、流传经过、保存状况、原始照片等。交拨或移交结单须加盖双方单位公章。若交接过程中出现藏品与移交清单不符的情况，由交出方以实物为准，核对准确后重新填写，双方共同更正清单。

（三）收购凭据及复印件

个人出售须由本人提供身份证明复印件，以确保藏品来源的合法性。单位出售要开具发票证明，加盖出售单位公章，经办人应在发票背面签字。收购藏品的移交清单应同时上交方志馆财务部门备案。

（四）鉴定书及相关资料

鉴定书的内容包括对藏品、年代、质地、级别、价值的判断和评估。藏品相关资料应体现出藏品的源出地、流传经过、技术含量、艺术价值、历史文化内涵等各种相关的文字、图片和影像记录。

三 注意事项

方志馆保管部门未经馆级领导批准，不得接收、代管或存放藏品。

四 入藏前处理

新接收的藏品在移交入库之前，须根据其质地和完残情况，进行必要的除尘、消毒、灭菌、封护、加固、修复等技术处理。简单的除尘工作可由保管人员操作，清洁去污、防虫消毒、防氧化封护等技术处理手段，须交由专业技术人员进行处理，方可达到展示标准。

（一）清洁工具

清洁工具须根据藏品质地类别和保存现状慎重选择。简单除尘的工具为软毛毛刷、棉质细布、微型吸尘器、除尘粘滚器等。

（二）平面藏品清洁办法

库房清洁平面藏品时，地面应加铺地毯，将藏品放在工作台的防尘布上操作。清理藏品时要根据其质地类别和完残情况采用适当的清理力度，手法应由内而外平扫。如刷扫有伤残的纺织品和丝绢图书、书画藏品时手法要轻柔；卷轴形制藏品要随展开、随除尘、随收卷。

（三）立体藏品清洁办法

立体器物清洁应自上而下刷扫或擦拭。大体量器物尽量不要挪动，应在原地进行清洁。纸质、木质、漆质、金属制品可干扫、干掸，忌用湿布湿扫、湿抹，以防藏品保存环境干湿度骤变造成纸张霉变、金属生锈、器物剥釉剥漆等现象。缸、炉、鼎等大型无盖器物，内外要全面清洁除尘。

五　入库凭证

入库凭证即藏品原始登记清单，既是藏品正式入库收藏的凭证，也是藏品的原始档案。藏品以来源为单位，按接收批次登记成册。同一来源藏品登记完，账页如有空格，应画线废止。同一批次接收的藏品登记完毕，应将相关手续和资料粘于入库凭证之后，以备核查。入库凭证按年度编页号装订成册，妥善保存。

第六节　信息采集

藏品信息采集就是收集藏品数据信息，主要包括藏品的名称、年代、来源、质地、类别、级别、尺寸、编号、准确计量、完残程度、流传经过、登记序号等。此项工作应与入库凭证登记同时进行，也是进行藏品登记编目的必要前提。

一　名称

藏品定名应力求简明确切，能直观反映出藏品的基本信息。一般包括年代、款识或作者，地域、形态或质地，工艺、器形或用途三个方面。藏品命名时可组合至少两个以上要素定名。一件藏品只能用一个固定的名称。

二　年代

绝对年代是确定藏品收藏价值的首要标准。藏品年代鉴定工作应由馆内专家共同研究完成。若对入库藏品的年代仍存疑虑，应上报申请组织三位以上专家组再次鉴定，以多数专家意见为准，将不同专家意见和专家组投票结果形成书面材料，留档保存，以备后续研究。

三　类别

对鉴选后的藏品进行分类。每件藏品不能重复归类，藏品分类应根据其年代、质地、用途、特征综合考虑，为以后藏品登记编目、整理入库、排架编号打好基础。

四　级别

方志馆藏品分为珍贵藏品和一般藏品。珍贵藏品又分为一级藏品（具有特别重要的历史、艺术、科学价值）、二级藏品（具有重要的历史、艺术、科学价值）和三级藏品（具有比较重要的历史、艺术、科学价值）；一般藏品具有一定的历史、艺术、科学价值。藏品定级之前应进行严格的考察和论证，定级标准依照以上分类规定设置并综合考虑藏品的时代特性、现存数量、保存现状、经济价值等因素。藏品级别须由具有鉴定资质的相关机构确定。方志馆图书类藏品一般以乾隆前的为珍贵善本，民国及民国之前的为准善本。

五　编号

藏品编号一般分为总登记号和分类号，总登记号是藏品的身份证明，号码本身就蕴含一定信息，是藏品必须具备的，分类号视具体情况而定。藏品编号便于藏品入库排架、核查提用。

（一）藏品总登记号

藏品总登记号即藏品通过各种征集手段进入方志馆的顺序排号，可按照入藏先后顺序、分年顺序编号或历年累计编号的方法编写。每件藏品只能使用一个号，每个号不能重复使用，总登记号一经确定，不得更改。

方志馆藏品总登记号，以公元纪年为代码，均从 1 开始按收藏先后顺序排列，中间以"．"相隔。如 2010.1，表示 2010 年入藏的第 1 件藏品。

参考品总号的编写是以公元纪年外加括号为代码，后面从 1 开始排序，如（2012）6，表示 2012 年入藏的第 6 件参考品。参考品总号不能与藏品总号混排。

非文物藏品可单独编写流水账号记录。

（二）藏品分类号

藏品分类号是在确定藏品类别后标写在藏品上的编号，以此辨别藏品级别、分类，方便藏品提用和准确归库。分类号要与相应类别的保管登记单照应，确定尾号后依次排序，不得重号、空号，不得使用已注销号。

藏品分类号有"两部分"和"三部分"两种组成方式。两部分组成方式，前为类别代码，后为 1 至无限的排序号，中间以 "." 分隔，如 8.16；三部分组成方式，前为类别代码，中为二级分类序号，后为 1 至无限的排序号，各部分之间以 "." 分隔，如 7.3.2。

参考品分类号以各类别代码外加括号表示，后为 1 至无限排序号，如（56）34。

六　数量

藏品数量为国家掌握文化财产提供准确数据。藏品计件、计量一定要科学准确，按照一物一号，统一登记标准。单件藏品以件为单位编号；成套藏品按 1 件套、1 组计数，组成部分可列分号，也按件计算。

七　尺寸（或开本）

一件藏品一般应采集两个以上的尺寸，如长、宽、高、径、厚。图书字画类作品应测量作品主体、题跋、通长、宽、高等数据。带盖、耳器物要测量通高，带流的壶要测量通流长。尺寸要以厘米为单位，精确到小数点后一位。

八　重量

珍贵藏品须称重，重量以克为单位。金银类藏品重量应精确到小数点后一位数。若藏品器物不可拆分且部件质地不同，称重后应标注是"毛重"。大件藏品可按吨计重。

九　质地

质地是指构成藏品的基本物质种类，一般有金银、木质、丝织品、陶瓷等。确定质地时会出现几种情况。

1. 由一种物质构成的藏品按其质地记录。

2. 由两种或两种以上物质组成且不可拆分藏品，记录其主体部分质地。

3. 由两种或两种以上可拆分物质组成的藏品，可同时记录两种或两种以上质地。

十　完残状况

完残状况是对藏品保存现状的描述，直接关系藏品入藏后的保管、修复方式和保管员的岗位责任。须对藏品及其附属品全貌进行认真察看后方能做出准确判断，描述藏品现状用语必须简练、准确，一般表述方式为"部位＋损毁程度＋数量"。如不能准确表述藏品缺失部位以及数量时，可笼统写"残缺"，并留下影像证明。入藏时将藏品以往修复记录登记清楚。

（一）常用表述完残状况的术语

残缺、破损、折痕、磨痕、划痕、褪色、裂纹、霉斑、破孔、脱浆、磕损、撕裂、织补、跳丝、焦脆、泛黄、字损、字迹模糊、开线、脱线、起翘、剥釉、爆釉、冲口、污渍、锈蚀、变形、虫蛀、鼠咬、脱毛、剥漆、土蚀、凹磕、火烧洞、烟熏、钉孔、胶粘等。

（二）注意事项

1. 原制造工艺缺陷可不计。如藏品纸张的薄厚不均、破口；工艺缺陷如碗口不圆、立耳略倾、器身稍扭斜，等等。

2. 可复原的较小残损可不计。如丝织品、纸质类藏品上的微小褶皱，器物上的土痕。

3. 藏品上可以变更的附件无折损可不计。如镶框的磨损、天头地脚轴头裱边的小损等，因其本身不是藏品，且能更换，可忽略不计。

外借展览（特别是出国展览）涉及保险等工作，藏品完残状况应做详细描述并摄影记录，不能以账目记录的完残状况为准。

十一　来源

藏品来源是指藏品的征集方式和入藏前的出处，藏品交接清单上应标明这两方面信息数据。藏品征集方式一般有捐赠、价购、交拨、调拨、交换、发掘、采集等。

（一）捐赠

捐赠是指公民或企事业单位、社会团体等以无偿或少量奖励金的方式将藏品所有权转交给方志馆。

（二）价购

价购指以购买方式获得藏品所有权。

（三）送交

送交是指通过行政指派变换其藏品所有权单位。

（四）单位出版

单位出版是指本单位编纂出版的藏品。

第四章 方志馆图书藏品保护

方志馆的藏品，是方志馆最重要的核心要素，主要指方志图书，故此，图书藏品保管是对方志馆进行评估的重要因素之一。2008年文化部在其他馆的建设方面有6条标准可以参考。

1. 库房设备完善。
2. 藏品存放环境达标。
3. 藏品存放科学、合理、安全、规范。
4. 对属于文物类的藏品，按照文物保管标准和要求存放保管。
5. 根据藏品质地控制温湿度。照明符合设计规范要求。
6. 库房整洁，空气质量好。

而《第六次全国公共图书馆评估定级地市级图书馆等级必备条件和评估细则》中规定藏品保管保护方面的评估项为：

2.2.6	文献保护	0—10	0—5	1. 基本分项包括：（1）普通文献保护重点考查文献保护规章制度，2.5分；（2）书库防火、防盗、防虫、防潮、防尘等措施、设备及效果，2.5分；（3）书库卫生情况等方面，2.5分；（4）古籍与特藏保护（含古籍与特藏书库达标），2.5分 2. 加分项共5分：被省级主管部门列为古籍保护单位的，加2分；被列为国家级古籍保护单位的，加5分

同样，图书藏品保护也是方志馆的重要任务。方志馆的藏品保护

应遵循保护为主、抢救第一、科学管理、合理利用的原则。这一原则也是方志馆藏品保护的基本指导思想。图书藏品保护中,藏品的损毁有多种原因,有自然的原因,也有人为的原因,而归根结底,大部分是由于人才缺乏、认识和管理不到位等因素引发。研究图书藏品保管和保护有其特别重要的意义。有专家认为:"方志馆藏品保护工作,就其基本特点来说,有什么样的专业人才,就能做什么样的工作,属于因人设事的性质。一些专业人才,都是某个方面的专才,基本上不太可能是方志的通才,而根据现有的情况,根本无法按藏品和方志图书的需要来因事设人,业内方志藏品保护工作的协作就显得十分重要。而现有体制下,无论是协作业务的开展,或者课题的研究,抑或行业标准的制定等,都显示出体制的不顺,并制约了事业的发展。"[①] 要避免藏品损毁,就必须以人为本,在编制设置和人才引进机制方面注重专业人才、跨专业人才的引进和使用、培训,与时俱进不断提高藏品保护理念,树立藏品保护意识,运用先进的保障技术,应对自然腐化、光线辐射、生物危害和人为因素对藏品的破坏。鉴于藏品的不可再生性的特点,做好藏品的保护工作是方志馆工作的重要组成部分。

第一节　方志馆藏品保护的基本原则

一　方志馆藏品保护的概念和内容

图书藏品保护是方志馆研究人类历史文化遗产和自然现象遗存的质量变化规律的科学。方志馆藏品保护即是应用技术手段对抗自然力、控制降低图书质变速度、阻止延缓质变过程、维护藏品质量、对藏品变化进行综合维护的工作。

---

① 凌波:《藏品保管与保护体制创新初探》,《中国博物馆》2001年第3期。

二 方志馆藏品保护的目的

做好藏品保护工作是为了减缓藏品的自然老化，防止化学、物理、生物等因素对藏品原有特性造成的各种损毁，以保持藏品固有的状态。图书是方志馆开展各项工作的物质基础，保护好藏品是方志馆的基本责任。

三 方志馆藏品保护的原则

方志馆藏品保护的本质是以保护为前提，坚持保持原貌的原则。以先进的技术为保障，以科学的方法为途径，以专业的规范为依托，通过研究方志图书藏品在自然和人为因素影响下的质变规律，运用专业的防护手段来延缓图书藏品质变和自然退化的速度，以预防性手段对图书藏品进行综合防治。在方志馆的藏品保护工作中，应坚持以下基本原则。

（一）保存和再现历史信息

方志馆藏品保护必须遵守不改变其原貌的原则。不管藏品是图书还是自然历史标本，其本身都具有特定的历史价值，图书藏品保护的实质就是保存藏品自身蕴含的文化价值和历史价值，而只有保留藏品的本来状态，才能更好地保存其珍贵价值。

（二）消除隐患，减少干预

方志馆图书藏品一般以纸质材料为主，其在发掘、流传、收藏各阶段都会产生并沾染大量有害物质，因此要采取防蚀、防光照、防风化等保护措施来保护藏品免受损害。但对附着古代信息遗存价值的图书藏品，应采取最小干预措施，最大限度地保持图书藏品的原貌，将处理的范围和风险降到最低限度，绝不能因防护而使藏品发生改变。

(三) 防护结合，以预防为主

方志馆藏品保护技术中最根本的问题是怎样"预防"，预防是科学保护藏品的有效措施。藏品在入藏前应当进行严格的技术处理，对已经劣化变质的藏品应当采取必要的保养修复措施后再入藏，在进行养护技术处理时，避免遗留后患。藏品保护应做到防微杜渐，防护兼行。

(四) 实施分类管理

方志馆应采取以保护为前提、以地域为基础的分类方法对藏品进行分类保管。对于部分特殊藏品要加以重点保护，在对其进行修复处理前，需先做好充分的技术论证后再慎重实施。同时，一般性藏品的存放环境也不容忽略。按照藏品地域、质地与价值的不同，方志馆应分别采取相应的技术处理措施，实施统筹分类管理。

(五) 保护优先，合理利用

方志馆藏品的保护不是简单的"为保护而保护"，方志馆对藏品进行收藏，其出发点是保证传承历史、进行学术研究与陈列展示等各项工作的正常开展。根本目的就是在管理保护藏品的前提下，尽可能将蕴含在藏品中的人文历史价值和社会研究价值展现给世人。藏品的保护是前提，利用是目的，因此，要正确处理好保护与利用之间的关系，互为促进，有效补充。

四　方志馆藏品保护的分类

根据方志馆内藏品本身实物性的特征，可以将藏品保护分为分析藏品质地、探索藏品性能、实施图书藏品养护和研究藏品保存环境四个方面。

(一) 分析藏品质地

方志馆藏品种类不多，但其对光源和温湿度的要求极其严格，包括图书、书画、丝织品、木制品、漆器等来源于生物的有机化合物分子。无机质地藏品包括金属、陶瓷、砖瓦、玻璃、石材等，受光辐射影响较小，对光的稳定性强，也称为非光敏性藏品。复合质地藏品为有机材料和无机材料共存的藏品，包括珐琅、绘画、照片、胶片、移动硬盘等。通过对藏品检测分析元素构成，以探索其物质结构变化的规律，寻求最佳的保护措施。

（二）探索藏品性能

在气候变化、空气污染、害虫蛀蚀、霉菌繁殖等多种环境因素的影响下，微观运动不仅影响藏品的外观形态，更易引起图书藏品的质变。不同质地藏品所发生的劣化变质现象也不尽相同。金属腐蚀、石雕风化、壁画变色、木材干裂、织物腐烂、纸张霉变等病变都会导致藏品损坏。所以从理论上明确各质地藏品在不同自然环境影响下的物理性能，了解其质变机理，是藏品保护的前提。

（三）实施图书藏品养护

图书藏品养护是指采用先进的科学技术对图书进行日常科学保养来延缓自然受损的过程。图书修复是运用化学、物理等方法对已劣化变质的部分进行技术性修复，尽量保持藏品完整并消除病害。

（四）研究藏品保存环境

藏品保存环境是指方志馆藏品库房、陈列、鉴定、修复保养环节的环境。制定环境标准，严格技术监测，使藏品免受光线、温湿度、微生物等外部环境因素的破坏。努力营造一个相对安全、稳定的藏品保护环境。藏品保存环境控制工作主要包括：温湿度控制、污染防控、虫害治理和霉菌防治。

第二节 温、湿度控制

方志馆建筑物内空气温度和相对湿度条件的控制优劣，是衡量方志馆空气环境质量的重要标准。及时了解藏品所处环境的变化，控制库房温度和相对湿度，是藏品保存环境的关键。

一 藏品库房的温、湿度

不同的藏品，因其物理性能的差异，适宜其保存的温、湿度的条件也不尽相同。具体温度要求：纸质文物库房温度控制在16℃—18℃为宜，夏季气温不能超过25℃。相对湿度要求：金属类藏品库房为45%—50%，纸质类藏品库房为50%—55%，木漆器类藏品库房为60%—65%，织绣类库房为45%—65%，变化不应超过2—5个百分点。但综合各藏品共性，比较适宜的温、湿度标准数值是：冬季为10℃—18℃，夏季在25℃以内，气温日变化差值一般不高于2℃—5℃，相对湿度在45%—65%，波动不得大于5个百分点。在这一标准范围内的正常波动将不会对藏品造成损害。

二 调控措施

（一）宏观调控馆内空气

方志馆的标配是封闭式的库房和展厅，同时配置上温湿度调控仪器，以达到基本的防潮封闭要求。大部分方志馆依靠中央空调系统控制温湿度，其好处是宏观调控范围大，适合封闭式的大型展馆需求，不足是因受到展厅环境、参观人流量等因素影响，很难精确把握馆内温湿环境。方志馆应严格做好市场调查，配置适合馆内需求的恒温恒湿调控仪器，尽量使馆内温度控制在20℃左右，并辅助以进一步的微观环境调控。

（二）微观小环境控制

微观环境控制首先要做好展柜封闭性工作，密封性良好的展柜为展品提供相对稳定的温湿度环境。以刘少奇纪念馆为例，"所有珍贵文物都放置入全自动恒温恒湿柜中，恒温恒湿柜电脑全自动控制，柜内温湿度动态显示，控温控湿，抑制虫霉滋生、防虫蛀、防霉变。并启用电子密码锁,采用双层钢板结构,密封性好,并具有防磁、防火等功能,这就为珍贵的纸质文物提供了安全可靠的保存环境"。[1] 方志馆展柜可使用抗氧化抗腐蚀的自封带进行密封,这种自封带不仅密封条件好,还可以去除有害气体;另外,也可在展柜中放置便携式蒸汽型增湿器或干燥剂来调控湿度。

(三) 特殊藏品单独调控

特殊藏品对温湿度要求更为严格,因此应在保存环境中加装温湿度自动控制仪,当温湿度超过(低于)要求范围时,自动仪能自动开启除湿机(加湿器)降低(升高)温湿度。也可以配置独立的恒温恒湿系统,设定此类藏品的温湿度范围,确保藏品的保存环境安全适宜。

(四) 尽量避免室外环境的影响

库房和展厅的空气极易受到室外环境的影响,已损藏品应当远离壁炉、冷气出口、湿度较大的洗浴室和光线可直射的窗口。在外界环境不稳定的季节,方志馆库房应紧闭门窗,关拉窗帘,减缓空气流动和光照辐射,在潮湿地方放置干燥剂。在外界环境适宜季节,可以适当打开门窗通风散湿,炎热夏季应保证空气流通。

第三节 控制光照

一 光 源

光线对藏品的辐射是日积月累且不易被察觉的,所以控制光源对方志馆藏品保护有着至关重要的影响。光源包括自然光和人工光。自然光就是天然日照光线,它分为可见光和不可见光,可见光是电磁波

---

[1] 钟菲萍:《馆藏文物保管科学化研究——以刘少奇同志纪念馆藏品保管为例》,湖南省博物馆学会编:《博物馆学文集8》,岳麓书社2013年版,第149页。

谱中肉眼可以感知的色光，不可见光就是肉眼看不到的紫外线、红外线、远红外线等。人工光指方志馆内灯具的光线。

二 光线对藏品的影响

不合适的自然光和人工光辐射都会形成光污染，从而对藏品质量造成损害。光污染包括可见光、紫外线、红外线、人工光照不适等。其中紫外线的破坏力最强，特别针对光敏性藏品，包括纸制品、棉麻丝毛纺织品、竹木漆器等。这类有机质藏品对光线的稳定性很弱，紫外线分解有机物化合物，导致藏品出现明显的暗黄、变色、脆裂、老化现象。红外线是热辐射能，具有加热作用，藏品被照部分会急剧升温产生内应力，造成纤维破坏而使藏品出现翘曲、龟裂现象。人工光对藏品的破坏与其光照强度有关，光照度越强，光照距离越近，破坏力越大。光辐射对藏品的损害是渐进的，强光照射或间歇性的光辐射对藏品破坏程度更高。

三 防光

1. 库房建造时应尽量设小窗或不设窗，通风窗口配置黑色或绿色加厚窗帘，严防日光直射或透射。库房要选用照明度合适、光线柔和的灯具，避免使用强光灯或发热的白炽灯，光源尽量远离藏品。

2. 展柜应使用含紫外线滤光片夹层玻璃或者采用含有苯骈三氮唑、二苯甲酮类、芳香族酯类等紫外线吸收剂的有机玻璃来有效吸收紫外线。展柜尽可能使用白灯，对于光敏性藏品应尽量减少光照时间并将其定期旋转，有的则需要避免任何光照。对于金属类、瓷器类等非光敏性藏品，在保证光照不会对藏品造成损害的前提下，可以运用感光系统，适当提高亮度来凸显藏品的精美之处。

3. 对于一些特殊、珍贵的有机质藏品要使用有机玻璃材料进行包装、套封，将其放入柜（匣）内，将光照减至最低限度。同时展厅内要避免使用荧光灯、激光灯、闪光灯等。

第四节　空气污染防控

空气污染会严重损害藏品质量，要采取科学防护手段调控方志馆环境，保持馆内空气洁净，有效保护藏品。

一　空气污染对藏品的危害

空气中的污染物主要有煤气、尾气、暖气、灰尘、油渍、二氧化硫、二氧化氮、硫化氢、氯气等。这些有害物质可分为酸性气体、氧化性气体和其他碱性灰尘颗粒。不同的污染物对藏品有不同的破坏影响。

1. 酸性气体包括二氧化硫、二氧化氮、硫化氢等有害气体，它们与空气中的水反应生成硫酸、硝酸及氢硫酸类的强酸性化合物。酸雨和酸雾严重腐蚀方志馆的建筑物，对馆内各类藏品也有极强的侵蚀作用。

2. 氯气和二氧化氮能够加速臭氧转化为氧气，而臭氧属于氧化剂，对藏品具有氧化能力，可使有机质藏品（如皮毛纺织品、纸制品、木制品）的纤维发脆、断裂，橡胶老化，强度降低。同样可使无机质藏品（如金属制品）严重腐蚀，失去光泽。

3. 灰尘是悬浮在空气中的矿物质和有机物微粒，它包括煤屑、烟渣、工业区的酸碱性粒子等，成分复杂且具有吸湿性能。灰尘携带大量病菌、虫卵到处飞扬可随时进入方志馆藏品库和展厅，若其附着在藏品上吸收水分和有害物质，就会形成化学吸湿颗粒，造成藏品色彩晦暗、脆化变质、强度降低。此外，灰尘中携带多种微生物菌体及其孢子，其中带有弱酸性的灰尘是霉菌寄生的温室，微生物体大量繁殖生长对藏品有极大的破坏作用。

二 污染防控措施

对空气污染的防控要从室内和室外两方面进行。

1. 方志馆在前期选址建设时要对周围环境进行严格审查，力求远离化工厂、铁路线、矿区等重污染地区。后期馆外要种植抗污染和对污染敏感的监测植物。库房外禁止堆放易燃易爆危险品，周围管道保持通畅。此外应在大件金属、石刻等室外藏品表面罩上一层无机或有机高分子材料保护层，主要有甲基丙烯酸酯、有机硅树脂（三甲氧基甲基硅烷、甲基三乙氧基硅烷等）、环氧树脂、全氟聚醚等有机硅材料，防止其继续腐蚀风化。

2. 方志馆库房和展厅内的空气质量须经过严格监督调控。尽量采取封闭手段减少室内外空气流动，安装有活性炭过滤器的空调设备控制室内温湿度，定期升级清扫空调和加热器，为藏品提供优良的储存环境。藏品入库前要清尘，纸制品和纺织品应置于玻璃柜、囊匣或塑料袋内密封保存免受灰尘腐蚀。清扫库房要用吸尘器，可湿扫、湿抹，切勿干扫、干掸。

第五节 防霉菌和虫蛀

一 库房中的生物危害

方志馆藏品保存环境中的生物危害主要是霉菌和虫蛀。霉菌的种类很多，常见的是曲霉菌和青霉菌，它们对有机物和无机物藏品都有极大的破坏作用，会导致图书纸张、皮毛纺织品、拓片出现粘连、泛黄甚至霉烂现象，金属藏品产生霉斑、变色等质变现象，是影响藏品保存环境的重要因素。库房常见的害虫有书虱、白蚁、档案窃蠹、鳞毛粉蠹、竹长蠹等二十余种。这些害虫繁殖快、生命力极强，以库房中的木材、纸张、皮革等多种物质为食，往往能对藏品造成毁灭性伤害。

二　防控措施

（一）改善环境

1. 改善藏品库房环境

藏品库房的建筑结构、装饰材料直接影响藏品的空间环境和藏品寿命。库房在设计上可以采用回廊式结构。不设外窗，只开内窗，利用内窗自然通风；通风管道安装配有过滤装置的空气调节设备；库房窗户应采用双层结构并安装具防紫外线功能的玻璃；库房墙壁最好加装防护墙板，并使用砂浆、乳胶漆、亚光防水涂料粉刷防止返潮、虫蚁寄生；库房装修选择防霉、除尘的水磨石、橡胶板等材质；地面选用木地板或青地砖，可调节温湿度；选用硬木做密封性良好的展柜，不涂漆料；装置空调保持室内恒温恒湿；选择合适的照明设备；安装防火、防盗设施及警报装置。

2. 改善展览环境

藏品展览环境必须保持清洁、无杂草垃圾；室外植物需定期喷洒防虫药物；展室门窗、墙壁、地面、柜架要定期除尘；各通风口皆要配置空气净化设施；陈列柜采用防紫外线或感应灯照明；展柜内要安装温湿度控制设备。

3. 消毒处理

严格控制方志馆库房和展厅的保存环境，坚持预防为主、防护结合的原则，制定定期清扫规则，分别对藏品、库房、展厅进行消毒处理。藏品入藏前需消毒。

（1）把住藏品入库关

藏品入馆或提取利用回库时，发现有被虫蛀和霉变的藏品，经杀虫、灭菌、消毒处理后，方能入库。

（2）藏品库房消毒

藏品库房内墙壁、门窗、天花板、藏柜要定期进行消毒杀菌处理，防止虫蛀和霉菌侵害。库房保管人员在出入库房时，须按规定着防尘衣帽、鞋套，佩戴消毒手套。

（3）藏品展厅消毒

展览陈列的木质展柜、展台、囊匣、包装盒等都要进行严格消毒，严防虫害和微生物侵袭。

（二）虫害和霉菌防治

虫蛀和霉菌侵袭都会造成藏品材料结构改变，严重缩短藏品保存寿命。方志馆藏品以有机质藏品为主，更易遭受虫害和霉变威胁，所以馆内藏品保护更应以积极预防为主。一般防治方法有清洁卫生防治法、化学防治法、物理防治法、消毒灭菌几种。

1. 清洁卫生防治法

方志馆周围环境保持清洁；馆内定期清理日常杂物；做好藏品入库检验工作；严格控制库房温湿度；保持藏品储柜、装潢设备洁净；特殊藏品严格执行隔离防护制度。

2. 化学防治法

化学灭虫就是利用有害的化学药剂直接灭杀害虫躯体和栖息地，具有操作简单、作用迅速、效果显著、受外界环境影响小的特点，是目前应用较为广泛的灭虫法。化学杀虫剂可分为熏蒸剂、胃毒剂和触杀剂，按其化学和物理性质又可分为有机和无机杀虫剂，固态、液态和气态杀虫剂。常用的化学驱虫法如下。

（1）植物驱虫：将花椒、烟叶、木瓜、芸香、麝香、角蒿、莽草等挂在藏品柜内或者放置在柜外点燃烟熏。

（2）装具驱虫：使用可自身散发特殊气味的银杏木、楠木、檀木、杉木、梓木等做装具和装饰品。

（3）现代驱虫药：使用有刺激性气味的人工合成樟脑、防蛀防霉片、卫生球、臭丸等化学品挥发驱虫。

（4）熏蒸杀虫：将环氧乙烷、硫酰氟放置在室内进行熏蒸，使毒气进入虫体并将害虫迅速杀灭，熏蒸法渗透力强、发挥性好、对藏品无副作用。但此方法应随熏蒸剂量及熏蒸环境而定，熏蒸剂本身有剧毒，应随时注意人身安全。

（5）触杀、胃毒杀虫：使用有机防虫磷毒剂，置于柜下、墙角缝隙处等待虫子接触或吞食，也可使用喷雾法施药，以触杀、胃毒方式灭杀虫体，对人体的毒性较低。

3. 物理防治法

（1）高低温杀虫：高温杀虫和低温冷冻灭虫是控制温湿度，令其在一定时间内急剧变化来使虫体生理机制遭受机械性损伤。温度处理方法灭虫效果好、成本低、无污染、操作简单，但此方法受制于藏品的材质。

（2）高频、微波杀虫：利用高频电磁波的超强穿透能力作用于有机物和非金属物质，使物体吸收转变为热量，从而达到加热干燥、杀菌灭虫的效果。

（3）辐射杀虫：利用各种电磁波（如γ射线、X射线、紫外线、红外线、超声波等）照射虫体，当达到一定照射剂量时，昆虫体内会发生一系列生理变化，致使其代谢紊乱、减少孵化、寿命缩短，最终死亡，以达到消灭害虫的目的。

（4）缺氧杀虫：又叫绝氧杀虫，将生虫藏品置于绝氧塑料袋、熏蒸室或绝氧玻璃仓内，通过放置脱氧剂或者灌充氮气、氦气、二氧化碳等惰性气体使密闭空间内氧气浓度低于0.3%，致昆虫脱水而死。

4. 消毒灭菌

消毒是采用较为温和的理化因素杀死物体中的病原菌，而对消毒物体本身无害的一种措施。灭菌是利用强烈的理化因素使任何物体中所有微生物永远丧失生长繁殖能力的措施，所以任何灭菌方式都应适用于藏品保护环境，具有灭菌效率高、对藏品无副作用、对人体毒性小等特性。一般的消毒灭菌方式有两种。

（1）化学防治：选择密封胶带或者设置封闭性玻璃柜，内装藏品，放置一定剂量的环氧乙烷或甲醛，任其逐渐挥发，除灭菌体，藏品处理后应注意空气流通，将有害气体放净，再取出藏品，以免人体受害；也可使用环氧乙烷、溴甲烷、硫酰氟对有机质文物进行密闭性、覆盖性、真空性熏蒸消毒，但此类熏蒸具有强烈刺激性，要请专业人士操作，注意人身安全。

（2）物理防治：用平纹布或医用包装纸将藏品包装并使用高压蒸汽灭菌；使用 γ 射线与高能量电子束照射消毒，可在常温下对不耐热物品进行"冷灭菌"；将藏品低温、缺氧保存，防治霉菌。

第六节　图书医院修复流程

藏品修复一般指的是对图书藏品进行去污、缓蚀、杀虫、灭菌等环节来清除藏品上的附着物。如有破损残缺部分还要进行必要的连接、填充、加固、补配等技术性修补程序，以恢复图书藏品原貌。藏品修复时必须遵循不改变原状、最小干预、保存和再现历史信息遗存的原则。

修复流程是：采录图书藏品信息、制定修复方案、规范施工记录、建立修复档案。

一　采录图书藏品信息

图书藏品修复前，须按照藏品保护管理规范，通过目测观察或借助有关仪器设备，对准备进行修复的藏品进行辨识和记录，并在此基础上加以分析，以获取基础信息，最后将信息数据采集入档。

（一）编目登记

对图书藏品进行事先调查并作藏品编目，如记录藏品名称、来源、年代、类别、版记、数量，简单描述藏品历史背景，标明藏品馆藏记录、使用状况和修复记录，严格标明藏品损伤状况和种类（如锈蚀、霉变、虫蛀、开裂、破损、变形），同时说明损伤程度。

（二）影像记录

影像记录应使用不同形式的录像、摄影或线图（标识图）来展示，摄录方位全面，对损害部位放大拍照，对腐蚀物进行显微摄影，以此直观地反映藏品所包含的信息。

二 制定修复方案

修复方案的制定是基于事先采录的藏品数据信息基础，为藏品进行的修复设计工作。工作之前必须保护修复前的照片、绘图、材料和制作工艺报告，还要考虑现有的修复技术、修复设施、人才资源以及今后的保存和使用条件，综合确定可实施方案，整个设计过程要经过认真讨论并形成记录材料。方案内容应包含：藏品基础信息、保存现状、损坏状况、修复技术、工艺要求、将要使用的材料及经费预算等。修复事宜须由资质较高的人员主持监督，一级藏品的修复方案须上报有关部门批准后方可实施。

三 规范施工记录

藏品修复工作应当严格按照所制定的修复方案进行。做好影像记录并建立修复日志，用于记录藏品修复工作中所使用的方案、工具、用料配方、工艺、图片、文字资料以及参与人员等，必要时可以记录当日的天气状况和室内的温湿度条件，记录完毕须参与工作人员签名确认，以确保记录内容的完整性、真实性和可靠性。

四　建立修复档案

图书藏品修复工作完成后,组织相关专家进行藏品验收。工作人员应当提交相关的技术修复报告并编写藏品修复档案,对整个修复过程进行详尽归纳总结,档案包括藏品检测信息、验查方法、修复方案、技术难点记录和解决方案,必要时配相应修复照片、专家组意见(多少专家同意、多少专家不同意,不同意见是什么)、参与人员名单、对后期藏品保存利用给予预防性建议等内容。修复记录入档对藏品本身来说是至关重要的档案资料,将为今后的藏品研究保护提供重要依据。

第五章 方志馆陈列展览

陈列、展览的诞生由来已久。有学者认为，在人类社会早期，展览就已伴随着文明的诞生而产生。"人类社会，自从有了文明，也就有了展览。文明是指人类社会的进步状态，包括物质文明和精神文明。就在文明产生的最初阶段，展览作为一种文化现象，其萌芽状态也就出世了。……按照心理学家的研究，人有物质的（衣、食、住、行）、精神的（认识的和美的享受）和社会的（劳动、交往、社会活动的）需要。展览正是体现这些需要的产物。'展览'两字，是并列结构，顾名思义，是展示和浏览，也即把事物陈列出来给大家观看，它在物质、精神和社会的三个需要方面都能使人获得一定的满足。人类在蒙昧时代、野蛮时代，尽管穴居野处，茹毛饮血，但也需要披挂一些树枝或兽皮，以防寒、遮丑和御敌。也需要佩戴一些兽角或兽牙，以满足美的享受和社会活动的需要，这是人的展示意识在自己身上的最初体现。这种意识在历史的赓续中，会日益得到加强。特别是随着文明的产生，更会升华到具有文化意义的行为动作，这就产生展览的萌芽形态。"[1]

在汉语大词典中，"陈列"被解释为：把物品有条理地摆放出来供人看；"展览"被解释为：展示实物、图片，以供观览、欣赏，另一层意思是指展览会、展览活动。而潘杰在《中国展览史》中对"展

---

[1] 潘杰：《展览艺术——展览学导论》，黑龙江美术出版社1992年版，第14—15页。

览"的定义是:"展览有广义和狭义之分。广义上是指包括各类图书馆、博物馆、美术馆等在内的一切供人参观的陈列展出,即广义上的展览。狭义上是指包括各种博览会、展览活动等在内的特定的、临时性的陈列展出。"①

方志馆的陈列、展览,是指在一定空间内,按照一定主题、序列和艺术形式,开展以方志文化为主题的陈列、展览。"一个建筑的内部空间便是那个建筑的灵魂"②,建筑大师莱特的这句名言也是对方志馆建筑内部空间的最好诠释。方志馆与其他建筑的最大不同是它具有方志文化独特的文化内涵,该特点决定了方志馆是一个具备厚重历史与中华优秀传统文化知识内涵,享受高雅的艺术,体验丰富多样的科技、地方文化与民俗,陶冶理想情怀与培育爱党、爱国主义情操的场所。而其空间设计主要是指陈列展览区的空间设计。长期以来,方志学界的学者和从业者一直未能就方志馆定位性质形成共识,主要原因正如同美国学者丹顿在探讨比较图书馆学时所指出的问题,这一观点同样适用于方志馆学研究:"我们这一专业中的症结,部分在于低估了我们的训练,我们的教育,我们的科研,而首先是低估了我们的专业著作和专业理论。我们所以低估它们,部分地是因为我们的职业有一种自卑的、小心翼翼的,吞吞吐吐的风气。但更主要是因为我们缺乏比较。倘若我们把自己与别的一些学科相比较,哪怕是与那些在学术史上享有最悠久的声誉的学科比较,我们就能相信,作为我们的职业的基础的那门技能,如果不说是科学的话,跟哲学一样有权得到'所有知识的总和'这样一个定义。"③

我们认为,方志馆展览与博物馆、图书馆等场馆举办的展览既有

---

① 潘杰:《中国展览史》,电子科技大学出版社1993年版,第3页。
② [美]莱特:《有机建筑论》,汪流等编:《艺术特征论》,文化艺术出版社1986年版,第177页。
③ [美]J.珀利阿姆·丹顿:《比较图书馆学概论》,龚厚泽译,书目文献出版社1980年版,第16—17页。

交叉也有区别。比如博物馆展览，陆建松认为："博物馆陈列展览是指在特定空间内，以文物标本和学术研究成果为基础，以艺术的或技术的辅助展品为辅助，以展示设备为平台，依据特定传播或教育目的，使用特殊的诠释方法和学习次序，按照一定的展览主题、结构、内容和艺术形式组成的，进行观点和思想、知识和信息、价值和情感传播的直观生动的陈列艺术形象序列。"[①] 而对于方志馆的展览，潘捷军等认为："方志馆的展陈设计是通过展示陈列空间的再创造，将展陈对象传递给参观者的一种艺术方式，它往往涉及博物馆学、图书馆学、档案馆学、艺术学、史学与方志学等多学科，是平面、空间、结构与多媒体等多种设计艺术的组合。"[②] 它肩负着观众参观与展品展示的双重功能，是方志馆信息的载体，是方志馆向社会提供的特殊精神产品。

第一节 陈列展览的原则

一 陈列展览分类

文博系统对陈列展览的类型划分有多种分类方法，比如陆建松认为："博物馆陈列展览可以根据不同的标准分类，例如按陈列展览展出的时间长短分、按陈列展览的内容属性分、按陈列展览的传播目的和构造分等。"[③] 方志馆同样可以按照不同的标准分类，比如按照陈列展览方式可以做不同的划分：按照陈列展览内容的不同可以分为历史文化、科学技术等专题性和综合性展示陈列；按照物质形态划分可分为实物展、文献展、图片展等类型。[④] 当代新型方志馆则大多兼容了

---

① 陆建松：《博物馆展览策划：理念与实务》，复旦大学出版社2016年版，第11页。
② 潘捷军等：《中国方志馆》，方志出版社2016年版，第275页。
③ 陆建松：《博物馆展览策划：理念与实务》，复旦大学出版社2016年版，第13页。
④ 潘捷军等：《中国方志馆》，方志出版社2016年版，第276页。

上述多种功能形式。通常情况下，我们一般遵从文博界惯例，按照陈列展览展出的时间长短分类，把方志馆的陈列展览分为常设陈列和临时展览两类。

常设陈列也叫基本陈列，"长期展出的体量较大的基本陈列，即常设展览（permanent exhibition），这是相对于'临时展览'（temporary exhibition）而言，一般在几年甚至十几年内不会大规模更改的展览。其展览主题、内容、展品及展示体系一般比较稳定，基本陈列往往反映了该馆的性质和任务，也是其收藏和研究水平的体现"。[1] "常设展相对稳定而审慎，基本只调用博物馆的永久馆藏，鲜明地展现博物馆的基本定位和宗旨；临时展则灵活地应对时势变迁，既可能调用自身的馆藏，也可能临时借助他人的馆藏，准确、甚至颇富戏剧技巧地发表群体意见。"[2] 方志馆的常设陈列是指能够体现馆藏特色，由比较稳定的方志主题、内容、展品和具有较完美的艺术形式构成的陈列体系。常设陈列是方志馆工作的中心，最能突出方志馆的地方特色，一个地方的方志馆，必须要有自己的常设陈列。

临时展览是由特定的方志专题作为展览内容，展期较短、形式灵活多样、时效性较强的一种陈列形式。

二 陈列展览的基本原则

方志馆作为以展示地方志文化为主要功能的公共建筑，其展览和陈列应遵循一定的原则。如学者陈松文就认为应有如下原则："展厅的布展设计，要特别注重参观者的体验，要保持一定的节奏感和兴奋点，应该具有主题化、人性化、情景化、互动化、延伸化等元素，让

---

[1] 陆建松：《博物馆展览策划：理念与实务》，复旦大学出版社2016年版，第13页。
[2] Alexander, H. P., *Museums in Motion*: *An Introduction to the History and Functions of the Museums*, Nashville: The American Association for the States and Local History, 1989. 转引自徐坚《名山：作为思想史的早期中国博物馆史》，科学出版社2016年版，第25页。

展示的主题与观众的思想感情产生冲击和共鸣。"① 对方志馆来说，一般应具备以下原则。

（一）坚持政治引领原则

方志馆属于地方公共文化服务设施的重要组成部分，其布局、设计、建设、管理要突出政治性，坚持围绕中心、融入中心，体现国家战略，服务地方经济社会发展大局，体现以人民为中心的理念。

（二）方志性原则

方志馆陈列应力求通过展示方志文化体现社会主义先进文化的发展导向，因此，选题的研究与确定是实现这一目标的基本前提。在选题、规划建设、展览展示方面要突出方志性，要根据志书和年鉴以及当地地方文化的相关内容，慎重选择合适的题材，充分体现方志馆的特征和属性，全面系统客观地反映方志主题主线发展的历史脉络，使陈列展览具有鲜明的思想性、时代性、科学性和艺术性，达到鉴古知今、启迪未来的效果。

（三）科学性原则

要突出反映本地区自然地理的概貌、变迁与发展规律，重点反映本地区悠久的历史、厚重丰富的社会风貌和地方文化底蕴、不断进步的科学技术、独特的地方艺术等。所提供的知识概念和信息资料必须是科学准确的，能够揭示与方志馆馆藏和展品的内在联系。同时，由于数字技术、信息化的高速发展，多媒体技术、元宇宙概念正在飞速融入方志馆建设与展览之中。通过声光电等多种媒介综合展示，可以实现穿越时空、历史与藏品实物的限制，为观众带来更全面的知识传递和更直观的视觉享受。正如陈松文所说："当代展馆的设计和建造技术，已经由过去以空间布展为主的单一模式，发展成为涵盖空间、多媒体、环境、交互、平面、照明、力学等多系统的集成设计。多媒体技术运用于展示设计中，可以起到以小见大、节约篇幅、变简单陈

---

① 陈松文：《试谈方志馆的规划建设》，《中国地方志》2014 年第 5 期。

列展示为多维立体展示的效果。比如长达数篇的文字叙述，可以使用只需数秒钟的视听媒体表达，就能体现动态形貌、临场声音、隐喻事件等诸多信息。利用多媒体技术，还可以使整个展厅设计形式显得更加简洁、精练而又突出主题；也可以让展示的内容进行外延，观众在展厅看不到的展品，可以在多媒体里寻找。通过多媒体了解更深、更广的内容，获得更多的信息。利用高科技声光电的新媒体展示，可以化静为动，化被动接受为主动探寻，调动观众的视觉、听觉、触觉等感官，观众的参与性更强。"[1]

（四）物与识辩证统一原则

方志馆展览中的方志与年鉴、谱牒等方志类藏品，以及其他文物标本、艺术品、档案等各类藏品，作为一地地理变迁、历史、社会与自然发展的最有力见证物，具有强大的感染力、说服力。但是，基于资金等条件所限，征集与收藏起步较晚，当下的方志馆大都收藏基础薄弱。因此，方志馆陈列不能像博物馆那样以物为主，而是应逐步探索"物与识"如何有机结合、辩证统一于展览中的道路。其中，作为"物"的展品应以原件为主，如果使用复制品、仿制品，复原陈列应客观真实，同时应予明示。

（五）艺术性原则

方志馆展览不仅要反映方志学百科全书式的内容，还要在表现形式等各方面注意给人以审美的享受，必须建立在雅俗共赏的基础上。因此，方志馆的展陈应正确处理内容与形式的辩证统一关系，应以美的陈列形象生动深刻地揭示主题，还要注意与场馆整体艺术风格呼应。考虑到布展也是营造一种景观，我们似乎可以参考借鉴园林景观专家对景观艺术性原则的解释："不是建筑物的简单摆放，而是在审美基础上的艺术配置，是人为艺术与自然生态的进一步和谐。在景观配置中，应遵循统一、协调、均衡、韵律四大基本原则，使景观稳定、

---

[1] 陈松文：《试谈方志馆的规划建设》，《中国地方志》2014年第5期。

和谐,让人产生柔和、平静、舒适和愉悦的美感。"①

(六) 社会教育普及性原则

作为展览的一类,方志类陈列展览也同样要发挥特定的社会教育功能。方志展览的教育对象是社会不同阶层、年龄和知识、教育背景的观众群体,因此,它的内容必须在保证专题性的基础上兼顾非方志行业从业和研究群体,更多地面对社会上的普通民众和少年儿童,发挥普及地情、国情知识的功能。

第二节 陈列展览的选题与立项

陈列展览的一般工作流程是:前期调研—选题策划—申报立项—组建项目组—内容设计—政府采购—形式设计—制作施工—布置展览—审计与评估—对外宣传—对外开放展览。

如果是临时性展览,展览结束后还有撤展和总结建档环节。

一 陈列展览项目的立项

(一) 陈列展览选题的确定

办好陈列展览的第一步就是选择一个有价值、有意义的主题并进行立项,这也是展览成功与否的关键所在。所以,选题对陈列展览至关重要。方志馆应有计划地进行方志陈列展览选题的研究工作,然后确定陈列展览项目。博物馆学专家齐玫认为:"博物馆陈列展览的选题应根据多方面来加以考虑。具体而言,选题的依据主要包括:博物馆特性、地域特性、民族特性、社会环境、文化背景、博物馆馆藏、

---

① 孔德静、张钧、胥明:《城市建设与园林规划设计研究》,吉林科学技术出版社2019年版,第25页。

展览类型、经费支持等。从根本上说，陈列展览的选题，即主题的选择就是特色的选择。特色是选题的原则标准。"① 在这一点上，方志馆与博物馆有很多共性的地方。对方志馆而言，所谓"选题"，是对陈列展览的题材和陈列展览主题的确定，同样应遵循以下几点主要原则。

1. 要与方志馆的定位、功能等相适应。方志馆的基本陈列与主要展览的选题应与方志馆的性质、功能、任务相适应，在本馆的主要业务范围内进行拓展延伸；要掌握方志馆自身的特点，善于概括，抓住重点，不能强求百科全书式的知识普及，否则最终貌似面面俱到，实际却常常毫无特色。只有正确理解和掌握方志馆的定位、性质、功能，才能保证选题紧跟新时代，主题政治立场正确，专题性明确，定位准确，从而真正发挥出各级地方志机构及方志馆从业者的业务优势，提高方志馆陈列展览的水平。

2. 要开展广泛的社会调查，了解观众的真正需求。"社会需求是指社会影响和社会效益，包括政治、经济和文化诸方面。"② 作为公共文化服务体系中的一环，方志馆有必要根据社会需求来制订规划并有目的地征集、研究方志馆的各类藏品，为面向社会大众广泛、全面地宣传国情、地情服务。在满足社会需求上，陈列展览的选题应注意三点：一是先进的思想性，即体现先进文化的前进方向；二是根据时代需要、政治形势、社会热点等，多方面开拓选题，扩大信息传播量；三是将选题与公众需求有机地结合起来，并寻求体现这种结合的最佳方式。③

3. 必须重视可行性研究，包括方志馆举办该项展览所具备的专业力量、方志资料藏品情况、展出场地、经费条件、观众定位以及方志馆的外部环境等因素。有些地方出于各种目的，急于上马新项目，但是又不具备开办场馆和展览的硬性软性条件，很容易出现展览粗糙、社会影响差的问题。

---

① 齐玫：《博物馆陈列展览内容策划与实施》，文物出版社2015年版，第2页。
② 蒋潇、王鹏远：《试论陈列展览的选题》，《中国博物馆》2004年第4期。
③ 参见蒋潇、王鹏远《试论陈列展览的选题》，《中国博物馆》2004年第4期。

4. 方志馆馆藏、展陈与社会教育都应高度重视专业性、通俗性和普及化。毛泽东在《在延安文艺座谈会上的讲话》中曾谈到"普及"与"提高"的关系是"我们的提高，是在普及的基础上提高；我们的普及，是在提高指导下的普及"。[①] 这一论述对解决方志馆的馆藏、陈列展览选题（尤其是基本陈列的选题）应如何处理、如何更好地为广大观众服务的问题，都具有现实的指导意义。

5. 守正创新。方志馆的各类陈列展览的创新，主要体现在主题、理念的创新转化、藏品研究和开发利用的角度以及对服务对象及特定群体的关照等方面。

6. 要经过专家咨询和专业人士全方位科学论证，最终经过集体讨论确定陈列展览的选题。

（二）申报立项应提交的材料

向有关上级部门或主管部门进行申报立项获得批准后方可举办陈列展览。需要申请财政拨款的项目还应提供《项目申报书》《项目可行性研究报告》等申报材料，具体而言，各方志馆要按照所属财政部门要求的相关规定进行填报。其中，制定《项目申报书》支出预算时，应主要包括以下项目的费用：展品征借、包装运输、保养修复、设计策划、施工制作、设备设施、专家评审论证、出版印刷、宣传推广、安防消防和其他筹展费用等。

二　组建项目组

方志馆陈列展览立项后，应成立项目组，如果展览规模比较大，为确保项目顺利进行，还要设立领导小组和专家组。一般情况下，大型项目（如中央、省市级重点项目）应成立陈列展览领导小组和专家组。

[①] 毛泽东：《在延安文艺座谈会上的讲话》，《毛泽东选集》第3卷，人民出版社1991年版，第862—863页。

（一）陈列展览领导小组

一般情况下，陈列展览领导小组的组成人员包括主管领导、陈列展览部门及藏品保管部门的主要负责人等。项目中的重大事项须由展览项目领导小组提请馆长办公会研究决定。重大事项如下。

1. 项目实施方案的审定。

2. 招标方案和招标结果的审定。

3. 合同的重大变更。

4. 项目经费的执行。

5. 项目实施过程其他需要审议决策的重大事项。

（二）陈列展览专家组

专家组一般由主管业务的副馆长和馆内外方志方面的有关专家共同组成。专家的主要职责如下。

1. 对陈列展览主题的审定，包括导向性等方面的政治把关。

2. 展览陈列大纲、藏品征集方案、内容设计方案和形式设计方案的评估与审定。

3. 重点场景、重要陈列展览品的艺术形式的审定。

4. 项目实施过程中其他需要专家组审定的重要事项。

（三）陈列展览项目组

项目一般由项目负责人和项目组员组成。

1. 项目负责人应具备以下几个条件：一是应具有一定的行政职务或者业务职称，大型展览一般由馆长、主管业务的副馆长等担任；二是具有丰富的陈列展览经验，承担过大型陈列展览项目；三是具有较强的组织协调能力、宏观把控能力、整体设计能力和执行能力；四是具有专业的视角、扎实的理论功底和业务知识。

2. 项目负责人的职责：一是制订陈列展览工作计划；二是负责组建展览内容设计小组和形式设计小组，并全程指导、管理内容设计和形式设计工作，确保项目顺利完成；三是做好陈列展览项目的沟通协调工作；四是负责项目实施过程中的全程管理，包括全程控制项目的安全、进度、质量、经费使用等,并及时向领导小组请示汇报重要事项等。

此外,在项目组成立后,由项目负责人牵头组建内容设计组和形式设计组,并报请领导小组同意。

第三节 陈列展览设计及实施

当代各类文化场馆的设计和建设,已经由过去以场馆实体空间布展为主的单一模式,发展成集多学科多系统于一体的集成设计。如复旦大学陆建松在"博物馆中国"微信公众号文章中所说:"展览是一项基于传播学和教育学的,集学术文化、思想知识与审美于一体的,面向大众的传播载体。展览项目包括展示内容点线面布局、辅助展品设计与制作、图文版面设计与制作、多媒体规划和研发、互动展示装置规划和研发、展示家具和道具设计与制作、展示灯光设计与选用、文物保护设计与布展等。"[①] 方志馆的陈列展览设计是通过展示陈列空间的再创造,将陈列展览对象传递给参观者的一种艺术形式,它往往涉及博物馆学、图书馆学、档案馆学、艺术学、史学与方志学等多学科,是平面、空间、结构与多媒体等多种设计艺术的组合。[②]

一 内容设计

一个成功的陈列展览一定是内容和形式的完美统一,只有这二者的珠联璧合,才能充分体现出陈列展览的思想性、科学性和可观赏性。因此,内容设计在陈列展览中的重要作用不容忽视。

[①] 陆建松:《建筑企业总包博物馆展览项目危害巨大》,"博物馆中国"微信公众号,https://mp.weixin.qq.com/s?。

[②] 参见潘捷军等《中国方志馆》,方志出版社2016年版,第275页。

内容设计的任务主要是根据展览的主题要求,在陈列展览内容研究成果基础上,编制出陈列展览的大纲和内容方案。

(一) 陈列展览大纲编制

陈列展览大纲是陈列展览内容设计的一个主要载体和表现方式。陈列展览大纲主要包括陈列展览的指导思想、基本原则、展览标题和框架结构等。

指导思想是指陈列展览遵循的目标宗旨,包括陈列展览的主题、类型以及希望达到的主要目的。

基本原则是指大纲中对陈列展览主题、设计理念、文字说明、文物展品和辅助手段等内容要素提出的具体要求。

展览标题是指凝练、概括了方志馆陈列展览内容的标题,它同时也体现了该陈列展览的特色。

框架结构是指陈列展览内容的框架体系。

(二) 陈列展览内容设计

陈列展览内容应具备以下条件。

1. 政治导向正确,选题鲜明,体现地方特色

方志馆作为政府主办主管的公益性公共文化服务机构,作为宣传国情、地情文化和方志文化的窗口,办馆开展的首要原则是保证政治导向正确。同时,选题是各类文化展馆进行内容设计的首要任务,是决定展览成功的关键因素之一。方志馆展览的选题确定,要以方志馆所在地方的社会历史环境、地域文化特性、展览的类型、经费支持、方志馆的馆藏与志书内容等为依据,结合前期调研、专业咨询、业内讨论,选择那些具有政治性、科学性、教育性,并且极具行业(专业)特色的社会热点项目为选题范围。

2. 围绕主题,合理搭建方志馆展陈框架

展览框架的搭建是方志馆展览进行内容设计的重要环节,如果将展览比作造人,那么展览框架就如同造就人体主要的骨架。展览框架将方志馆的各类藏品按逻辑结构有序地、规范地进行排列组合,一个

完美优秀的陈列展览内容设计必然有一个结构合理、连接稳妥有序的框架。进行框架构思，至少要做好三个方面的工作：一是确定陈列展览主题；二是充分准备陈列展览资料；三是明确撰写体例标准。

3. 熟悉馆藏台账，科学选取展品

展品是方志馆的各类展览最终得以按策展人意图呈现的主要载体。因此，展览内容设计中对展品的选取十分重要。要想选取合适的展品，必须对方志馆内所有的藏品资料非常熟悉，对藏品的质地、年代等背景资料了然于胸，这样在选取展品时，才能知道哪件展品适用于哪项内容。

4. 紧跟新时代信息技术革命潮流，高效综合运用多媒体等多种手段

党的二十大报告高屋建瓴地提出，要实施国家文化数字化战略，这对包括方志馆、图书馆、博物馆在内的各类公私文化服务机构向智慧化、数字化转型发展提出了更高的要求。随着计算机技术及网络技术的快速发展，多媒体技术已经被广泛应用于各类场馆（包括方志馆）陈列展览中，而新兴的元宇宙作为一种虚实相生相互融合的新型互联网业态，将为智慧方志馆、虚拟方志馆的创新发展探寻新的机遇。以多媒体技术为例，由于它能够鲜活、生动、高效、全面地展示物件的文化内涵、历史底蕴，甫一出现就立刻受到了来参观的社会大众的热烈欢迎。这一流行趋势最早在美国博物馆界开始风行。20世纪70年代前后，重娱乐与休闲的娱乐经济和文化在美国大行其道，其博物馆展览越来越注重故事性，强调展览要有趣、有故事、有吸引力，因此在展陈方法上区别于欧洲的"藏品＋说明"模式，慢慢加入很多电子设备和软硬件系统，比如模型、景箱、半景画、借助声光电设备的场景还原与营造、多媒体动画与影视等。随后，日本、东南亚国家和中国开始大量借鉴这种模式进行展陈。其中，音视频技术作为最基本的多媒体技术之一，因其能够播放与展览主题有关的视频、背景音乐等，大大拉近了参观者与展品乃至展览之间的距离，同时也进一步深

化了参观者对各类展品藏品的理解。此外，借助于多媒体场景互动技术，当前的展览大都主打沉浸式体验，包括新兴的一些方志馆，如2022年开馆的国家方志馆南方丝绸之路分馆，建筑群中的个别场馆就以沉浸式体验为主。这样的展览，不仅增加了各类藏品展品的细节，提供给参观者更丰富生动的历史背景知识，也大大提高了参观者和社会大众的兴趣，成为方志馆吸引社会大众的亮点。

文物展品的鉴选标准如下。

（1）典型性：根据陈列展览的类型和性质，选择内涵丰富、具有代表性的文物和方志资料。

（2）适宜性：根据陈列展览内容需要、展出时间以及展厅环境等因素，兼顾不同时期、不同地区、不同工艺和不同类型的文物和方志资料。

（3）艺术性：尽量选择外观精美、完整无缺的文物，以增强陈列展览的观赏效应。

（4）真实性：尽量以原品展出，如果必须采用复制品、仿制品展出，应在展览时注明。

（三）陈列展览内容设计中的其他要素

陈列展览内容设计中还包括其他一些要素。一是辅助展品设计。主要包括沙盘、图表、拓片、地图、模型、绘画、造型艺术、雕塑、数字媒体触摸屏、虚拟现实设备、全周全息幻象数字媒体等科学性辅助品和科技手段。其中应注意的是，沙盘、地图等应按国家相关规定布展并履行报批手续。二是文字说明的编写。文字说明的编写要包括前言、部分说明、单元说明、展品组合说明、结束语等，要求文字简洁，突出重点。三是解说词的编写。解说词是对陈列展览中人物、画面、展品等进行讲解、说明、介绍的一种应用性文体，发挥对视觉的补充功用，让参观者在观看实物和音视频等多媒体技术辅助形式之时，从听觉上得到更加具体形象的细节和背景描述以及相关知识的深入阐释，从而受到社会教育和共情感染。解说词要求内容准确，文字简洁凝练，语言生动。

二　形式设计

方志馆的陈列展览形式设计是指在对陈列展览主题、内容设计和展馆空间的研究基础上，运用艺术形式对方志展品材料进行取舍和组合，将书面文案转化为可视的直观形象的过程。它是各类展馆陈展设计中的一个新兴门类，既要遵循展陈设计的一般规律，还要开拓出自己与众不同的展示风格。

形式设计的主要任务是制定总体设计方案和具体设计方案。

（一）形式设计中的总体设计

总体设计方案包括三方面。

1. 设计构想

设计构想是方志馆整个陈列展览的总体设计、总体规划，包括陈列展览艺术设计的设计理念、设计要求和设计原则等。

2. 展厅平面设计

根据展厅面积大小，设计总的展厅平面图。设计平面图时除了要按照陈列展览的需要和建筑条件而定主展区、互动区、缓冲区、休息区等区域，也要考虑参观线路图、出入口和安全通道等须符合方志馆安全条例所规定的内容、展览的需要和观众流量等因素。

3. 空间效果

空间效果是陈列展览整体效果的体现，其设计要与方志馆整体建设风格相协调，与展览主题和内容相吻合，要与大众的审美志趣相一致。

（二）形式设计中的具体设计

具体设计包括展览墙设计、展柜设计、文字内容设计、展品展具设计、灯光照明设计、版面设计、多媒体等辅助手段及辅助展品设计、互动项目设计等项目要素。

具体设计应遵循以下规则。

1. 与展馆主题和谐。具体设计中的各项要素要与展馆的主题相适应。

2. 展品简洁。展品设计越简洁，观众看得越清楚，越容易理解。

3. 突出重点。众多展品中，要突出中心，突出重点。

4. 无安全风险。安全通道要设立醒目标志，使参观者更容易识别、寻找。小型辅助展品要注重制作材料的质量，避免产生环境污染源。

三 布展工作

布展工作是指陈列展览项目组完成全部筹备工作之后，对展览施工现场的设备、大型辅助展品的安装、实物展品的布展和安保协调等工作。

（一）布展基本原则

1. 内容与形式的统一

艺术形式是为展品内容服务的，展品内容的表达与艺术形式的展现必须和谐统一，这样展品才能更加充分、完美地表现其思想内涵。

2. 场地的布局、色彩和光线的和谐统一

场地的布局、色彩的变化和光线的明暗直接影响布展的效果，因此，布展时必须兼顾观众的审美需要、参观习惯和舒适的心理体验。

3. 思想性、科学性和艺术性的统一

陈列展览的主题必须符合时代的潮流和当地的传统文化，常设展一定要围绕方志文化这一主题；展品组合、展品位置摆放、辅助展品摆设、解说词等必须科学合理、准确无误；艺术形式可以采用多种表现手法，确保思想性、科学性和艺术性的统一。

（二）布展准备工作

1. 制定布展方案

布展方案应该比较详细，主要包括布展时间进度表、布展组织方案、布展安全方案、安全通道、展场安保、物流路线等。各个子方案要有明确的责任人。

2. 提取馆藏展品

展览项目组制作《展品提取清单》，其主要内容包括全部展品的名称、编号、数量等要素，由展览项目组负责人和主管领导签字盖章。

方志馆藏品保管部门提供《文物展品出（入）库单》。其主要内容包括全部展品的名称、编号、数量、保存状况以及交接双方签字栏、藏品保管部门负责人及主管领导签字栏、交接日期等基本信息和基本要素。

展品出库时，双方分别在一式两份的文物出（入）库单上签字盖章。

3. 展品物流运送

展品运输时要根据展品具体性质选择运输时间及方式，展品包装必须到位，严格按照分层级原则，并适应当时当地气候选择有艺术品运输业务的运输单位进行运送。

（三）现场布展

现场布展的注意事项如下。

1. 展览场地必须施工完毕，达到安防等相关开放的条件，并通过检测获得许可。

2. 布展期间，工作人员要佩戴加盖安全保卫部门公章的展览工作证，其他人员未经允许不得进入展厅。

3. 布展场地禁止吸烟和携带易燃易爆的东西。

4. 布展人员应按照操作规程进行作业，触摸文物和展品时应保持手部清洁和干燥，触摸金属、纸质、丝织类展品时应戴棉织手套。

5. 由有文物布展专业经验的专业人员对展品进行摆放、固定、调整，确保展品安全。

（四）布展完成

布展完成后，展览项目组负责人负责对展柜进行封锁。

这里要特别强调的是，在陈列展览方案中应提前拟定针对藏品（尤其是文物展品）保护的办法和制度规定，要有专门的措施并明确责任到人。展品大都是历史进程中遗存的不可再生、无可替代的实物见证。科学、规范、安全地使用藏品作为展品，尤其是在借展、巡回展已经大面积普及的当今时代，如何在办展和协同办展中处理好藏品安全，是摆在方志馆人面前的重要考题。

四 立体推广

立体推广是一种全新的宣传推广模式，指多角度、多方位、多层次、多渠道、多元化、多方式的推广模式。

让观众及时了解、获得方志馆的展览和活动讯息是吸引观众走进方志馆的第一步。方志陈列展览时应该充分调动各种社会资源，依托多种媒体加强宣传服务，吸引公众注意力，避免出现"门可罗雀""自我欣赏"等情况，以实现方志馆社会教育功能的最大化，使其成为方志馆与社会大众之间沟通交流的重要纽带。

（一）制定立体推广方案

1. 确定陈列展览的宣传目标和重点

宣传推广方案中首先要明确宣传对象，明确目标受众。确定陈列展览前、开幕式、展览中等不同阶段的宣传推广重点。

2. 立体推广方案的主要内容

宣传推广方案的主要内容包括宣传主题、宣传对象、宣传内容（陈列展览的主题、特色、重要展品、社会价值等）、宣传方式等。

3. 准备好立体推广所需资料

宣传工作要在立项前就及早介入，全程注意制作、收集立项会议、专家研讨会、招投标及中标单位陈述理念、施工过程、预展观众及专家采访等音视频资料。宣传推广资料的素材主要包括专题报道、展前预览、重点展品报道、参观指南、展期新闻、展会回顾等。形式可采用广告牌、宣传页、文化墙、官媒与自媒体宣传、学术研讨会、相关主题资料汇编、书籍著述出版等。

4. 宣传推广的重要渠道

在制定方案时需要考虑拓宽宣传推广渠道，比如通过电视、报纸、户外广告、网络、数据业务平台等各种渠道，及时地发布真实和丰富的陈列展览信息。

（二）组织开幕式

大型的陈列展览或认为确有必要的陈列展览，可以举办开幕式。

1. 制定开幕式活动的具体方案，包括开幕式活动策划方案、观众接待方案、贵宾接待方案、应急及疏散预案、媒体通稿等。其中，开幕式活动策划方案具体包括确定开幕式的时间、地点，出席活动的领导和嘉宾姓名，邀请的新闻媒体，等等。

2. 编写开幕式议程、主持词、领导与嘉宾的讲话、媒体通稿等。

3. 设计并发放请柬和陈列展览的宣传制品等。

4. 设立接待组，负责开幕式当天的引导、签到工作等。

（三）不同阶段的宣传推广模式

1. 展前宣传推广模式

展前宣传更侧重于新闻点的策划，以新鲜、深入人心的新闻点吸引公众的注意力，让公众产生想要参观的期待心理。

2. 展期宣传推广模式

陈列展览期间，要加大立体宣传力度，通过实物、活动宣传和新媒介持续对陈列展览进行循环宣传。

3. 后期宣传效果评估

通过全方位、立体式的宣传推广，达到了陈列展览与公众互动的社会效应。在展览后期进行展览效果的问卷调查，可为今后更好地举办陈列展览提供坚实的基础。

五 审计评估

虽然我国方志馆陈列展览评估尚处于起步阶段，但是随着方志事业的发展，我国越来越重视方志陈列展览的评估工作，并在实践中不断探索。陈列展览审计评估是方志馆评估体系中的一项重要内容，能更好地促进方志馆不断改进工作方法，从而提升陈列展览质量，对方志馆的发展起到积极的促进作用。

（一）陈列展览决算和审计

陈列展览项目正式竣工验收前，由方志馆财务部门、预决算审计部门或者委托第三方依法对展览建设项目竣工决算的正确性、真实性、合法性和实现的经济效益、社会效益及环境效益进行检查、评价和鉴证。

决算报审材料包括：陈列展览项目工程竣工图纸及竣工资料、工程决算书、工程量计算表、单项工程决算表、中标预算书、施工合同书、竣工现场实测数据表、决算编制说明书等。如果施工过程中对合同有重大事项变更，还要提供变更项目合同书。

（二）陈列展览评估

陈列展览评估主要由方志馆上级主管部门组织方志专业人员进行评估。评估的要素主要包括：展厅环境、陈列展览的主题、策划方案、内容设计、形式设计、文字说明、展览安全、公众服务、展览效应等。

1. 选题策划评估

对选题的可行性进行评估是评估中面临的首要课题。在评估时，首先要厘清馆藏台账，由方志馆展陈策划组会同专家和学术委员会共同研判馆藏藏品是否足以支撑展览，如果不够是否能及时划拨资金如期征集、借用到相关展品；其次要对经费预算可行性开展评估；再次是要确定选题是否得当，是否能够与方志馆定位、任务相适应，是否能既有党性、方志性，也有鲜明的地方性和主题性。

2. 内容设计评估

主要评估内容体系、文物展品选择、辅助展品、文字说明等。内容设计准备阶段需要进行评估的内容包括：策展组成员是否掌握了展览相关内容和文字资料、知识概念，是否结合了当前最新的学界、业界研究动态，展览所需的照片和图片、音视频资料等各类辅助材料是否准备完成，涉及地图、沙盘、国家领导人照片等需报批审核的资料是否已提前报批。在撰写方志馆基本陈列的展陈大纲和设计方案时，主要策展人应着重关注总标题是否高度提炼展览内容；展览各部分内容是否均衡；亮点和特色是否进行了重点设计；等等。

3. 形式设计评估

主要评估总体空间布局、色彩、照明设计、展柜展具、多媒体演示等，评估形式是否与内容设计和谐统一，是否准确、充分表达了陈列展览的主题。具体来说就是考察评估展览设计风格以及展柜等重要承载体风格、场景设计、沉浸式多媒体设备制作和效果与方志馆建筑整体、展览主题的和谐性与整体协调性；展区划分是否科学；展线设计是否科学合理，符合人们普遍习惯；基础服务设施（尤其是针对特殊人群的服务设施）是否齐全；场馆灯光、展柜灯光所用灯源和组合是否科学、强弱是否准确，展托台等承载体是否能较好表现藏品特点和亮点；展品的组合和辅助展品的设计是否合理并达到理想效果；版面制作效果是否适合方志馆陈列展览内容的特性和风格；图表形式、文字字体、字号大小是否适宜参观者阅读；等等。这些均是需要进行考察的重要方面。

4. 展览安全评估

主要评估公共安全应急预案、安全技术防范设备以及文物展品的安全等。具体包括：是否制定公共安全应急预案，布展时是否考虑人员疏散通道的设计，是否考虑防盗、防火等安全消防设施功能的位置，是否每项安全都责任到人，是否根据展品的级别请当地公安部门参与，展品的包装是否符合规范，是否确定安全的展品运输方式及路线，等等。这些都是陈列展览安全评估需要考虑的地方。

5. 展览效益评估

方志馆陈列展览效益的评估包括陈列展览的社会效益的评估和经济效益的评估。作为公共文化服务体系的重要组成部分，方志馆的公益性决定其必须以社会效益为主，对方志馆来说，社会效益是其发展的根本目标，经济效益是实现和提升社会效益的有效手段，方志馆要立足可持续发展，探索出社会效益和经济效益相互作用、共同提高的新的增长点，比如举办精品展览，设计新颖的现实性很强的专题陈列展览，提高观众数量和社会关注度，等等，从而实现经济效益和社会效益的结合。社会效益评估与观众的直接体验是紧密相关的。评估方志馆展陈社会效益的指标应大致包括观众基本信息、参观行为及动机、体验效果、满意程度、意见建议等因素。

值得注意的是，在展览评估过程中除了关注对专家和设计团队自身的评估外，对受邀观众的评估也不应忽视。

六 撤展及总结

（一）撤展工作

展期结束或将要结束，表面上似乎整个方志馆陈列展览工作行将结束，实际上并不意味着真正结束，因为还有撤展和展品的回运、整理资料、归档等工作。

撤展仍是方志馆陈列展览的一部分，是方志陈列展览闭幕后文物、展品展具的处理工作。一般来说撤展分为两种情况：一是由主办单位搭建展台、布展的，拆除一般由布展单位统一拆除；二是由参展单位自行搭建展台、布展的，撤展一般由参展单位负责。

1. 撤展准备工作

（1）组成撤展工作小组，展览项目负责人担任组长，成员包括陈列展览设计人员、安保人员、藏品保管人员、施工技术人员、电气技术人员等。

（2）制定详细的撤展方案。制定撤展方案，明确每一项撤展任务的职责和责任人。

（3）登记需要留存的固定资产、陈列展览设备等。

2. 撤展工作注意事项

（1）展览结束时，布展人员应制定撤展的具体方案，列出相应工作表，指明具体负责人。方案中应对撤展工作进行通盘考虑：如安排撤除顺序，制作需要带回和需要就地处理的物品清单。其中，需要带回的物品中可以随身携带的物品应及时分类，不能随身携带的要考虑物流运输，运输过程中是否需要进行防破损等保护性包装都应提前考虑安排。

（2）撤展技术人员对陈列展览现场的设备设施进行安全检查，确保撤展通道无障碍，文物运输无安全隐患。

（3）撤展人员必须佩戴《撤展证》，撤展车辆必须有《撤展车证》。

（4）撤展小组人员和文物展品保管人员填写《文物展品安全责任交接单》，现场对文物展品进行清点并签字。

（5）文物展品现状如发生变化，文物保管人员必须提交"文物展品现状发生变化报告"，并会同提用人员签字，上报文物展品部门负责人、方志馆领导，按照批示处理意见实施并存档。

3. 留存撤展记录

为保证档案资料的完整性及撤展工作的顺利进行，撤展全程应拍照、记录，留存音像、文字资料。

（二）总结建档

陈列展览结束后，要及时进行总结，并整理、留存陈列展览项目各个阶段的文件资料，形成展览项目档案并妥善保管。

1. 撰写陈列展览总结

总结应包括展出内容及重点、主要特色和经验、社会效益和经济效益、存在的问题及今后改进的思路。

2. 整理陈列展览资料

展览项目组负责收集整理陈列展览的各类资料，主要包括陈列展览筹办工作档案、陈列展览现场施工档案、陈列展览监理档案和其他档案等。

（1）陈列展览筹办工作档案

a　申报审批材料。

b　陈列展览方案，包括整体方案、内容方案、安保方案等。

c　形式设计方案及全部设计图纸。

d 有关政府采购的文件、合同和招投标结果报告等。

e 陈列展览项目组人员名单。

f 陈列展览筹办过程中的文件、重要会议的会议记录、会议纪要和音像资料等。

g 宣传推广方案及推广资料。

（2）陈列展览现场施工档案

a 施工现场测量数据。

b 材料（配件）质量保证书及检测报告。

c 测试及随工检查记录。

d 总量表、施工说明、竣工图纸和重要工程质量报告。

（3）陈列展览监理档案

a 陈列展览监理工作方案。

b 监理工作记录及质量评定报告。

c 施工质量阶段性检测报告。

d 竣工验收合格报告。

e 监理过程中形成的各种文件、报表和报告等。

（4）其他档案

包括向安全保卫部门、文物保管部门及消防部门等申请并批复的各种资料。

3. 总结建档及展览档案管理要求

方志馆陈列展览资料归档工作一直以来没有引起足够的重视，事实上，陈列展览的资料归档工作有着现实及长远意义，它保存的以前陈列展览实践中逐年积累的原始资料，可以给后续开展的展陈工作提供准备和资料借鉴，可以成为策展参与人员申请职称、奖励时的科研成果，还可以为馆际学术交流提供学习案例，使大家都能取长补短，得到更大的收获。

（1）陈列展览归档的项目和内容

a 内容设计的成套文字方案（大纲、脚本、施工计划、施工倒计时表、征集计划），藏品和展品清单（定名、来源、品类、质地、色彩、尺寸、造型等）。

b　设计图纸（包括总体平面布局图、立面版式图、平面及空间展品布置图、设备设计图、辅助陈列品设计图、各类单项设计图、各种色彩效果图等图纸）。

c　经费预算报告及成套表格。

d　解说词、宣传册页、宣传广告、海报、有关的新闻报道、宣传评论文章等文字资料。

e　各级领导、学界专家学者、业内同行、社会名流、外宾及普通观众的题词、签名的原件或复印件，以及提出的建设性建议、评议性意见的记录资料。

f　在本馆或外出巡展时举办的开幕式、座谈会、联谊会、观众参观和讲解员现场讲解场面、领导参观等场景的影像制品。电台、电视台、新媒体等进行报道的音视频资料。

g　属于展品的摄影、翻拍资料的影像制品和展览现场拍摄的全部展览资料的影像制品。

h　综合资料，包括方志馆展陈责任人、展陈内容、形式、灯光音像设计人员、资料搜集、展品制作、文字书写、照片洗印、展览布置人员的名单；接待解说责任人、讲解词撰写人、参加筹展和接待解说工作人员的名单；筹办全过程及开展、撤展时的基本情况；观众人数（包括不同年龄、职业、层次、国别观众的人数比例）；可资借鉴的经验和教训；等等。

（2）归档要求

a　建立档案时文件应为原件且签字手续完备。

b　应使用不宜褪色的书写工具。

c　音像资料应保证格式的有效性。

d　电子文件应使用不可擦除型光盘。

第六章 方志馆宣教

社会教育是公共文化场馆最重要的社会职能之一。"社会教育（social education）是以社会所有个体为对象，在正规学校以外的领域，通过提供包括政治、经济、文化和生活在内的内容丰富、形式多样的教育活动，促进个体身心健康、社会适应能力提高的教育活动。广义的社会教育泛指整个社会中存在的一切形式的教育；狭义的社会教育则指由政府、公共团体或私人通过设立社会文化教育机构或设施，对社会全体成员进行的除学校教育和家庭教育外的有目的、有系统、有组织的教育活动。"① 中国自古以来注重诗书传家，礼教治国，对人的终身教育始终秉持"活到老学到老"的教育观念。因此，学校教育和后学校教育的社会教育都成为历经皇朝更迭、统治阶层各种政权变换而始终得到整个社会认可的重要教育阶段。即便到近现代战火频仍的时代，社会教育也同样没有被忽视。1912年，南京临时政府成立。蔡元培担任教育总长一职，他积极投身筹办社会教育，推动了中国场馆事业的蓬勃发展。他指出"教育并不专在学校，学校以外，还有许多的机关②，例如研究所、博物院、展览会、音乐会等。他将这些场馆

---

① 吴遵民主编：《终身教育研究手册》，上海教育出版社2019年版，第39页。
② 蔡元培：《何谓文化》，《精神与人格：蔡元培美学文选》，安徽文艺出版社2015年版，第195页。

归入社会教育系统，强调其均属于普及科学知识和开展学术研究的重要部门，同时委任鲁迅任社会教育司第一科科长主管博物馆、图书馆、美术馆等事业，后又在北京国子监成立国立历史博物馆，向公众开放，致力于搜集历史文物，增进社会教育。

中华人民共和国成立后，党和政府对公共文化场馆发挥社会教育功能也保持了相应的重视。1956年5月，在北京召开的全国场馆工作会议明确了社会主义场馆的基本任务，即场馆是科学研究机关、文化教育机关，场馆要为广大人民服务。1958年，毛泽东在参观安徽省博物馆后提出："一个省的主要城市，都应该有这样的博物馆。人民认识自己的历史和创造的力量是一件很要紧的事。"① 党的十八大以来，党中央国务院高度重视地方志工作。习近平总书记2014年2月在考察首都博物馆时强调，要"高度重视修史修志""把历史智慧告诉人们，激发我们的民族自豪感和自信心，坚定全体人民振兴中华、实现中国梦的信心和决心"；2014年4月，刘延东副总理在与第五次全国地方志工作会议部分会议代表座谈时指出，各地要自觉把地方志工作纳入公共文化服务体系建设当中，加快方志馆、地情网站、数据库等基础设施建设。2015年8月，国务院办公厅印发《全国地方志事业发展规划纲要（2015—2020年）》，对全国地方志事业发展进行了顶层设计，明确将"加快信息化和方志馆建设"确定为全国地方志事业发展的总体目标之一。党和国家对方志馆建设的高度重视，为全国各级方志馆建设提出了更高的要求，也提供了难得的发展机遇。

方志馆是非营利性社会服务机构，有收藏保护、陈列展览、编纂研究、文化交流和宣传教育等功能。宣传教育作为其中一个重要的功能，就是要充分发挥其社会教育功能，要发挥其作为国情教育基地、党员教育基地、爱国主义教育基地和廉政教育基地、科普教育基地的宣传教育作用。所谓方志馆宣传教育是方志馆利用本馆资源面向社会

---

① 参见宋向光《物与识：当代中国博物馆理论与实践辨析》，科学出版社2009年版，第8页。

公众进行地情、国情、爱国主义精神等的宣传和教育工作。宣传教育是方志馆弘扬地方传统文化，实现社会教育功能的重要途径，也是连接公众与方志馆的文化桥梁和精神纽带。

习近平总书记指出："中华文化延续着我们国家和民族的精神血脉，既需要薪火相传、代代守护，也需要与时俱进、推陈出新。要加强对中华优秀传统文化的挖掘和阐发，使中华民族最基本的文化基因与当代文化相适应、与现代社会相协调，把跨越时空、超越国界、富有魅力、具有当代价值的文化精神弘扬起来。"[1]……"要围绕我国和世界发展面临的重大问题，着力提出能够体现中国立场、中国智慧、中国价值的理念、主张、方案。我们不仅要让世界知道'舌尖上的中国'，还要让世界知道'学术中的中国''理论中的中国''哲学社会科学中的中国'，让世界知道'发展中的中国''开放中的中国''为人类文明作贡献的中国'。"[2] 因此，方志馆强化宣教功能也是方志文化走向世界的需要。民族的就是世界的，传播中国优秀传统文化，讲述中国故事，是社会主义文化建设的重要组成部分。方志文化走向世界，用方志的形式讲述中国故事，务实、可信、权威，且已被国外的大批学者认同，但需要一个专门有效的推介、宣传平台。方志馆依靠雄厚的文化成果和资源储备，通过对方志及其相关地情的深入研究和充分展示，可以更好地向世界宣传中国，更好地让世界了解中国。

第一节　方志馆宣传教育的原则

一　宣传教育工作的主要内容

宣传教育工作的主要内容包括：方志馆日常工作的导览信息服务

---

[1]　《习近平在中国文联十大、中国作协九大开幕式上的讲话》，2016年11月30日。
[2]　习近平：《在哲学社会科学工作座谈会上的讲话》，2016年5月17日。

（包括传统导览以及电子导览两类，传统导览包括人工导游、导览手册、建筑平面图、路标及指示牌、海报招贴等，电子导览包括网站内导览、馆内电子查询、PDA 等，通过导览信息进行宣传推广、导览讲解）、巡回展览、教育基地建设和志愿者的招募和管理等。

二 宣传教育的原则和方式方法

（一）宣传教育的原则

1. 教育功能最大化原则。依托方志馆本馆资源，发挥自身优势，实现教育功能的最大化。

2. 以人为本原则。以服务观众，满足各群体观众对参观、学习、观赏的不同需求为出发点和落脚点。

3. 宣传教育内容、形式多样化原则。要内容丰富、因地制宜，创新方志馆宣传教育方法手段，寓教于乐、直观生动。

4. 针对性原则。针对不同年龄、职业、文化程度、兴趣爱好的观众群体，要采用不同的方式方法进行宣传。也就是说方志馆的每一项陈列展览、讲座、电化教育等的宣传教育首先要确定"目标观众群"，其宣传推广才能达到好的效果。

（二）宣传教育的方式方法

1. 借助传统媒体进行宣传教育。主要指借助于电视、电台、报纸、灯箱等传统媒体以有偿的形式直接地对方志馆及展览活动进行宣传。

2. 借助数字新媒体实现宣传教育。现今网络成为人们所极其倚重和依赖的信息传播方式。郭庆光在《传播学教程》一书中将传播定义为："所谓传播，即社会信息的传递或社会信息系统的运行。"[①] 方志馆宣传工作的本意即在于通过讲解的人际传播或公共媒介的大众传播

---

① 郭庆光：《传播学教程》，中国人民大学出版社 1999 年版，第 10 页。

实现方志馆同公众之间的信息沟通。从大众传播层面来看，一是可以利用微信、微博等全新虚拟社交平台进行方志馆的宣传工作，增加大众对方志馆的认知程度，调动大众对方志馆的热情，快速实现信息的双向交流。虚拟社交平台为方志馆的宣传教育工作提供有效的传播路径，大大提升了宣传教育工作的效率。二是利用门户网站进行宣传教育。方志馆可以通过自身的门户网站，及时权威地发布各类信息，从而使方志馆信息传播对象由观众扩大到整个互联网用户。三是利用方志馆应用平台开展宣传工作。主要包括网上虚拟展厅、移动 App 等，这些平台为方志馆观众展示了更多的馆藏信息和展品内容，扩展了方志馆宣传教育工作的渠道。通过网上虚拟展厅，可以真实还原展厅现场，使观众在家中就可以进行虚拟参观，点击自己需要了解的展品信息，从而大大节省了观众的宝贵时间，缩短了方志馆和观众之间沟通的距离。

3. 开展活动进行宣传教育。以活动来提高方志馆的公众知晓率。比如开展学术讲座、学术研讨会以及各类比赛、科普展等，在举办这些活动时邀请媒体参加，以或专业的、有深度的知识性活动，或形式轻松、内容丰富的普及性文娱活动方式向观众潜移默化地强化方志馆知识，提高方志馆的知名度，使方志馆成为大众身边的文化广场、文化会客厅，使其服务社会大众的功能得以充分发挥。

4. 印发宣传品进行宣传教育。印发宣传册、宣传单等宣传用品是一种成本低、感染力强、简捷有效的宣传方法。

5. 主动上门开展宣传教育。方志馆派专门人员深入学校、机关事业单位、厂矿、社区等对方志文化进行宣传教育。这一做法既有针对性，又简便、经济，可以使公众快速地对方志馆有更为深入的了解。

第二节　导览讲解

解读展品对于观众的参观欣赏起着非常重要的作用，是展览的重要环节。传播学研究者陈韵昭指出："20世纪初，鼓噪一时的'魔弹论'把受众看成毫无抵御能力的'靶子'，以为传播可以像子弹一样必然地命中受方，使他们一个个应声倒地。现在，传播学者已经大量实验证明，受众在信息面前绝不是驯服的奴隶，而是具有高度自觉的主人。他们掌握着自主权，不但选择信息，而且还自行解释、自行决定吸取还是舍弃。……他们承认自己面对的受众是很难征服的，如果不设法研究受众的需求，努力提高传播技艺，是无法提高命中率的。"[1] 这样的困境是各类场馆都面临的重要问题。文博学界对此进行了较多的探讨，很多研究者意识到"自20世纪80年代起，全球博物馆面临着一种以传播为优先的'对话的转向'。但目前对这种对话的考察，多从效果角度进行评估，较少从生产角度去检视对话中交换的信息从何而来，如何形成"[2]。当观众进入一座场馆，"他不仅能感受到人类制造物的艺术魅力，满足欣赏与崇拜的愿望，也应该能在阐释的帮助下深入理解物品内部的知识、思想和情感的内涵，在智性方面有所收益。然而，在现实中，两者的结合还有待进一步的努力，尤其在中国，如何在欣赏物品的基础上强化展览的信息传播能力，提高观众的参观受益，是今后一个时期特别需要关注的方面"[3]。导览讲解的重要性正受到社会各界越来越多的重视。

方志馆导览讲解是指方志馆为帮助观众更好地了解展览内容，理解展览主题，由讲解员运用语言艺术和一定的技能对观众进行引导和讲解的活动。

导览讲解可以分为人工导览讲解和电子导览讲解两种类型。

---

[1] 转引自李彬《传播学引论》，新华出版社1993年版，第178页。
[2] 朱雯文、沈嫣：《从"演讲稿"到"问题包"——博物馆讲解词的演变》，《中国博物馆》2021年第1期。
[3] 严建强：《总序》，[英]莎伦·麦克唐纳、戈登·法伊夫编著：《理论博物馆：变化世界中的一致性与多样性》，陆芳芳译，浙江大学出版社2020年版。

一　人工导览讲解

　　人工导览讲解是指由方志馆讲解员在带领观众参观过程中对展览内容进行的即时讲解。现在，各种现代化的讲解工具已在各类公共文化场馆中广泛使用，如语音导览、智能机器人导览等，但是"讲解员的讲解更具有针对性，讲解的内容和方式往往因人而异，同时这就要求讲解员熟悉展览内容和相关的专业知识，具备一定的应变能力和表达能力。针对不同年龄、不同阶层、不同参观目的的观众进行讲解，认真解决好'因人施讲'问题，力求讲解生动形象、通俗易懂，富于热情和亲和力，激发观众兴趣，达到教育效果"。[①] 讲解员是直接面对观众、接触观众的方志馆人员，体现着方志馆的文化理念，因此讲解员的综合素质对于讲解是否成功乃至展览是否成功具有重要的影响。

　　具体来说，方志馆讲解员需要具备以下基本条件：一是具备较强的政治素养；二是需要有较丰富的志鉴及地方史、地方文化知识、文物博物知识和展览知识等专业知识储备；三是要有扎实的讲解基本功，比如口齿清晰、发音准确，有较强的语言表达能力，等等；四是要有良好的仪态，仪表要美观、大方、得体；五是要声情并茂地讲解。此外，讲解员还应当具备担任专题报告会讲解任务的能力，进而强化方志馆的宣教工作实效性。

　　人工导览讲解虽然有很多优点，但是也存在一些局限性，比如方志馆目前的讲解普遍遵守传统演讲式讲解模式、讲解员在讲解中会出现疏漏、讲解员的水平参差不齐，等等。潘捷军等在论及方志馆讲解时也提到，"目前各类展馆普遍存在的问题是：展品仅附有名称、年代等简短说明，对其来源、质地、价值和历史等其他重要信息，既少

[①] 姚安：《博物馆12讲》，科学出版社2011年版，第245—246页。

有专业人员解说，也无自动信息系统供人查询。即便是专业讲解，有的工作人员也只是以简单完成任务为目标，缺乏与观众的互动交流"。① 笔者在地方志系统任职多年，亦曾在任期内策划并组织举办了全国方志馆讲解员大赛。无论是大赛所见还是日常主管全国方志馆工作期间考察各地方志馆所闻，方志馆讲解人员普遍还停留在传统讲解水平，这种传统讲解就最重要的文本和培训来说，普遍将"以物为核心的诠释理念映射在传统讲解词上，多体现为一种以展厅为单元、以展览线路为主线、以展品为节点的演讲大纲。这种'演讲稿'从讨论的主题框架、涉及知识的专业表述上已经规范了讲解者与公众之间的对话内容，留给讲解者的命题实际上是'如何表达'这种文献式的知识叙事。时下主流的讲解培训也往往基于一种技术性的'讲解艺术'展开"。② 类似国博网红专业讲解员"河森堡"、志愿讲解员"朋朋哥哥"这样知识型的高水平讲解员尚不多见，各地讲解工作有待提升的空间很大。

二　电子导览讲解

电子导览系统，是指采用科技化手段，用随身电子设备模仿人工讲解和人工导游的新型导览方式，具有费用低、多语种、自主性强、解说规范、环保等诸多优点，已在世界上各名胜古迹、博物馆、美术馆、艺术馆大量采用。③ 目前，大量方志馆已不断运用现代电子技术，通过提供预先录制好的语音导览或其他媒介，让观众自主选择参观内容和相应的讲解录音，这种导览方式可实现多版本、多语种讲解服务。

---

① 潘捷军等：《中国方志馆》，方志出版社2016年版，第327页。
② 朱雯文、沈嫣：《从"演讲稿"到"问题包"——博物馆讲解词的演变》，《中国博物馆》2021年第1期。
③ 成明：《电子导览系统在博物馆中的应用》，北京博物馆协会编：《新世纪博物馆的实践与思考》，北京燕山出版社2008年版，第254—257页。

◇◇ 方志馆概论

文博系统的国家博物馆、故宫博物院、金沙遗址博物馆等单位，已经陆续开通语音导览、手机导览、微信语音导览、二维码扫描和网络展馆、虚拟展厅等服务。观众只要扫描某个展柜旁的二维码，即可现场获得展柜内藏品图文、音视频信息乃至不同讲解员的讲解语音。即便离开场馆，对展览仍然回味无穷的观众还可以通过这些科技手段重复观赏藏品、听取讲解并阅读相关知识信息，极大丰富了场馆传播手段。以故宫博物院为例，它是世界上现存规模最大、最完整的古代皇家建筑群，一年整体分为旺季（4月1日到10月31日）和淡季（11月1日到3月31日），2012年国庆节最高峰日参观人数达到18.2万人次，随后几年更是不得不采取日限流8万人等措施。它的特点是面积大、范围广、样式多、路线复杂，容易因路线复杂出现迷路或者重复往返、反复寻找某一感兴趣的殿堂地址等浪费时间和耗费大量体力的问题，还会使人忽略经过特别设计的知识点与景点。而电子导览系统的使用，对故宫而言其优点很明显，"第一，能够为参观者提供更全面客观的服务。第二，有效解决讲解员不足、讲解语种无法满足异域游客需求等问题。第三，解决讲解中可能出现的高分贝噪声等问题。同时还具有价格低廉、使用随意自由等优点。电子导览不仅能引导参观路线，还能发挥有效传播和弘扬文化的作用"。[①] 这些便利优势同样适用于各地方志馆。

　　信息化的导览，其优点是更加标准化，预先录制的讲解内容是相同的，不至于出现人工讲解偶然会出现现场失误等意外情况；观众可自主选择参观、讲解内容，可根据自己的喜好自行选择不同讲解员语音导览。

　　当然，电子导览讲解也有其不足。比如电子导览的整齐划一不能因观众层次、观众收听的即时反应做出及时调整和相应反馈。以笔者所

[①] 朱继伟、景海亮：《关于故宫博物院导览的探讨》，《融合·创新·发展——数字博物馆推动文化强国建设——2013年北京数字博物馆研讨会论文集》，中国传媒大学出版社2014年版，第270—271页。

见，最好的导览方式是人员讲解与现代电子导览的有机结合。

第三节 教育基地

作为实现方志馆教育功能的载体，方志馆教育基地建设是指政府主管部门对方志馆教育资源、教育模式、教育质量的认定。我们必须充分认识到，教育基地的建设具有重要的意义。方志馆举办的各种展览、专题讲座、报告会和丰富的地方志资料，可以给海内外广大读者提供爱国、爱乡、爱家的生动教材，使方志馆成为开展中国传统文化教育和国情、地情教育以及爱国主义教育的重要基地。

方志馆的教育基地建设主要包括国情教育基地、党员教育基地、爱国主义教育基地、廉政教育基地、科普教育基地等。

一 教育基地建设的要求

1. 成立专门的机构，具备开展教育活动的场地和人员，具有接待不同年龄、不同层次的社会团体和个人参观的能力。

2. 拥有丰富的教育资源和规范的教育模式。

3. 结合国情、地情及当前形势开展宣传教育活动，以重大纪念日、节假日和学生入少先队、入青年团、入党等为契机，组织开展纪念或庆祝活动。

4. 日常活动有记录，档案资料完整留存，定期向有关部门汇报、通报开展教育活动的情况。

二 教育基地共建制度

基地共建可以实现方志馆与共建单位之间的资源共享，通过联合举办各类活动与交流，实现优势互补，达到互利互赢的目标。通过"基地共建"的方式，走进部队、学校、企业和社区，开创宣教的新局面，不断提升方志馆的服务水平，可以增强方志馆的辐射力与影响力。

在基地共建对象的选择上，以周边地区中小学与大型企事业单位、大型社区为主，共同设计合作项目，探索合作模式，拟定合作的法规制度，把这几家共建单位打造成方志馆的明星级共建单位，并总结一套成功的基地共建工作程序，为以后与其他单位的共建提供范例与参照。比如，广东省方志馆在 2019 年 11 月 22 日挂牌第二批"广东省党员教育基地"，正式开启省方志馆党员教育基地建设新范式。[①] 广东省方志馆按照党员教育基地建设的要求，努力推动基地在深入宣传习近平新时代中国特色社会主义思想、深耕红色资源、厚植红色底蕴、传播传承红色文化、讲好广东故事、推动党员学习教育等方面发挥更大作用，取得了相当不错的社会反响，为全国其他各级方志馆建设做出了表率和示范。

方志馆要与教育基地共建单位签订共建协议，并悬挂教育基地标识牌，定期召开共建单位联席会议，每年度定期开展共建活动。

第四节　志愿者

2002 年，共青团中央印发《中国青年志愿者注册管理办法（试行）》，其中第一条为："志愿者是指不为物质报酬，基于良知、信念和责任，自愿为社会和他人提供服务和帮助的人。"[②] 2006 年，共青团中央印发文件《中国注册志愿者管理办法》，其中第二条为："志愿者

[①]《广东省方志馆"广东省党员教育基地"正式揭牌》，中国方志网，http://difangzhi.cssn.cn/fzg/gsjs/201911/t20191128_5050463.shtml。

[②]《中国青年志愿者注册管理办法（试行）》，央视网，http://www.cctv.com/lm/860/13/62528.html。

(Volunteer，也称志愿人员、义工、志工）是指不以物质报酬为目的，利用自己的时间、技能等资源，自愿为社会和他人提供服务和帮助的人。"[1] 2013 年，团中央对该文件进行修订印发，将第二条定义更改为："志愿者（英文名称为 Volunteer）是指不以物质报酬为目的，利用自己的时间、技能等资源，自愿为国家、社会和他人提供服务的人。"[2] 志愿者利用自己的时间、技能、资源、善心，义务为国家、社会、公私企事业单位、社区、邻居等提供无偿的、非职业化的援助行为，在各类公共文化场馆中，发挥着越来越重要的影响和作用。

　　志愿者服务是各类场馆发挥功能作用的强有力后备力量，其可从事的服务岗位也非常广泛。以美国大都会艺术博物馆官网公布的《大都会艺术博物馆志愿者准则》为例，大都会艺术博物馆志愿者组织分为博物馆部志愿者和导览志愿者。博物馆部志愿者包括会员服务中心志愿者、问讯处志愿者、图书馆志愿者。导览志愿者可申请的职位包括点睛之旅导览、平日导览、周末导览、国际导览、社区导览，以及涉及各年龄组、特殊教育服务组和修道院博物馆的学校团体导览。足见志愿者可服务岗位之广。方志馆志愿者管理工作主要包括建立志愿者招募、工作制度，培训、管理志愿者，等等。

　　目前中国方志馆志愿者绝大多数从事的是讲解工作。其实，方志馆的志愿者们还可以大有作为。志愿者可以从事的服务岗位主要分为以下几种。

　　1. 讲解和接待。主要为观众提供展览讲解、馆情介绍和路线引导等服务。

　　2. 方志资料整理。方志馆相关资料的整理、翻译等。

　　3. 协助方志馆做活动的前期准备。方志馆举行活动时，志愿者可以参与活动筹备的各项工作。

---

[1] 《中国注册志愿者管理办法》，中青在线，http://zqb.cyol.com/content/2006-12/06/content_1599426.htm。

[2] 《中国注册志愿者管理办法》，360 百科，https://baike.so.com/doc/6844507-7061842.html。

4. 社会调查。由于志愿者也是方志馆的观众，可以深入了解观众对方志馆的展览和服务需求，因此可以协助方志馆做观众调查工作。

5. 专业性较强的服务。参与方志馆展览设计、文物修复等专业性服务。

6. 其他志愿者服务工作。相关专业的志愿者可以协助方志馆进行网络维护、多媒体设备维护、平面设计、摄像等工作。

一　志愿者招募

志愿者的招募是方志馆志愿者管理的一个重要环节，其主要目的在于吸引公众参与方志馆志愿者工作。招募的过程也可以使公众更加关注和更好地了解方志馆，对方志馆志愿服务有充分的认识，以减少公众参与志愿服务的盲目性，避免志愿者的流失。

方志馆在开展志愿者工作之际，要先经过筹备阶段，然后发布招募信息。招募信息主要包括招募志愿者的数量、应聘条件、志愿者的权利与义务及志愿者工作内容等方面。方志馆通过志愿者招聘，不仅招到志愿者，对于方志馆而言也是很好的宣传渠道。志愿者招募信息可以发布在博物馆官方网站，通过当地报纸、电视等媒体刊登招聘启事，及走进当地学校进行现场报名，等等。方志馆对报名志愿服务的人员以一定方式进行考评，择优录用，录用后与志愿者签订志愿服务协议。协议中要明确志愿服务内容、服务要求、服务时间及解聘条件等，确认志愿者的权利和义务。

二　志愿者培训

培训是志愿者管理的重要组成部分。文图博等行业志愿者培训与方志馆志愿者培训有较多可以互相参校之处。以天津博物馆为例，其志愿者分长期志愿者和特展志愿者两种。长期志愿者每年培训一次，每次四天。特展志愿者培训时间一般为三或四天，都在周六日进行。馆方每次培训之际将候选者分成若干小组进行管理。通过培训淘汰部分候选人，留下来的是拥有强烈意愿的志愿者。培训分为几部分：介绍场馆和志愿者团队基本概况；讲解应用常识、紧急情况处理方案和相关专业知识。培训中邀请之前的优秀志愿者进行交流演讲，感染新志愿者更快融入组织。志愿者处理在接待观众过程中发生的展厅停电、观众生病或出现意外、观众投诉等各类情况，都需要加以培训与引导。① 方志馆志愿者培训是指方志馆对志愿者所需的知识、技能、能力和态度进行传授的过程。当下，方志馆志愿者来自社会的各行各业，一般都缺乏方志馆服务的相关工作经验。方志馆志愿者培训旨在通过定期、有目的的专业培训提升志愿者的工作能力，以便更快适应新的岗位要求。方志馆志愿者培训的基本步骤包括：对志愿者培训需求进行评估，确定培训目标、培训方法和内容，具体实施培训，等等。

志愿者的培训主要包括岗前培训和日常培训。岗前培训可以分为理论培训和实操培训。理论培训的主要内容包括方志馆的基本情况、志愿者章程、志愿者服务规范、志愿服务礼仪等。同时，不同组别的志愿者要根据不同的业务内容接受专项业务培训。实操培训是指导志愿者进行实际的志愿服务操练，如培训讲解艺术、讲解方法、服务要求等。岗前培训结束后要对志愿者进行考评，考评合格后方可上岗。

日常培训是指给志愿者提供有针对性的展览参观、专家授课以及观摩交流等机会，不断提高志愿者日常志愿服务的能力和水平。

三 志愿者日常管理

（一）建立健全志愿者管理制度

要做好志愿者管理工作，必须建立完善的志愿者招募和使用制度，

---

① 卢永琇：《中外博物馆志愿者培训与管理机制探讨》，《博物院》2018 年第 3 期。

完善志愿者培训、考核、激励和监督机制，并由专人进行日常管理、考核和监督，年终应有总结和表彰。明确志愿服务方和使用方的权利、义务。充分调动志愿者的积极性，实现高质量和高效率的志愿服务。

（二）建立完整的志愿者档案

记录志愿者的个人信息、聘用协议、志愿服务情况、考核情况等。

（三）志愿者的绩效评估

方志馆通过整理、分析和评价志愿者在其服务岗位上的时间和表现等方面的信息情况，及时考察志愿者对所需知识和规范等的运用程度并做出评价。需要强调的是，方志馆对志愿者的考核和评估并不是以考察志愿者对方志馆的贡献大小为目的，而是为了提高志愿者的积极性，考核和评估应该贯穿方志馆志愿者管理工作的始终。方志馆一般采取的评估方法为定量分析，以服务时间为标准，对累计服务时间多的志愿者进行各种方式的奖励，如有的方志馆根据志愿者服务时间建立了"志愿者时间储蓄"制度。

第七章　方志馆信息化建设

党的十八大以来,在党中央、国务院的亲切关怀下,全国的地方志事业实现了夯实基础后进入高速运转的跨越式发展,形成了以纂修志书、编辑年鉴为主业,其他各项工作同步协调开展的全新格局,在适应新时代新形势要求,建设社会主义文化强国进程,稳步提升国家文化软实力方面发挥了独有的重要作用。其中,方志馆作为集收藏、展览展示、科研、信息化、宣传教育以及推进海内外交流等多种功能于一体的公共文化基础设施,是推动地方志事业前进和发展的新的事业增长点和重要阵地,受到了党和国家的高度重视。

第一节　信息化建设基本情况

2006年颁布的《地方志工作条例》(中华人民共和国国务院令第467号)第十六条规定:"地方志工作应当为地方经济社会的全面发展服务。县级以上地方人民政府负责地方志工作的机构应当积极开拓社会用志途径,可以通过建设资料库、网站等方式,加强地方志工作的信息化建设。"[①]

[①] 中国地方志指导小组办公室编:《全国地方志法规、规章及行政规范性文件汇编》,方志出版社2016年版,第3页。

2014年4月,中共中央政治局委员、国务院副总理刘延东在和参加第五次全国地方志工作会议的部分会议代表座谈时指出:"要把地方志工作纳入公共文化服务体系建设当中,加快方志馆、地情网站、数据库等基础设施建设,用人们喜闻乐见的方式利用地方志、传播地方志,鼓励和倡导全社会'读志''传志''用志',用历史的智慧推进治理体系和治理能力的现代化,为实现中华民族伟大复兴的中国梦作出新的贡献。"①

2015年,《国务院办公厅关于印发全国地方志事业发展规划纲要(2015—2020年)的通知》(2015年第26号国务院公报)下发,《全国地方志事业发展规划纲要(2015—2020年)》中明确要求"加快地方志信息化建设。按照统一规划、统一标准、分级建设、资源共享、安全保密的原则,制定全国地方志事业信息化发展意见,充分利用已有信息基础设施和数据资源,加快地方志信息化建设步伐。支持民族地区地方志信息化建设。逐步建立地方志全文数据库。应用现代信息技术,加强对不同载体的地方文献收(征)集、保护和开发利用,推动信息标准化工作。实现国家、省、市、县四级地方志资源共享,面向社会提供优质服务"②。这为包括方志馆在内的各级地方志机构如何开展信息化建设、实现四级地方志资源共享目标,指明了总体发展方向。

2016年7月27日,《国家信息化发展战略纲要》正式公布,作为明确规范和指导未来十年国家信息化发展方向的重要文件,明确了建设网络强国的时间表和路线图,并提出网络强国建设"三步走"的战略目标。方志馆建设面临着前所未有的巨大历史机遇。

面对机遇与挑战,2017年中国地方志指导小组下发《全国信息方志与数字方志建设工程实施方案》,积极谋划推进包括中国方志网、

---

① 《第五次全国地方志工作会议召开 李克强作批示 刘延东与代表座谈》,人民网,https://politics.people.com.cn/n/2014/0419/c1024-24917428.html。
② 《国务院办公厅关于印发全国地方志事业发展规划纲要(2015—2020年)的通知》,中国政府网,http://www.gov.cn/gongbao/content/2015/content_2929348.htm。

中国国情网、中国地情网、国家数字方志馆、地方志新媒体传播平台、地方志综合办公平台等在内的"三网一馆两平台"建设。"随着网络技术、数码存储与传输技术等电子信息技术的全面普及与发展，人们对志书、地情信息的存储、查询、利用等方面有了更新、更高要求"①，方志馆的功能得以拓展，其作为全面展现地情风貌资源的载体所发挥的作用也越来越大。如何打破时间和空间局限，最大限度、最快捷地宣传、开发、利用地情资源已成方志馆信息工作的重中之重。

目前，全国地方志系统着力建设各类地情网站、数据库，并逐步实现省、市、县三级联网，展示地情信息，传播地域文化。方志馆集收藏、展览展示、开展社会宣传与教育、人才培训、编纂及科研、学术交流、资源开发利用以及爱国主义教育等诸多功能于一体，配套开展数字方志馆建设，利用实体和网络相结合的形式，为经济社会发展、宣传方志文化提供平台。截至2020年12月底，共建成省级网站32个、市级网站168个、县级网站160个；建成省级数字方志馆37个、市级数字方志馆44个、县级数字方志馆35个。

表7.1　　　　　全国地方志系统信息化建设情况统计②

（截至2020年12月31日）　　　　　　　　单位：个

种类＼项目	地情网站建设	数字方志馆（数据库）建设	新媒体建设
省级	32	37	44
市级	168	44	170
县级	160	35	321
乡镇（街道）级	2	—	—
村（社区）级	7	—	—
总计	369	116	535

---

① 毛珏珺：《地方志信息化建设的发展》，《新疆地方志》2015年第3期。
② 《全国地方志系统信息化建设情况统计表（2020年度）》，中国方志网，http：//www.difangzhi.cn/zxfw/tjsj/202106/t20210601_5337492.shtml。

表 7.2　　　　全国地方志系统信息化建设情况统计明细[①]

（截至 2020 年 12 月 31 日）　　　　　　　　　　　单位：个

序号	行政区划	地情网站 省级	地市级	县区级	乡镇（街道）级	村（社区）级	数字方志馆（数据库） 省级	地市级	县区级	新媒体建设 省级	地市级	县区级
1	北京	1	—	2	0	0	0	—	0	2	—	3
2	天津	1	—	0	0	0	1	—	0	1	—	12
3	河北	0	3	3	0	0	0	0	2	1	6	44
4	山西	1	4	0	0	0	0	2	2	1	3	9
5	内蒙古	3	0	0	0	0	1	0	0	2	1	4
6	辽宁	0	4	0	0	0	0	0	0	0	6	1
7	吉林	1	2	0	0	0	1	0	0	1	1	1
8	黑龙江	1	4	0	0	0	1	0	0	1	7	2
9	上海	1	—	8	0	0	1	—	2	1	—	13
10	江苏	1	12	17	0	0	9	3	4	1	14	29
11	浙江	1	2	2	0	0	2	1	3	0	3	16
12	安徽	1	11	5	0	0	1	2	0	1	8	6
13	福建	1	10	2	0	0	1	1	3	1	6	15
14	江西	2	7	1	0	0	1	1	1	1	10	14
15	山东	2	12	37	0	0	1	3	4	2	12	25
16	河南	1	17	13	0	0	1	7	2	2	12	14
17	湖北	1	11	7	1	3	1	3	0	2	4	9
18	湖南	1	5	5	0	0	1	1	1	1	6	7
19	广东	1	10	7	0	0	1	3	1	1	20	7
20	广西	1	5	0	0	0	1	1	0	1	4	0
21	海南	1	0	0	0	1	0	0	0	1	0	0
22	重庆	1	—	2	0	0	1	—	1	2	—	0
23	四川	1	15	8	0	4	6	3	4	11	17	42
24	贵州	1	5	1	0	0	1	2	0	1	2	7

---

① 《全国地方志系统信息化建设情况统计表（2020 年度）》，中国方志网，http：//www.difangzhi.cn/zxfw/tjsj/202106/t20210601_ 5337492. shtml。

续表

序号	行政区划	地情网站					数字方志馆（数据库）			新媒体建设		
		省级	地市级	县区级	乡镇（街道）级	村（社区）级	省级	地市级	县区级	省级	地市级	县区级
25	云南	1	6	0	0	0	0	2	0	3	8	7
26	西藏	0	0	0	0	0	0	0	0	0	0	0
27	陕西	1	9	8	0	0	1	2	1	1	12	19
28	甘肃	1	13	32	0	0	1	7	4	0	5	12
29	青海	1	0	0	0	0	0	0	0	0	0	0
30	宁夏	1	1	0	0	0	0	0	0	1	3	3
31	新疆	1	0	0	0	0	2	0	0	1	0	0
32	新疆生产建设兵团	0	0	0	0	0	1	0	0	0	0	0
	总计	32	168	160	2	7	37	44	35	44	170	321

第二节　信息化建设的主要内容及原则

方志馆的信息化建设主要是指方志馆内的绝大部分工作实现计算机作业，辅以其他信息技术等先进手段，对方志、年鉴及其相关资源及实物藏品的数据信息进行深入研究、分类、整合，并以互联网和多媒体等为媒介对其信息进行交互处理，以便更好地实现收藏、展览展示、科研、交流等功能。

一　信息化建设的主要内容

方志馆信息化建设主要包括基础设施建设、数字资源建设、数字方志馆建设（详见第八章）、大数据运用、管理维护等，具体工作内容如下。

（一）加快地方志信息化基础设施建设

积极推进国家地方志大数据中心建设。国家地方志大数据中心是全国地方志信息网络系统的中心节点，是国家数字方志馆的基础平台。各省市县地方志信息化基础设施建设，既可以单独建设，也可以充分依托现有政务公共信息基础设施。"地方志系统的信息化绝不仅仅是一批志书、年鉴的数字化，而是要紧紧依托方志馆资源，积极树立互联网思维，大力引进计算机技术、网络技术和通信技术等先进技术和新兴传播媒介，提高各级方志馆资源的开发利用能力和传播效率，从而为社会提供认识方志、了解地情的重要窗口。"①

（二）推动方志馆信息标准化建设

研究制定全国统一的数字方志馆资源技术标准、资源库和云平台、数字方志馆管理标准以及相关的操作指南等的建设规范，逐步建立起一整套真正切合全国方志系统实际，真正紧跟并融入我国信息化发展大趋势，且有较强的前瞻性和实际可操作性的方志馆信息化标准体系。

（三）有计划开展地方文献资源（含数字资源）的征集与保护

注意有目的、有规划地征集和开发利用地方文献资源，通过逐步开发全国地方志资源管理系统和办公平台（尤其是志鉴编纂平台），实现对方志原始数据资源和出版物资源的收集、整合、加工、统计和分析，为国家政府部门、社会公众和专业研究人员提供全面优质的地方志资源信息服务，同时，也要注意不断深化与境内外相关公立私立机构在数字方志资源方面的交流合作。

（四）建立健全方志馆分类数字资源库建设

2017年，中国地方志指导小组下发《全国信息方志与数字方志建设工程实施方案》，着力推进包括中国方志网、中国国情网、中国地情网、国家数字方志馆、地方志综合办公平台、地方志新媒体传播平

---

① 刘玉宏：《论方志馆的性质与功能》，《中国地方志》2018年第1期。

台等在内的"三网一馆两平台"建设。依托国家数字方志馆、地方各级数字方志馆和地情资料库，依照中国地方志指导小组建立的信息化建设相关标准，逐步建成技术领先、国内一流的地方志目录、提要以及全文数据库。

根据自身条件，方志馆数字资源建设可从地情资源库、多媒体数据库、地方志学术论文数据库、旧志及地方历史文献数据库、方志规章制度数据库、家谱族谱数据库等入手。目前，中国国家图书馆的地方志数据库"数字方志"已经上线，其官网称："地方志文献为我国所特有，也是国家图书馆独具特色的馆藏之一，所存文献数量与品质极高。该数据库以国家图书馆藏地方志文献建设，主要包括为清代（含清代）以前的方志资源6529种。"[1] 而其数据库"中国方志库"则宣称："共收录汉魏至民国历代地方志类著作一万种。总计全文超过20亿字，影像超过一千万页。"[2] 爱如生、雕龙等多家公司提供的数据库体量极其庞大，远超国图数据库，已经被高校、研究所等广泛使用。浙江大学等多家高校、学术机构也都在研究、开发地方志网上地图或者方志主题数据库。

（五）逐步实现国家、省、市、县四级地方志资源体系共建共享，支持帮扶经济欠发达地区等信息化基础薄弱地区开展地方志信息化建设

以中国方志网、中国国情网、中国地情网和地方省市县方志网为基础，有序推进国家、省、市、县四级地方志和方志馆的信息网络一体化建设。应用现代先进的信息技术，加速全面建成我国方志馆资源的数字化和共建共享。

采取政策关注、资金划拨倾斜、多手段精准帮扶等形式，加大对边疆地区、民族地区、经济欠发达地区、革命老区及信息化基础较弱的地区地方志和方志馆信息化建设的扶持力度，促进上述这些地区的

---

[1] 中国国家图书馆·中国国家数字图书馆，http://read.nlc.cn/allSearch/searchList?searchType=12&showType=1&pageNo=1。

[2] 中国国家图书馆·中国国家数字图书馆，http://www.nlc.cn/dsb_zyyfw/gj/gjzyk/。

信息化建设实现从无到有、从有到优的跨越式发展和弯道超车。

二 方志馆信息化建设的主要原则

（一）坚持政治立场坚定

方志馆作为宣传国情、地情的重要窗口，必须把牢牢把握正确的政治方向放在首位。在信息化日新月异的新时代，方志馆的信息化工作尤其要注意增强政治意识，始终坚持以马克思主义的世界观和方法论指导方志馆的信息化建设工作。要重视并充分发挥网站群、公众号、融媒体等新媒体传播平台等网络宣传阵地作用，时刻围绕弘扬主旋律、传播正能量开展工作。

（二）坚持顶层设计

方志馆的发展是地方志事业全新的事业增长点。故此，方志馆建设应在中国地方志指导小组的宏观引领下，举全系统之力，对全国方志馆信息化建设进行科学统筹规划和顶层设计，推进制度、标准完善，推动集约化、一体化建设，以高质量规划引领全国方志馆建设事业发展，推动方志馆乃至整个地方志系统信息化建设迈上新台阶。

（三）坚持共建共享

目前，全国各省数据库建设和资料数字化工作进度虽有先有后，但是都存在标准不一、无法并库对接的问题。这尤其不利于全国方志馆各类数据库的一体化建设。基于此，当下必须格外注重标准规范的建设，以最大成效发挥标准规范对方志馆信息化建设的基础性指导作用。在合理规划、充分调研、科学论证的基础上，要建立健全系统完善、标准统一、端口一致的标准规范体系，消除和弥补各地过去出现的信息化建设自成体系、重复建设和低水平应用等问题。对各级地方志工作机构和方志馆已建已有的数字化地情资源和资源库，按照统一的数据标准和格式，进行二次开发和整理合并入库，纳入中国地方志指导小组统一规划建设的地方志数字资源中心，以共享共用为目标，实现方志数字资源社会效益的最大化。

（四）坚持分级建设

中国地方志指导小组目前由中国社会科学院代管，其日常工作主要由中国地方志指导小组办公室综合协调，全国地方志系统信息化工作也不例外。中国地方志指导小组办公室及国家方志馆负责地方志和方志馆信息化建设的顶层设计、示范引领和督查指导。省级地方志工作机构和方志馆负责本省、本馆地方志信息化建设的科学规划、组织实施和检查指导。市、县级地方志工作机构和方志馆负责信息化建设任务的具体落实。目前，街道、乡镇村史馆等也有开展数字化信息化工作的，随着方志馆事业的逐步发展，这些基层的场馆信息化工作也应逐步纳入统一规范管理之中。

（五）注重网络安全

当前，信息化工作受到前所未有的重视。随之而来的网络安全问题也日益提升到需要格外强调、分外关注的地步。信息化和网络安全好比是驱动方志馆这辆高速前进车辆的车轮，前驱后驱缺一不可。开展方志馆信息工作，必须重视网络安全，必须对二者进行统一规划、统一部署、统一实施，必须切实防范、控制和化解信息化进程中可能产生的种种或大或小的风险，切实抓好网络安全风险隐患排查与防范、舆情等信息报送、舆论引导等工作，以安全保发展，以发展促安全。

第三节 基础建设

基础建设是指方志馆信息化建设必须具备的基础环境和基础设施建设，主要包括综合场馆内的设备与机房布线、计算机的配置使用、计算机网络、有线/无线通信服务、数据库服务器、应用服务器/Web服务器、存储设备、交换机以及呼叫中心接入等内容。

一　网络

1969 年，起源于美国的阿帕网——作为 20 世纪最具影响力的技术成就之一诞生，它通过交换机、服务器、路由器等多种网络设备，将分布在全球各地的计算机和服务器链接，实现了人与人之间跨区域的信息交流，这被公认为互联网技术诞生的标志。

中国互联网络信息中心发布的《第 50 次中国互联网络发展状况统计报告》显示："截至 2022 年 6 月，我国网民规模达 10.51 亿，互联网普及率达 74.4%，较 2021 年 12 月提升 1.4 个百分点；我国手机网民规模达 10.47 亿，较 2021 年 12 月增长 1785 万，网民使用手机上网的比例达 99.6%，与 2021 年 12 月基本持平；……我国域名总数为 3380 万个，其中，'.CN'域名数为 1786 万个……互联网端口接入数量达 10.35 亿个，光缆线路总长度达 5791 万公里。"[①]

在网络信息技术如此发达的新时代，方志网的网络建设任务也显得尤其紧迫。其中，局域网网络建设是方志馆信息化建设的物质基础和前提条件。在局域网的硬件平台建设中，网络结构选型与交换机、服务器配置尤为重要。

1. 要采购采用主流网络类型及设备，使用通用规范，以便于未来的管理和升级。

2. 要遵循保密性、完整性、可控性原则，确保网络安全。

3. 要根据实际情况需要预留发展空间，使其发挥最大效益。

二　服务器

服务器是网络环境下能够为网络用户提供集中计算、信息发表及

[①]《第 50 次中国互联网络发展状况统计报告》，澎湃新闻，https：//www.thepaper.cn/newsDetail_ forward_ 20105580。

数据管理等服务的专用计算机。它是确保信息化系统长时间稳定运行的关键。选择服务器时要考虑到CPU性能、网络子系统、芯片组、内存、磁盘系统等，在性能、稳定性、安全性等方面都要比普通计算机要求高很多。方志馆的服务器必须具备数据库服务、文件服务、多媒体服务、授权认证服务等功能。

三　计算机中心机房

计算机网络与服务器能够安全稳定地运行主要依赖计算机机房安全可靠的基础环境。机房的建设必须符合防火、防水、防雷、通风、供电等国家或行业规范，维护机房必备的基础保障设施，主要包括空调、监控设备、不间断电源等。

第四节　数字资源建设

方志馆数字资源建设分为数字资源共建共享、数字资源的检索与应用和数字资源的保密与知识产权保护问题。

一　数字资源共建共享

目前，我国的方志馆信息化建设大部分还停留在对本馆馆藏信息的一般性揭示，方志馆馆藏底层数据的组织形式目前还没有统一标准。沈松平等认为："地方志信息化建设开展以来，无论是省、市、县均存在各自为政、信息资源'自成体系'的状态，这主要源于各地信息化建设的技术标准各异，表现在各地数据库的使用标准不统一，数据库子库分类标准不统一，数据格式加工标准不统一，造成各系统互不兼容，各网络平台之间不能共享，不能实现跨平台访问，使得资源得不到共享。在已建成的地情资料数据库中，江西等省使用的是关系型数据库，广东、江苏等省使用的是全文型数据库。"① 这不仅仅大大降低了各省市各地方方志馆本馆馆藏多层次展示的可能，同时也使这些方志馆包括馆藏资源在内的信息化共建共享只能局限在本地本馆内，而全国各地各方志馆之间的信息交互效率低下，资源共建共享存在极大的困难。对此，中国地方志指导小组已有深入的认识，在《全国地方志信息化发展规划（2016—2020年）》（中指组字［2016］7号）中明确指出："全国地方志信息化建设还存在顶层设计不够、区域发展不平衡、有的地方对地方志信息化工作重要性认识不足、数据格式和标准不统一、信息化人才队伍结构不合理甚至严重缺乏等问题，亟待统一认识，创新理念，科学谋划，认真研究解决。"②

目前，已经有许多研究者致力于建立符合中国文物的元数据标准，我们也相信随着学术界和业界科研的深入，加之方志馆数据底层组织标准的逐步出台，全国数字方志馆建设平台的通用性必将逐步全面实现，进而避免当下大量重复建设的问题愈演愈烈。

当前，云计算正在迅猛发展，比如当下爆火的ChatGPT，就是OpenAI新推出的一种人工智能技术驱动的自然语言处理工具，它能够通过学习和理解人类的语言来进行对话，可以说是上知天文下知地理。深度科技研究院院长张孝荣表示："ChatGPT建立在大型语言模型上，会通过连接大量的语料库来训练模型。这些语料库包含了真实世界中的对话和各种网络公开信息，使ChatGPT知识丰富，还能根据上下文进行互动。"③ 而其连接大量的语料库来训练模型，正是利用大数据进行云计算、智能学习和互动的一种体现。云计算的核心思想正是对大数据中心、资源库等进行统一管理，并向不同需求的用户提供按需服务。

---

① 沈松平、汪凤娟：《新中国地方志信息化建设的历史回顾、存在问题及发展建议》，《中国地方志》2021年第4期。
② 《全国地方志信息化发展规划（2016—2020年）》，文成史志网，http：//szb. wencheng. gov. cn/art/2016/9/26/art_ 1522251_ 20911870. html。
③ 《"特别能聊"的人工智能会聊些什么？》，中新网，https：//www. chinanews. com. cn/cj/2023/02 – 03/9946283. shtml。

开展方志馆的数字资源建设，我们可以考虑建立"方志馆云平台""方志馆数字资源云"，随着技术进步，不同类型设备都可以实现数字资源的共建共享，用户可以上网浏览虚拟方志馆，而不需要考虑自己所用的电脑、手机是否受限，电脑上是否已经安装了必需的播放器，等等。云计算技术将为数字方志馆的高速发展带来新的机遇。

二 数字资源的检索与应用

对于数字方志馆而言，其有效检索与数字博物馆并无二致："其核心内容是文物图片、动画或视频等数字资源，只有能够对这些数字资源进行有效检索，才能够更灵活方便地组织和展示内容，满足用户个性浏览需要。按照检索方式的不同，图像检索主要分为两类：一种是基于文本的图像检索，另一种是基于内容的图像检索。"[①]

目前，我国已经有一些出于商用目的而建立的应用型或者纯学术研究型的图像检索原型系统，但它们的准确率等多项指标有待提高的空间还很大。尽管很多图像检索系统的实际使用效果并不是特别理想，方志学界和科技界研究人员仍未放弃对其持续不断地进行创新性研究，争取集合方志从业研究人员、科技领域专家学者和技术人员的集体智慧，最终实现方志馆数字资源的高效检索，充分发挥数字方志馆的开发利用和社会教育功能。

三 数字资源的保密与知识产权保护问题

随着数字方志馆的发展，大量的数字化馆藏资源被放在互联网上，用户可以随时随地浏览和参观，这就使地方志的保密问题显得更加重

[①] 盛鑫、何均辉、赖晓龙、胡玥、王冲、梁晔:《浅议我国数字博物馆的资源建设》，《科技广场》2011年第6期。

要。沈松平等强调："信息保密意识不强,缺乏数字版权保护意识是地方志信息化建设中的另一个突出问题。志书保密问题是衡量志书质量最主要的标准之一。在军事、公安司法、宗教、卫生、自然环境等编(章)最易出保密问题。"[①] 一方面,志鉴及地方史资料编纂中,必须加强编纂人员和出版编辑人员的业务培训,出版审核要严上加严,慎重对待;另一方面,已出版的首轮、二轮志鉴及其资料的上网,不能不加审核就直接把元数据直接放入用户使用层面,必须对元数据进行保护,必须保证用户界面接触的数据层是经过审核的非涉密内容。

同时,资源云的使用使用户可以毫不费力地浏览下载、复制加工,这让很多未注意元数据保护的方志馆很容易受到用户层数据侵权和篡改攻击,将会极严重地侵害方志馆等数字资源拥有者的合法权益。我们认为,在国家方志馆和各省市方志馆开展数字方志馆建设的过程中,要加强志鉴等资料元数据的保密、安全以及网站网络安全和馆藏资源的知识产权保护。

当前,大大小小的电子商务网站和其他各类商业网站都对自己拥有的原创性图片和媒体信息等添加了数字水印等保密措施,以防被恶意下载、复制和使用。然而,我国的大多数数字方志馆目前还对这一问题没有足够清醒的认识,大都根本没有采取或者没有采取足够的版权保护措施,信息安全和网络安全性不高,很容易被破解或破坏,亟须寻求相关技术支撑或科研力量来研发安全的数字水印等先进技术,来真正加强数字资源的知识产权保护。

第五节 大数据运用

当前,大数据时代的迅速到来已经改变了传统的数据收集、存储、

[①] 沈松平、汪凤娟:《新中国地方志信息化建设的历史回顾、存在问题及发展建议》,《中国地方志》2021年第4期。

分析研究和利用，方志馆作为为公众提供国情、地情知识的公共文化服务机构，也不可避免地会受到数据应用技术大革新的影响。

（一）方志馆的基础数据储备

方志馆在利用本馆开发或购买的藏品管理软件来建立建成藏品信息数据库的基础上，已拥有海量的数据资源。方志馆的藏品信息不仅包括藏品类别、具体名称、所处时代、发掘或保存地点、质地、外形尺寸、流传过程、功能用途、保存状况、科学客观简要的评价、征集信息等文字类描述，还应包括图片、音视频、平面及三维立体扫描等影像类信息。

（二）用户行为形成的数据

方志馆要更好地为来访用户服务，必须真正了解对象群体和目标群体，研究用户的真正需求。因此，如同博物馆等其他场馆一样，用户数据是方志馆（尤其是开馆办展、建设资源云等）所要了解的最重要的数据之一。这些数据应包括方志馆年度或者某时间段内的用户数量，使用资源和参与活动的用户数量，参加展览或者访问数据库的用户数量，不同时间段的用户数量，用户的年龄层次、来源类别，等等。用户数据已普遍通过各种途径纳入方志馆的日常收集范围中。目前，全国不少地方的方志馆已经建立了网站、数字方志馆、虚拟展览或者场馆、智能导览系统等，这些集知识性、互动性、娱乐性于一身的新媒体平台，极大增进了方志馆与用户之间的有效互动与交流，同时，也产生了数量庞大且能够有效反映用户行为的非结构化数据。

（三）社交网络平台

近年来，全国各地许多地方的方志馆相继开通了官方博客、官方微博、微信公众号等，还有的开通了喜马拉雅等平台频道，积极借助互联网社交平台与公众开展互动交流。以河北省地方志工作为例，2019年开通"方志河北"微信公众号、澎湃问政号、今日头条号之后，坚持每天发布信息，坚持正确舆论导向，使地方志由幕后走到台前，实现良好社会效益。全省各地方志机构纷纷开通地方志政务新媒体平台，覆盖面、影响力不断扩大。"方志大名""方志邯郸""方志安国"等一大批政务新媒体崭露头角。澎湃政务网发布文章，评价这是"'政务新媒体+地方志'的'河北方志'现象"[①]。近两年，全国各地政务媒体平台、微信公众号、视频号等如雨后春笋，全面开花，形成了可喜的大好局面。

大数据使用是地方志信息化建设中的重要一环。充分发挥网络、数字影像、新媒体及云平台等各种新兴媒介的作用，宣传推广方志文化，是我们增强方志文化软实力、全方位展示中华优秀传统文化独特魅力的重要途径，是推动方志文化"走出去"的重要载体。

第六节　管理维护

管理维护是为确保方志馆信息化系统持久稳定、正常运行所进行的日常管理、安全防护以及相关管理维护工作的制度建设等。

一　日常管理

日常管理主要包括对信息化工作人员的管理、网络管理、使用设备的管理以及系统运行的管理等。

1. 人员管理，包括对内部从事信息化工作人员的日常管理和第三方人员管理。后者是指对信息化工程建设与运行过程中参与进来的外部人员的管理，如软件开发商、硬件供应商、设备维护商以及服务提供商等。

2. 网络管理，是指对网络的运行状态进行监测和管理，使之能有效、安全、经济地运行。

---

① 《河北省地方志办公室2019年工作总结》，《方志中国》2020年第1期。

3. 设备管理，是对信息化相关设备的管理，要求账目清晰，对设备的数量、质量、使用情况、使用者、维修维护，以及设备的说明书、保修单等有准确的记录，确保设备稳定运行。

4. 软件管理，是对数字资源、应用软件和设备状况等的管理，主要包括管理业务数据、文件、统计数字资源利用率等情况。

二　安全防护

方志馆信息系统的安全防护是指通过增加信息系统的可用性、安全性和可恢复性，达到长时间安全稳定运行。信息安全防护是数字方志馆建设的基础工作，方志馆的从业人员应注意在信息系统日常运行时，应有目的有计划地针对各业务系统数据特点进行数据备份及防护。

数字方志馆的安全防护包括：志鉴等数字资源的保密和信息安全，信息系统及其网络平台的安全。前者是指保证数字方志信息（尤其是可访问信息）的准确可靠、真实可用、不涉密不泄密、不被非法篡改等；后者则是指系统软硬件保持的可靠性、稳定性及可控性，具体包括安全管理的制度体系建设、物理安全、网络安全、软件平台安全、应用系统安全和数据安全等内容。

安全防护体系建设主要可通过两个渠道实现。一是按照中国地方志指导小组及其办公室审定公布的信息安全等级保护的要求（如国家数字方志馆系统应达到二级以上安全保护标准），采用相应的安全保障技术方法，并配备有必要的软硬件设施。在选择供应商时，"应考虑须具备相应的保密资质，并严格按照相关安全保密规范要求进行项目设计、系统开发和项目施工"。[①] 而建设施工和监理单位应自觉并按要求重视、加强项目建设过程中的方志信息安全保密工作。二是建立健全国家数字方志馆安全管理制度体系，并应严格遵照规定实施。国

[①] 谢春霞：《浅谈数字信息化时代数字档案与保密工作》，《云南档案》2020年第12期。

家数字方志馆系统安全隐患主要包括数据非法窃取与篡改,暴雪、水灾、地震等突发不可控的自然灾害,病毒攻击,黑客非法访问与入侵攻击,系统超负载,权限丢失或不当扩散,元数据篡改,操作失误,等等,而我们各级各类方志馆应当注意及时或前瞻性地采取相应的技术措施和管理手段来应对这些潜在的或者显性的安全隐患。各级各类方志馆应高度重视元数据的数字化加工、数字资源接收等过程中的安全保密管理工作。同时应当制定各类相应的应急预案,完善灾难恢复机制,提高方志馆的应急处置能力。

三 制度建设

制度建设是指信息化建设过程中,必须制定相关规章制度,比如机房管理制度,机房设备权限管理制度,网络使用用户制度,计算机设备、设施维修、维护制度以及机房紧急事故处理制度,等等,以规范信息化工作的日常管理与维护。

第八章　数字方志馆

　　数字方志馆是为解决数字化时代地情信息资源的收集、处理、保存、传播和利用等问题而诞生的，利用网络技术、计算机技术、数据库技术把各种数据、文字、图像、声音等地情信息资料进行加工、处理，建成各种数据库，进一步建设为地方志信息资源数字化、信息传递网络化、信息利用共享化的现代化方志馆。随着信息时代的迅猛发展，数字方志馆前景不可估量，正如太原理工大学建筑设计研究院方案所王敏所言："随着电子计算机多媒体技术、网络技术的广泛使用，未来方志馆的收藏技术与展出方式将会发生大变化。越来越多的展品、地方志信息正转变为光电与数码的形式进行陈列展出。未来的方志馆设计，电子媒体开始成为展室中的辅助设备。电脑的普遍使用扩大了信息贮存量，方便了信息的流通和提取。未来方志馆将突破传统的空间界限，出现'无书本的志书''无围墙的展示'概念。"[1]

第一节　数字方志馆建设的意义

　　通过数字方志馆的建设打造，建立一种全新的方志内容管理

---

[1] 王敏：《从山西方志馆方案看方志馆建筑未来发展趋势》，《山西建筑》2016 年第 21 期。

生态体系，站在更高角度去运行方志资源，使方志发挥出更大影响力。

数字方志馆的建设打造，将打破传统的对于方志的管理及利用模式。它从旧方志的保护、加工、利用，旧方志与科研的结合以及旧方志的版权保护等多方面，实现对旧方志管理体系的全方位发展，从而使方志单位的职责更加多样，工作意义也更为巨大，成为科研活动和文化普及的重要环节和实际参与方，让方志在更大范围发挥更深远的作用和影响力，从而大大提高方志的影响力。具体体现在以下几方面。

一　开创存史新模式

存史的目的不仅仅在于保存，更重要的是利用。地方志是一个地方地理、沿革、风俗、教育、物产、人物、名胜、古迹以及诗文、著作等的史志，其内容分门别类，取材丰富，是研究历史（特别是地方史）的重要参考资料。传统保存模式是以纸质形式保存，虽然在很长一段时间内也满足了方志单位的基本需求，但是在科技发展的新形势下，这种模式在资政、展览、科研、公共服务等方面无法起到方志应有的作用和影响力。

在纸质方志文献出版后，对其进行数据化加工，不仅能够起到再次保存历史的作用，还能够在此基础上，利用科技手段，让方志的作用得到最大发挥。通过方志文献的大数据化，可以利用旧方志大数据库开展科研、资政工作，借助旧方志数据库开辟新的研究（特别是跨学科研究）方向，并对旧方志的大数据服务做出标准界定和规范展示。

同时，数据化的方志内容也为未来与云计算、物联网的结合打下基础，使方志资料能够不断与最新的科学技术相融合。在存史之上，通过数据化的方式，为资政和公共服务提供更便捷的支撑。

二　为资政提供更多服务和支持

资政是方志单位的重要职能，为国家重要政策的制定和重大课题的研究起着重要的支持作用。只有对方志资料进行全面梳理，实现数字化，构建方志大数据库，并进行深度挖掘整理，才能更准确、有效地履行好资政职能。比如可以根据各地区地方特点，以及当年的重大任务，有针对性地结合方志库，寻找必要的文献资料。

数据化后的方志内容，不仅可以实现在一两秒内的全文检索，更可以设立相关关键词、关联词，对关联内容进行检索，这就让方志单位在结合各地实际情况的基础上，梳理本地区及全国其他地区关于某一问题的过往经验教训，给各级党委政府处理问题提供参考。多种关键词组合查阅，能够让研究者获得更多新发现，发现事物之间的内在隐形关联，挖掘问题核心，为政府决策提供更深层次的参考依据。

三　提升方志馆的公共文化服务水平

作为集地情展示等功能于一身的公共文化服务机构，各级方志单位应积极参与公共文化服务体系建设，大力提升公共文化服务水平，让人民群众共享社会主义文化发展成果，扩大地方志工作的社会影响力，宣传方志文化，吸引各界人士关心和参与地方志工作，进一步优化地方志事业发展的良好氛围。

通过全文数字和平台的搭建，可以实现通过网络使用方志，全文检索降低引用方志的门槛，提高利用效率，方便大众广泛利用旧方志，提高方志资料的影响力。对于一般使用者来说，这不仅大大降低了查阅资料的时间成本，而且降低了方志资料利用的学术门槛，更方便非专业人士或一般学生利用方志资料，提高方志资料的利用效率，让更多的人可以更便捷地利用方志资源。

第二节　数字方志馆特征

与传统方志馆相比，数字方志馆具有开放性、高效性、实用性、便捷性等特点，利用信息化技术手段，可实现便捷存储、跨越时间地域的阅读，为读者提供便捷服务。

从方志馆三大核心功能——"存史""资政""教化"角度来看，数字方志馆将方志馆的"存史"功能进行了无限扩大。通过技术手段，不仅可将文字、声音、图像等信息进行统一存储处理和输出，无限延长其保存时间，而且其所占空间比传统方志馆收藏纸质型史籍所占空间要小得多，具有较大的收藏优势。

从"资政"功能来看，对方志专业工作者来讲，方志数据化后，通过挖掘数据、分析知识图谱，可以帮助学者们在海量的内容中找到不易发现的联系，促进学科新的研究成果产生，同时，海量数据的支撑也为方志单位成为各级党政文化建设的智囊咨询中心提供基础理论支持。

从"教化"功能来看，对于一般使用者来说，数字方志馆的内容资料不仅大大降低了查阅资料的时间成本，而且降低了方志资料利用的学术门槛，方便非专业人士或一般学生利用方志资料，提高了方志资料的利用效率，扩大了方志的使用范围和服务对象，从而达到教化目的。

第三节　数字方志馆发展现状和趋势

一　数字方志馆发展现状

2017年，中指组下发《全国信息方志与数字方志建设工程实施方案》，推进包括中国方志网、中国地情网、中国国情网、国家数字方志馆、地方志综合办公平台、地方志新媒体传播平台在内的"三网一馆两平台"建设。

各级方志馆都在加大信息化建设力度,积极推动数字方志馆建设。数字方志馆建设的目的之一便是让方志"活起来",随着近代方志数据化的陆续完成,方志的使用率也得到了大幅提升。当前,方志系统的数字方志工程建设还处于探索和基础建设的起步阶段,比较常见的做法是将志书影像化后放在网上。已建立的网站或数据库缺乏知名度、实用性,未能更好地满足读者的需求,在储存性和实用性等方面还有较大的提升空间,有待不断开拓多种服务功能、服务渠道,进一步发挥服务社会的作用。

未来方志馆事业发展的重要工作内容是建设由方志馆、物联网、大数据和云计算等构成的智慧方志馆,培育和打造新方志文化服务业态,大力提升方志馆的公共文化服务能力,巩固和加强地方志事业发展根基,确保方志馆在国家公共文化服务体系建设中能够最大限度地发挥作用。

二 数字方志馆发展趋势

(一)对旧方志及未数字化的部分近代方志开展数字化和全文识别加工工作

旧方志是我国宝贵的古籍和文物资源,正在不可逆地消减。通过数字化手段,以多种形式保存数据内容,可以保证方志的内容得到永久保护,更好地实现"存史"这一功能。方志数据化可以将方志"存史"这一功能与现代化技术充分结合,在最大程度上提高其使用率,让古籍里的文字"活起来"。

(二)建设符合方志单位管理需求的方志数据库应用平台

方志数据平台的建立,是贯彻国家大数据战略,加强顶层设计,加快国家文化大数据体系建设的重要践行措施,是建立智慧方志馆的重要支撑，也是发挥地方志资源优势的重要途径。

（三）履行资政、科研职能，提供人工智能参与的数据服务

资政是方志单位的重要职能，对国家重要政策制定和重大课题研究有着重要的支持作用。只有对方志资料进行全面梳理，实现数据化，构建方志大数据库，并进行深度挖掘整理，才能更准确、有效地履行好资政职能。对方志研究者来说，可以在一两秒内精准查阅到所需资料，不仅节省了查阅时间，更便于通过多种关键词组合查阅，获得新的发现。通过数据挖掘、知识图谱分析，可以对方志内容分类挂接，从而节省研究人员的研究精力，提高研究效率，并拓展出更多以数据分析为核心的研究选题，必将推进相关学科的科研活动，提高方志的影响力。

人文 AI 技术是当前科技与人文产业融合的热点。在大数据时代，获得资料已经越来越容易，而如何从中选择自己需要的资料却成为较难解决的问题。所以众多科技企业都越来越注重用户使用习惯的算法研究，比如百度、头条、苹果、微软等都有类似的智能产品推出。而将这种技术应用于旧方志领域，能够为旧方志数据的知识图谱化和知识定制化服务。

未来的旧方志数据库内容将会十分庞大，关键词检索会因为结果过多而难以挑选，特别是对于信息量过多的检索词，会失去检索意义。而通过知识图谱的构建，可以有针对性地提供用户需要的信息，特别是可以提供经过人工智能分析的结果，从而免去研究者用宝贵的时间进行基础的资料整理和搜集的工作流程。这样的尝试是前所未有的，但也是顺应时代要求和国家发展方向的。

（四）运用区块链技术实现珍稀旧方志资源的版权保护

在条件允许的情况下，实现旧方志的资源共享。中共中央政治局曾就区块链技术发展现状和趋势进行了集体学习，阐明国家对于区块链技术在技术变革和产业革新上的重大作用。这也为区块链产业的布局和发展奠定了政策基础。目前，区块链技术的应用还是零星化的，但在银行、司法、物流等多个领域已经有了较多的尝试和成功经验。而对于未来旧方志的保护和利用来说，区块链同样是必需的技术支撑。

很多旧方志都属于善本和孤本，具有极其宝贵的文献研究价值。但对于这部分珍稀旧方志的利用也是最为困难和矛盾的问题。一方面要保证旧方志的内容安全，不能因放到网上而失去对其版权的控制；另一方面也要满足学界和社会上的利用要求，而区块链技术就可以很好地解决这一矛盾。

首先，由于区块链的唯一性特质，通过区块链加持的旧方志数据可以保证不被滥用，所有的打开、下载、传播动作都有全面的监管记录，从而可以保护旧方志版权和旧方志的使用安全。

其次，通过区块链技术，可以实现旧方志收藏单位间的资源共享。我国的珍稀旧方志散落于各个图书馆和研究单位，而各个馆出于保护需要，都将自有珍稀旧方志秘不示人，从而阻碍了旧方志利用事业的整体发展。如果通过区块链技术，各个单位的珍稀旧方志就永远具有版权的唯一性特质，无论从哪个终端打开旧方志资料，都有其唯一的来源路径。这样就保证各单位收藏的旧方志版权不会因在网上发布而被滥用，从而实现各单位旧方志的资源共享，打造更开放、更安全的旧方志利用生态。

第四节　数字方志馆的建设模块

数字方志馆是实现全馆全面数字化管理的综合建设项目。因此，数字方志馆的建设不仅仅是一种系统或软件的建设和安装，也不仅限于对馆藏资源的数字化管理，而是可以支持全馆资源管理、利用、保存、编研、开发等馆内全面业务工作的综合建设项目。各馆根据自身特点和需求可以有多重建设项目，一般应包括以下四个基本模块的建设。

一 建设数字方志馆系统管理平台

数字方志馆系统管理平台是数字方志馆建设的核心内容，即通过搭建多种系统工具和支持软件，对数字方志馆的综合业务管理平台、数字方志资源管理平台、互联网交互平台以及资源存储管理平台等进行建设，达到全馆业务数字化管理全流程、全覆盖的目标。具体应达到以下功能目标。

1. 实现全部方志资源的数字化统筹管理，从方志资源的搜集、整理、管理、利用到保管、收藏，实现全流程、全方位的数字化管理模式。

2. 搭建方志资源数字化存储和保存平台，确保数字资源的真实、完整、可用、安全。

3. 建立统一的方志资源服务利用平台，满足系统内各单位、各科室以及社会各界对于方志资源的利用需求，打通服务利用渠道，实现方志数字资源的有效整合和分层次、多渠道的共享利用。

4. 形成方志资料的互动、编研等利用功能。通过平台介入，可以实现方志修志以及各种编研任务的线上开展，同时也可以开辟各单位以及社会各界通向方志管理单位的沟通渠道。

二 建设方志数字资源内容体系

数字方志馆的建设，是建立在方志资源的大量数字化基础上的。方志资料的数字化程度，决定了数字方志馆的建设程度和利用效率。所以，方志资料的数字化是一项长期而基础的建设工作，主要应从以下三点着力开展。

1. 对方志资料的征集、接收应提高数字化水平。方志资料在征集和前期整理中，应逐渐以电子资料接收取代传统载体接收的方式。尽量要求资料提供单位提交数字化的方志资料。对于不能提供电子资料的，应在征集阶段就安排数字化加工环节，保证征集资料可以尽早以数字化形式进入数字方志馆的管理平台，从而保证征集来的资料的使用效率。

2. 对馆藏现有传统载体的方志资料进行数字化加工，包括纸质、音像资料的加工。如果条件允许，应实现纸质资料的全文数字化加工，保证后期利用、检索的便捷性和有效性。

3. 对已有数字化资料进行整合。近年来，大量方志馆已经开始对现有馆藏资源进行数字化加工，并重视新征集资料的数字化提交。因此，对于已经实现数字化的资源，应首先完成数据整合工作，如统一数字化形式、保证数字化的准确率统一、建立层级清晰的文件目录等。

三　数字方志馆的信息化基础建设

数字方志馆的信息化基础建设，主要指支撑数字化方志馆软件运行的软硬件基础设施的建设，其中包括网络信息化支持平台、数据机房、基础软件搭建等。

（一）网络信息化支持平台

在局域网或互联网部署服务器、存储、备份、交换安全等设备，构建方志馆数据中心工程、网络系统、主机存储备份系统、安全保障体系以及音视频非线性编辑系统等。

（二）数据机房

为保证资料的安全性，存储方志资料的机房应进行分区建设，主要分为主机房、重点机房、备件库房区。建设内容包括机房装修、微模块系统、空调系统、消防系统、防雷接地、安防系统、动力环境监控系统等。

（三）基础软件搭建

考虑到资源的安全性，应选用安全可靠的基础系统软件，重视国产版本软件在数字方志馆搭建中的比重。

四　建设方志智能库房

建设数字方志馆的同时，也是对传统载体方志资料的升级保护和管理的过程。特别是各馆保存的珍贵历史方志资料、图书等，都是重要的文化财产，更应利用数字化技术进行合理保护。同时，在数字资料利用更加方便的同时，传统载体资料依然具有备查、展示、补充资料的作用，智能库房的建设，也将使这些资料的利用和查阅更加便捷。

智能库房主要包括了密集架设备、管控平台、感知设备、存储设备、控制设备、辅助设备等，严格按照方志资料安全保护的"九防"（防火、防盗、防潮、防光、防鼠、防虫、防尘、防污染、防高温）要求，让库房环境更舒适、资料存放更安全、管理更高效。

第五节　数字方志馆的顶层设计

在数字方志馆的建设中，应首先做好顶层设计工作，编制详细的顶层设计方案，作为后续项目建设的蓝图。数字方志馆的建设，是多系统、多部门、多途径的综合建设项目。如果在建设工作实施之前，没有严谨细致的顶层设计过程，就会出现"信息孤岛"、用户权限不一致、应用系统重复建设、硬件重复投资等问题，导致数字方志馆的建设多走弯路。

顶层设计主要包括三个方面的内容：信息资源规划、信息技术规划以及基础环境保障规划。

一　信息资源规划

信息资源规划是对方志馆主要业务需求进行模块化分析后，进行的信息化建设规划。一般根据方志馆各部门业务划分职能域，对职能域逐个进行业务分析，产生各职能域的业务模型、功能模型和数据模型，然后根据各职能域产生全域功能模型、数据模型。同时，分析管理模式与用户行为，产生全域用户与权限模型。

在数字方志馆建设中，信息资源规划是对整个数字方志馆功能的整体设计处理，需要体现方志馆各类常见业务的职能。因此资源建设是数字方志馆建设的核心。信息资源规划的步骤如下。

1. 分析方志馆各处室职能，划分职能域；建立本职能域的业务模型、功能模型、数据模型。

2. 分析方志信息资源搜集渠道和产生的各种途径，提出解决方案。

3. 分析信息资源面向的各类用户及其行为，产生全域信息资源共享利用的用户与权限管理模型。

二　信息技术规划

信息技术规划是根据各单位信息化基础设施现状和具体需求，提出信息化实施的技术架构规划。技术架构规划首先也需要对各方志馆的信息化现状进行分析，从而制定软件架构方案和应用系统架构方案。软件架构方案的内容包括软件架构、数据库选型、操作系统选型以及其他关键技术选型；应用系统架构方案则涵盖统一数据层、基础服务层、业务支撑平台层、业务平台层、信息门户层等内容。

信息技术规划基于数字方志馆各方面需求调研和分析，对各种技术方案进行选型比较，从而提出最合理、切实可行的技术方案，同时充分预计到系统未来发展的需要并吸收国内外潜在新技术的可能性，使本系统在未来相当长一段时间内保持技术上的领先性。

技术标准包括网络通信协议标准、应用开发技术标准、数据结构标准、数据交换标准、应用集成和接口标准等。一般有以下几个技术标准：Web 服务标准 – UDDI，WSDL 和 SOAP、XML 技术标准、J2EE 技术规范、MVC 开发规范、X.509 证书标准、SAN 存储或云储存架构、数据仓库建设标准、网格技术标准、等等。

三　基础环境保障规划

在制定了信息资源规划和技术方案的基础上，还要制定一个基础环境保障规划。基础环境保障规划是对网络、服务器架构、存储与备份、设备间设计以及信息安全保障进行规划和安排，以保障信息化建设的正常开展，以及系统的安全正常运转。

基础设施建设是数字方志馆建设的前提和保障，基础设施建设内容包括中心机房、弱点设施搭建、数字化加工场地建设、四网网络平台建设、主体存储备份系统建设、系统软件建设、信息安全保障体系建设等。基础设施建设围绕应用系统建设和信息资源建设展开，以追求最高性价比、最适用、最实用为选型依据。可以适当超前，但没有必要选择最先进的设备，因为信息技术发展很快，设备的折旧速度会在几年之内使本来非常先进的设备变得落后。

第六节　数字方志馆的管理

数字方志馆不仅是一种新型的方志馆管理系统和方法，更是对传统方志馆业务模式的升级换代，因此在运行模式、安全风险、人员组织等多方面都对原有方志单位有了新的要求。只有建立足够专业和具有适应性的管理和运维体系与之相匹配，才能保证数字方志馆的建设成果得到保证和不断发展。这就需要各方志单位在制度建设、专业队伍组建以及管理思维转变上做出更多功课。

一　数字方志馆的风险因素以及控制方法

（一）信息技术风险

数字方志馆作为一个综合、复杂的信息管理系统，其建设势必涉及众多的软硬件设备、第三方服务和专业公司开发技术等。尽管可以在前端采取制定技术路线、遵循技术标准等防范措施，但众所周知，信息技术的发展是日新月异的，在系统建设时采用的有关技术和标准可能随着时间的流逝而脱离主流技术路线，从而带来较大的风险。

因此，在系统的总体设计和具体实施过程中，应通过深入扎实的调研，对国内外类似项目所采用的软硬件平台和技术标准有清晰的了解，进行综合比较、分析论证，选择最主流、先进、成熟、稳定和实用的技术进行建设，把这方面的风险控制在最低限度。

（二）日常运行风险

在数字方志馆建设完成并实际运行后，系统的安全问题将会出现在多个点面，如系统管理维护、用户数据存储、系统数据传输等方方面面都会涉及安全性的问题。因此，整个系统在安全方面存在很大的风险。

所以在项目设计环节，就要把安全建设作为重点进行全面考虑，建成的系统必须满足安全运行的要求。同时，风险评估及风险管理的实施也将与项目建设同步进行。

1. 系统运行安全控制：通过建设有效的、可执行的系统运行日常管理制度，使用经过有效培训的系统管理人员进行日常管理，切实保证系统的运行安全。此外，还需要建立良好的防病毒、防攻击体系，以便确保系统的正常运行。

2. 系统数据安全控制：通过设计有效的数据备份、存储管理方案，切实保证系统中数据安全。

3. 数据传输安全控制：通过采用安全的传输协议和加密措施尽可

能地提升系统数据传输的安全等级。

（三）人员风险

在数字方志馆建设及日常运行过程中，会有方志馆人员、外包建设人员、项目服务人员、关联单位对接人员等参与到系统的建设、管理和维护工作中来。如果内部或外部单位的有关人员出现安全问题，将会对项目的建设以及运行造成极大风险。

因此，在数字方志馆的建设和运行过程中，应制定并严格执行人员管理制度，包括信息安全责任制度。对于外部参与项目的人员，更要做好人员报备、减少关键环节建设人员变动、人员政审、保密协议签订等工作，从制度和管理两方面来降低人员因素造成的风险。

二　建立有效的日常管理和领导机制

针对数字方志馆的运行特点，制定有效的管理和领导机制。

落实领导责任制，建立完善的数字方志馆管理体系，保证数字方志馆的正常运转。做到设计专门管理部门、明确岗位职责、做好人员配备、制定管理制度等。特别是设计好层级管理模式，实现总体领导和分部门管理的机制。

（一）领导机构

该机构为整个数字方志馆的领导机构，负责数字方志馆的整体建设、实施、改造、运行等全面事务，可制定建设目标和路径，调配各方人力，明确各方职责和权力，监控整个数字方志馆的运行。

（二）运行维护组

该组承担数字方志馆的日常运行维护责任。建立专门的运行维护工作组，总体服务项目运行维护。对数字方志馆的网络、硬件、系统软件、安全等相关基础设施和保障措施的实施进行全程监督、指导。解决各部门在使用系统中遇到的各种技术问题。处理数据迁移、对接、加工等具体技术问题。

（三）安全组

该组主要负责数字方志馆在运行过程中的安全保障问题。包括对网络、系统、资源以及人员安全的各种隐患进行检测，第一时间处理和上报有关问题等。

三 人员的培训

由于数字方志馆的应用对象不仅限于信息技术部门，方志馆内各部门人员均是数字方志馆的使用者和管理者，多部门业务都将通过数字方志馆的系统平台进行工作。因此，对人员的培训也不仅仅是对信息专业人员的培训，也是对方志馆全体人员的培训。

（一）技术人员的培训

为保证数字方志馆的建设目标达到设计目标，首先需要对实际操作管理系统、平台、网络等关键岗位的人员进行大量、长期的专业技术培训和应用软件培训工作，逐步建立一支既熟悉方志业务又懂计算机技术的复合型专业技术队伍。

在实际工作中，可以通过邀请外部专业人员指导方志馆技术人员，以及让有基础的人员参加有关培训，同时鼓励自学、边干边学等方式，迅速组建起基本的技术队伍，也可有目的性地招聘具有相关经验的专业人才，加入数字方志馆的管理队伍。

（二）方志馆其他岗位人员的培训

数字方志馆建立后，传统的方志馆业务工作方式也会发生较大变化。比如修志的资料逐渐以数字资料代替纸质资料，资料的调取采用平台借阅的方式，资料征集可采用线上模式，资料的保管与智能库房相关联，等等。因此，全馆人员都应熟悉数字方志馆的基本使用方法，并利用新的系统，完成原有岗位工作。

可组织全单位人员集中培训，通过本单位技术人员的讲解，让全馆人员了解有关系统的使用方法。也可在日常工作中，采用技术随时指导的模式,逐渐培养全馆人员习惯于用系统解决原有工作内容。

  同时,只有各单位、各部门人员熟练使用数字方志馆系统,才能发现数字方志馆在实际应用中出现的技术缺陷和改进方向,保证数字方志馆功能的不断强大和迭代发展。

第九章 方志馆科研与管理

1981年，中国地方史志学会在山西省太原市成立，成为我国第一个全国性研究地方史志的群众性学术团体。在成立大会通过的章程中，其"基本任务"如下。

一是团结广大地方史志研究、编修、教学、出版工作者，协助有关领导部门制定统筹规划，组织分工协作；

二是提倡中国地方史的研究、编写和教学，努力提高地方史理论，普及地方史理论；

三是推动对历代地方志及方志学的整理、研究和出版工作；

四是开展宣传工作，协助有关部门，广泛深入持久地征集地方史志资料；

五是积极倡导用新的观点、新的方法、新的资料编修新的地方志；

六是加强国内外学术交流，引进外国研究中国地方史志的成果和资料；

七是编辑出版《中国地方史》杂志，作为全国地方史工作进行联络和交流学术的中心。[①]

从中可见，早在20世纪80年代，地方志系统的工作者已经深刻认识到，做好史志工作涉及面广，横跨多种学科，思想性、学术性较

---

① 来新夏主编：《中国地方志综览（1949—1987）》，黄山书社1988年版，第267页。

强，必须充分重视科研工作，积极联合和组织各方面的专业人员，加强方志学理论与实践研究。方志馆作为史志工作新的事业支撑点，必须重视科研工作，并长期予以关注。

方志馆的科研工作主要是针对方志馆的职能、藏品以及与方志馆性质、任务关系密切的相关学科的研究。

第一节　方志馆科研工作的意义

方志馆是收藏机构、教育机构、科研机构三者的统一体。三者并存共生，成为一个相互促进、相互作用的有机整体，才是完整意义上的方志馆，其中，科研是方志馆收藏和教育工作的基础。方志馆开展馆藏研究、策展研究、讲解研究、宣教研究等，可以为提高展览水平、服务水平和方志馆内从业者的专业素养提供必要支撑和动力。随着方志事业的发展，方志馆的科研范围也在逐步扩大，比如关于方志馆藏品体系的研究，根据馆藏规划和展览规划制订的征集计划相关内容的研究，藏品和库房机房等安保业务的研究，等等。无论是专业性较强的学术研究还是更注重现实应用性的普及性研究和服务性研究，都将有助于提升地方志机构和方志馆从业者的整体业务水平，以及方志馆工作的科学规范性。

方志馆的科研工作不同于纯研究机构，研究机构要对本学科领域的发展和国家科研生产负责，而方志馆的科研工作主要是为了推进方志馆的全面发展，其中尤重服务于方志馆展览、馆藏、宣传教育、信息化建设以及地情文化研究。就每一个具体的方志馆而言，又都有各自的研究范围和重点。但是无论从事方志馆哪一方面的研究工作，都应该属于方志馆科研工作的范畴。

虽然方志馆主管部门和方志馆从业人员一致认为科研工作在方志馆占有很重要的地位，但是我们也看到在方志馆的实际工作当中，出于客观原因或人为因素，各个方志馆之间的科研工作还存在很大的差距，科研工作的重要性并没有得到充分的落实和体现，同时，对于科研工作潜在或深层次影响的认识也存在明显差异。

第二节 方志馆科研工作内容

一 方志馆科研工作应有计划、分阶段开展并完善科研规划，为科研工作长足发展提供保障

地方志这一学科门类，虽然有着悠远绵长的发展史，但学科独立却一直未能完成。方志馆作为地方志发展的全新增长点，其定位、功能等诸多自身研究还有待深入，其业务涉及的博物馆学、策展、社会教育、宣传、图书馆学等诸多学科都有大量可开展的科研课题。而当前一个现实的问题就是方志馆从业者乃至地方志从业者人员学历水平整体相对不够高，科研能力有待增强；社会大众和高校研究人员对方志馆接触不多，科研参与性与重视程度不够。总之，我们应该认识到，方志馆科研工作整体水平的提升不是短期行为，它是一个长期的过程，全国各省市区县乃至村镇方志馆都要尽可能充分发挥自身的科研优势，扬长避短，才能在较短的时间内有所突破。因此，科研规划要有前瞻性的同时也要有针对性，既有愿景规划也要面对现实问题，要紧跟新形势和科研前沿问题研究，不断和各地方志馆的具体实际、具体工作相结合，从而逐步实现多学科、多层级、多层次的科研成果格局。科研处在做方志馆的科研规划时，要高屋建瓴地去做顶层设计引领，要结合方志馆年度任务和主要工作实际去分析和研究、规划方志馆的整体科研工作，为方志馆的发展规划方向，做好引领和顶层设计工作，为方志馆的建设积极建言献策。

二　要建立健全方志馆学术委员会章程及相关的各项规章制度，重视并充分发挥学术委员会作用

方志馆的科研管理工作内容多样，除了大家熟知的常规工作外，一般还负责本地地方志学会或者地方志学会方志馆分会等学会工作，还要负责本馆学术委员会秘书处的工作，要对方志馆科研工作、科研任务做统一规划、管理和分配，负责筹备组织对馆内重大学术问题、重大业务进行研讨和论证，有的还要负责组织开展职称评审、人员引进等，要时刻关注和着力提升本馆业务水平、科研水平。学术委员会的成员应配合方志馆领导班子安排，在重大学术研讨、重大业务决策中发挥作用，为方志馆的馆藏、展览、信息化、宣教等主业发展做出指导。要利用现有资源，不断完善健全学术委员会档案和各项规章制度，使方志馆学术委员会能够真正发挥有效作用。

三　要不断创新科研管理工作，进一步拓展方志馆从业人员的科研视野

随着方志事业的快速发展，方志馆的从业人员在工作中需要有创新观念和开阔的视野，找准自己的业务发展定位。科研管理部门要针对方志馆的定位和宗旨，通过组织各类方志馆行业研讨会、学术讲座，创办宣传专业学术期刊等多种形式促进科研工作人员拓展科研视野。

为全面了解读者需求现状，2020年11月27日，国家方志馆面向全国方志馆建设研讨会全体参会人员进行了调查。调查采用书面调查问卷形式，调查范围覆盖全国地方志系统人员中20—60岁4个年龄层，职务级别包括科员、科长级、"处级或调研员或副研究员"、"局级或巡视员或研究员"4个层级，学历包括本科以下到博士研究生多

跨度的人员。调查共发出问卷200份,回收有效问卷92份,回收率为46%。在调查人员中,处级以上干部达到67人,占比73%;硕士以上达32人,占比35%。调查结果说明,目前地方志系统人员整体素质大为提升,参会人员中处级以上干部占绝对主体,而硕士以上学历人员已经日趋主流,博士占比突破5%。这些人员尽管绝大多数是公务员或者参公人员,没有科研任务要求,但是依然有一半以上的人"保持经常阅读学术刊物的习惯",且愿意投稿,同时也有一半以上的人选择"因为工作繁忙,没有时间沉下心来思考写作"。这一现象充分说明,地方志系统中青壮年骨干人员学历层次普遍较高,受过严谨的学术训练,具备良好的科研习惯,并继承了传统的地方志人"坐得住冷板凳、沉得下心来搞业务"的优秀传统,即便受公务员身份约束,不能参与科研考核和奖励,但是在没有直接利益驱动的前提下,依然对钻研业务抱有一定热情。科研部门应加强政策制度研究,以突破公务员群体开展科研受局限的瓶颈,为事业单位从业人员提供更多更好的科研条件。

四 方志馆科研工作要建立定期考核和奖惩机制

不仅是方志馆,几乎在所有的科研单位里,其科研管理部门不仅要为业务人员开展职业规划和提升业务学习提供帮助、加强督促,同时也要对单位业务人员的科研情况加以统计和管理,如发表论文、论著成果统计,申报课题立项数量统计,还要协调开展科研任务分配、奖惩发放的监督管理等。

科研管理中,对于工作人员在学术界公认的重要论文数据库(以人文社科类为例,如南京大学"中文社会科学引文索引(CSSCI)来源期刊"、北京大学的中文核心期刊、中国社会科学院文献信息中心"中国人文社会科学核心期刊"、中国科学信息技术研究所的"中国科技论文统计源期刊"等)中入选刊物上发表论文的,在国家重要出版社出版论著、编著、译著等的，或著作、结项报告等科研成果受到各级政府、科研管理部门奖励的，或课题入选国家或者各省部委基金资助的，经过评审应考虑给予其适当的精神和物质奖励。有条件的单位可以考虑逐步增加在部门工作考核中科研工作的分值，并着力创造条件使这些内容融入部门及个人的年终考核内容，使个人的业余活动有条件与部门工作结合，从而逐步提高方志馆从业人员的科研积极性。

第三节 方志馆科研工作的原则及内容

科研工作原则是方志学科学研究必须遵守的基本要求。

一 科研工作的原则

2016年中指办发布《关于加强全国地方志科研工作的意见》，其中对科研工作的原则规定如下。

一是坚持正确的政治方向和学术导向。地方志科研工作应增强政治意识，牢牢把握正确的政治方向和学术导向，始终坚持以马克思主义的世界观和方法论为指导，把马克思主义基本原理和贯穿其中的立场、观点、方法运用到实践当中，指导地方志科研工作的全过程。

二是坚持为地方志编纂实践服务。地方志科研工作应以指导地方志编纂实践为出发点、落脚点，紧紧抓牢修志、编鉴、写史三大实践载体，突出重大理论创新意义和现实应用价值。应集中对实践工作中出现的新情况、新问题进行深入理性的探索研究，总结提炼实践经验，不断提升理论研究水平，揭示地方志工作的本质规律和发展趋势，引领地方志事业健康发展。

三是坚持创新发展。地方志科研工作应尊重和借鉴前人的科研成果，在继承基础上坚持理念创新、方法创新，促进方志理论创新。应坚持科学的工作思路和举措，加强创新能力建设，进一步推进学科体系、理论与学术观点、科研方法与手段、科研组织与管理创新，为地方志事业创新发展提供理论支撑。①

为贯彻落实中指组《关于加强全国地方志科研工作的意见》，方志馆的科研工作在深入理解消化意见的基础上，还应遵循如下原则。

（一）基础性原则

方志馆为了对收藏的大量藏品和文物、标本进行科学的整理和保管，必须进行一系列的科学研究工作，以便揭示藏品所具有的科学、历史和艺术价值，从而实现方志馆的管理和社会效益目标。关于"物是场馆存在的价值源泉"这一点，博物馆学已故学者苏东海亦早有评述："博物馆物是博物馆存在的物质基础，是博物馆功能发生的根据，是博物馆价值的源泉，有什么样的物就有什么样的博物馆。博物馆物的一切精神现象都是博物馆物质存在的反映。研究博物馆的物就是研究博物馆的核心要素，研究博物馆本质的核心。"② "如果我们在加强藏品的科学研究的同时，加强藏品的人文内涵的研究，追寻每件藏品的故事及其中蕴含着的动人心弦的情感，那我们的藏品研究将会进入更广大的领域；我们的观众将会流连于文物的情感之中，驻足不去。"③

可见，科学研究是方志馆、博物馆等类似场馆活动的基础，担负着藏品与参观者、来访者之间的桥梁作用，无论大小，一家方志馆存在的价值之一就在于有效地通过馆藏藏品及其研究成果为社会公众服务，没有科学研究的方志馆不是一个健全的方志馆。

（二）客观性原则

客观性原则是指在方志学及其相关学科（如博物馆学、策展学等多

---

① 《中指组印发〈关于加强全国地方志科研工作的意见〉》，中国方志网，http://www.difangzhi.cn/yw/2017/201701/t20170113_4946738.shtml。
② 苏东海：《博物馆物论》，《中国博物馆》2005年第1期。
③ 苏东海：《博物馆的沉思——苏东海论文选》（卷二），文物出版社2006年版，第64页。

学科）的科学研究中应坚持实事求是，征集、收集、分析、研究资料都要客观，防止以偏概全。在开展科研的过程中，要注意科学、客观地全面分析研究对象，要根据客观事实的本来面目加以考察，排除一切主观偏见。

（三）创新性原则

方志学本身是一门年轻的学科，其基本理论体系还不健全，方法论也有待探索，大量实践经验有待进一步总结，不少领域还有待开拓创新，国内外的先进经验也有待研究和有选择性地引进应用，因此，科学研究必须在与方志馆业务紧密结合的基础上开拓创新。

（四）因地制宜原则

方志馆行业特征比较明显，同时地方经济发展的不平衡性也决定了各地方志馆办馆的差异。因此，方志馆的科研工作一定要注意克服盲目"贪大求洋"和"大项目申请不下来，小项目做着没意思"的思想，充分认识本地区地理历史、社会、政治、经济、文化特点，分清自身的优劣势，从本地的实际出发，因地制宜开展科研工作。

二　科研工作的主要内容

对于各地的方志馆来说，一般的科研工作都要围绕下列几项主要业务工作展开。

1. 研究和鉴定所有藏品的真伪、年代、来源（产地）、制作工艺、用途、形制、花纹和化学成分等，以作为保管及陈列的依据。"物品研究可以由不同的人在不同的层面上进行。通常情况下，由艺术史学者研究艺术品，由自然学家研究生物样本等。此外，让专家们研究自身领域之外的物品也会富有成效，发挥一定的启迪作用。以不同的方法和技术开展研究，往往能揭示出物品的一些新信息。物品研究绝不局限于藏品管理者，例如文保人员和教育主管都可以做出重要的贡献。具备某些特殊技能的志愿者和学者，特别适合进行物品研究。"①

2. 研究馆内的陈列提纲、陈列原则以及陈列展览的内容、形式设计，以便系统制订陈列计划。

3. 研究文物的科学保管、科学化管理、宣教工作中的科普教育等。

4. 研究与本馆性质、任务有关的文献资料。

5. 组织业务人员有计划地编写专著、论文及科普读物；经常性地开展学术交流和讲座，营造良好的学术氛围，提高从业人员素质；等等。

第四节　科研规划

科研规划是指为推动学术进步和创新，方志馆对一定时期内的科研工作加以调研后拟定发展方向、中长期和短期目标和任务，并结合工作实际拟订具体科研工作计划。

一　科研规划的原则

方志馆科研规划要坚持全局性、前瞻性、务实性和可操作性原则。科研规划是方志馆顶层设计的直接体现之一，也是方志馆各项工作开展的学术支撑和保障。正如李经汉所说："一个好的科研规划，往往又是一个学术水平的反映。"② 在制定方志馆的科研规划时，首要任务就是要从宏观角度充分考虑方志馆当前业务工作发展和对社会承担的责任。同时也要考虑到方志馆现有概况和实力，包括从业人员、资料条件、今后发展的中长期目标和愿景，以及困难多、条件不足但创造

---

① ［英］蒂莫西·阿姆布罗斯、克里斯平·佩恩：《博物馆基础》，郭卉译，译林出版社2016年版，第187页。

② 李经汉：《关于博物馆科研工作的探索》，《中国博物馆》1986年第3期，第62—66、69页。

条件可以实现的科研课题和任务。在制定方志馆科研规划时，方志馆领导层和科研管理部门应当熟悉馆内实际，包括业务实际和科研人员实际，对相关课题和任务做好充分必要的准备，开展科学深入的调查研究，对重大课题、涉及学术科研的重大业务活动和事项要进行必要的研讨，要充分尊重馆内学术委员会以及业内外相关领域专家学者的意见，也要利用好馆内自身科研力量群策群力，使科研规划真正落在实处，成为动员方志馆从业人员集体参与科研、开展科研的动力。

二　科研规划的内容

科研规划内容一般包括指导思想、发展思路、发展目标、主要任务、保障措施等。

三　科研规划的起草与审定

科研规划由方志馆科研机构根据方志馆事业发展需要、工作要求以及本单位科研工作实际情况进行起草。

科研规划起草完成后报经主管领导审核，报方志馆学术委员会讨论；未设学术委员会的，邀请行业专家召开专家论证会讨论，根据讨论意见进行修改。修改稿报经方志馆馆务会审议通过。馆务会审议通过后就可以正式颁布实施。

第五节　课题管理

课题管理是指课题申报立项后，对课题负责人及项目实施的过程进行管理，重点是经费管理、常规督查和课题验收三个环节。方志馆的科研机构应该制定具体可行的课题管理办法，以制度确保科研课题的顺利完成。

一 课题管理职责

方志馆科研课题管理的职责在于创造浓厚的科研氛围,优化科研环境,有效配置科研资源,最大限度地激发科研人员参与科研的积极性,最终推动方志事业的蓬勃发展。具体如下。

1. 确定方志馆研究课题指南。
2. 组织和指导馆内课题的申报、立项评审、中期检查、成果鉴定。
3. 组织上级科研课题的申报、中期检查工作。
4. 管理监督科研课题经费的使用。

在具体的科研课题管理过程中,首先,要做好指导工作,要抓好课题的前期立项准备工作、协助报送申请工作和开题工作。在课题获批立项后,方志馆的相关科研管理部门要及时跟进,不仅要通知课题申报人和负责人,同时也要马上上报方志馆领导层报备,并及时组织课题负责人及课题参研成员认真学习国家和单位科研管理办法,对课题经费使用标准、条件等规定和课题鉴定结项等方面的具体要求加强培训,增强课题负责人对考核时间、考核成果等方面的认识。其次,要注意抓紧抓好课题的中期检查和考核、督促。方志馆的科研管理部门应按期及时组织与课题相关的方志学等学科专家和学者,根据课题的研究对象、研究计划,对科研进度、经费使用和完成情况、课题组取得的阶段性研究成果等进行全面了解和检查,并就课题组提出的研究中所遇到的具体困难和需要科研管理部门帮助解决的问题、下一阶段工作计划等进行研究和协助解决,以确保课题能够严格按照科研计划开展和进行。最后,要特别注意抓好课题的后期鉴定结项。众所周知,研究成果是衡量一家方志馆科研部门的科研管理工作水平和成效的重要标志。"科研项目最终形成的是科研成果,按照项目结题程序,认真履行结题验收,既能鉴定项目完成的质量,也能衡量科研管理工作的质量。"[①] 方志馆的科研管理部门在课题研究后期要及时提醒、不断督促课题负责人按期结题。对于方志馆重大招投标课题，要根据课题实际情况组织安排或配合组织学术委员会以一定方式进行项目结项评估，功夫做在前面，防患于未然，早发现问题早解决，尽量提前解决可能为结项带来阻力的问题，并帮助课题组顺利通过鉴定结项。

二　经费管理

1. 课题研究经费主要包括图书资料费、调研差旅费、学术会议费、专家咨询费、仪器设备购置费、成果鉴定费、出版费、管理费等。
2. 课题经费开支要遵守相关财务制度，由课题负责人按经费预算科目支出使用，主管领导和财务部门负责人要对课题经费的使用进行监管。

三　常规督查

常规督查是指科研管理机构对课题实施的进度、经费等进行的监督和检查。

四　课题验收

课题验收是指对方志馆立项课题研究成果的鉴定和验收。课题成果形式主要包括学术专著、论文、研究报告等。

课题验收的基本程序如下。

1. 课题验收组成员在规定的验收流程下，先对课题结题材料汇编进行认真阅读并提出初步意见。
2. 听取课题组主要负责人的专项汇报。

[①] 谢沛善：《浅谈科研项目的全过程管理》，《广西财政高等专科学校学报》2003年第4期。

3. 验收组成员对课题研究的原始资料和流程逐一核查，这是了解课题真实性与可靠性的主要手段，是课题验收的最关键环节。

4. 验收组成员意见的个别反馈和集体意见交换。通过集体复议与决议程序，最终保障课题意见的科学性、客观性、公平公正性。

5. 课题验收人员应撰写课题是否通过验收的鉴定报告书。

课题的成果鉴定是指课题研究在规定的研究期限截止后组织专家对研究成果实施鉴定，具体要求如下。

1. 成果鉴定组由3—5名专家组成。其中项目负责人所在单位的专家不少于三分之一，课题组成员不得担任本项目的成果鉴定专家。

2. 专家组必须坚持独立、客观、公正、科学的原则，恪守职业道德，自觉接受社会监督。

3. 方志馆的科研机构作为鉴定组织者，应真实、准确地反馈鉴定专家的意见。

4. 项目负责人对鉴定不予立项的鉴定结果有异议的，可申请复议。复议须说明具体理由，并由三名以上具有正高职称的同行评议专家联名提出申请，重新组织专家进行鉴定。同一项目成果只能复议一次，复议结果为最终鉴定意见。

第六节　学术管理

方志馆的学术管理工作主要由学术委员会和研究部门组成。

一　学术委员会

学术委员会是方志馆的学术咨询、评议机构，也是方志学研究的指导机构，有条件的方志馆应成立学术委员会。学术委员会的组成人员包括馆领导、馆内专家、外聘行业专家等人员。

中国地方志指导小组领导下的各省市地方志机构，大多为参考公务员管理单位，而各地的方志馆则大都为事业单位。绝大多数方志馆在创设之初，对人员编制的考虑尚停留在当时的历史阶段，对专业人才的编制未能及时、足量预留。这就导致当下的方志馆绝大多数还是以行政管理岗位人员为主。这样的格局导致的一个直接的后果就是在开展科研工作时，容易出现行政领导双肩挑的状况。有人认为应该避免这类情况："为了避免在科研领导工作中的双轨制，我们认为学术委员会超脱一些好，尽量减少它的行政色彩，特别突出在学术和主要业务活动中指导和评议方面的权威性和智囊作用。诸如工作规划和年度计划的制定，科研规划的制度，要经学术委员会充分讨论，并在学术委员会指导下实施。业务人员工作业绩、科研成果和专业职务的评定，学术委员会的意见应起重要作用。"[1] 而有的学者则认为，"学术行政人员即'双肩挑'人员应参与学术治理。目前对于学术行政人员参与学术治理的担忧，主要在于害怕其行政权势压制学术声音。但学术利益与行政利益存在着很大的冲突，而我们无法判断这些'双肩挑'人员在学术决策过程中是否会忽略其行政身份而只保留其学术身份，或者说他们是否能够从学术发展目标出发进行表决。不可否认，学术治理不是单纯的学术决策，其必然伴随着决策后的执行问题，故而学术治理必须尊重实践的逻辑。而学术行政人员兼具学术地位和行政权威两方面的优势，在学术事务讨论过程中既非局外人也非完全的局内人，所以他们的意见是非常重要的。对于这类群体，国外大学一般采用'参与但不表决'的办法，国内大学一般采用'参与但限制席位'的方法"。[2] 考虑各地方志馆实际，很多方志馆人员编制仅是十数人，如果一味极端抗拒双轨制，拒绝行政负责人参与学术委员会工作，恐怕并不利于事业发展和科研开展。所以，"参与但限制席位"的方

---

[1] 李经汉：《关于博物馆科研工作的探索》，《中国博物馆》1986年第3期。
[2] 王洪才、毛芳才：《我国高校学术委员会的生成逻辑与优化路径》，《厦门大学学报》（哲学社会科学版）2021年第1期。

式恐怕更适合当前现状。学术委员会的主要职责如下。

1. 主持制定和审议科研规划与计划、国内外学术交流及馆内重要业务项目。

2. 评定或授权评定方志馆科研成果、项目、评奖以及有关人才人事岗位人选的学术水平。

3. 受理本单位内学术不端行为的举报并负责开展调查，裁决学术纠纷。

4. 定期召开地方志学会方志馆分会年会，提高方志馆界从业人员的学术科研热情和参与度，并借此机会鼓励科研人员积极发表相关成果，有条件的可以考虑评奖表彰及物质奖励。同时，有条件的方志馆可以积极申请筹办和出版刊物等。

二 研究部门

研究部门是方志馆成立的专门从事专题项目研究的机构，也是方志馆学术委员会制订科研计划、组织科研工作、编辑出版期刊和论著、组织馆内外学术活动的专门办事机构。

第七节 科研档案

科研档案是方志馆开展科研活动的保障和记录。"科研档案是指在科学技术研究过程中形成的，具有保存价值的文字、图表、数据、声像等各种形式载体的文件材料，是科学技术研究活动的真实记录，是科学技术储备的一种形式，是一项重要的信息资源，是单位的宝贵财富。"[1] 科研档案是方志馆科研活动的真实记录，必须对其实行集中统一的规范管理，

---

[1] 徐玲、李红梅：《如何做好科研档案管理工作》，《中小企业管理与科技（上旬刊）》2009年第4期。

确保档案的清晰、完整、准确、安全,以便查阅和使用。

一 科研档案的价值

方志馆业务众多,涉及方志学、历史学、博物馆学、图书馆学、策展学等,很多方志馆建立时间不长,科研业务围绕多学科开展活动,科研过程和科研成果的日积月累,是方志馆高质量可持续发展的业务保障。所以,规范、完整、准确地记录、保存科研档案,可以为后续的课题考核审计、方志馆相关业务的继续开展和提升积累经验和参考资料。科研管理部门应注意科研全流程都应及时保存原始记录,这种原始记录材料就是科研档案。科研档案是方志馆开展科研活动的必要条件之一,科研活动是一个不断利用科研档案的过程。方志馆形成和保存的科研档案,凝结着方志馆从业人员的巨大劳动心血,对方志馆发展史的研究有重要的价值。

二 科研档案的建立

方志馆科研档案的建档范围主要包括以下几方面。

1. 科研准备阶段中与科研课题有关的审批文件、申请书、任务书、委托书、开题报告、中期考核报告、课题研究计划、经费预算、协议书、合同等文件。

2. 研究阶段中开展的考察和调研、田野调查、口述史调查与访谈等的原始记录、工艺和技术说明、样品、实物、标本照片等。

3. 总结验收阶段中工作总结、科研报告、论文、专著、技术鉴定材料、经费预算决算材料等。

4. 成果鉴定和奖惩阶段中的成果申报材料及审批材料、证书、获奖证书以及在社会中推广应用的产生了经济效益和社会效益的有关成果证明材料等。

三　科研归档要求

1. 科研材料应及时整理和归档。

2. 归档的材料必须字迹工整、图样清晰，要用碳素墨水、蓝墨水书写，以便长期保存。文件材料必须是定稿原件，图片必须存底片、底图。

3. 移交档案时，课题负责人、立卷人、接收人须在《移交清单》上签字盖章。

四　科研档案的管理

方志馆的科研机构负责科研档案的接收、整理、编目等工作，并对其进行集中管理，以保证科研机密和科研档案的安全，并对科研档案工作定期进行检查。

1. 要加强宣传教育，提高方志馆科研人员归档的自觉性。

2. 纳入立项合同，增强科研归档工作的约束力。方志馆的科研管理，应注意在科研课题立项之初，就和课题负责人签好合同，合同条款中应明确中期考核和结项考核的方式和成果、验收标准等内容，以便规范方志馆科研管理档案。

3. 要强化科研档案知识培训，提高科研管理部门工作人员的档案保密和安全意识。

4. 要及时跟踪、提升并掌握现代化档案管理技能，以便高效便捷地利用日新月异的现代化科学技术整理档案，实现方志馆科研档案管理的现代化。

5. 提高科研档案人员业务素质，监督科研人员及时归档。

第十章　方志馆安全工作

方志馆安全工作是指采取各种防范措施，使方志场馆、藏品、设备、人员的安全得到保障。方志馆的安全工作包括制度建设、应急预案制定、设施管理、防护措施等几个方面。

第一节　方志馆安全工作的原则

一　安全工作目标

方志馆是进行国情、地情教育和爱国主义教育的公共文化服务场所，人员相对集中，容易出现安全事故。为了保证场馆、藏品、设备以及人员的安全，方志馆要切实做好安全防范工作，做到无火灾事故、无盗窃行为、无人身伤害事件、无治安刑事案件等，以保证方志馆工作的正常运行。

二　安全工作分类

方志馆安全分为图书藏品安全、展厅安全、库房安全、设备设施运行安全、环境安全、人员安全等诸多方面，不同的方面须采取与之相对应的安全保卫措施。

(一) 图书藏品安全

图书藏品是方志馆赖以存在的基础，方志馆内的藏品以纸质图书为主。根据藏品的存放地点及存放方式，可将方志馆藏品安全划分为馆内展厅藏品安全、库房藏品安全、外展藏品安全等几个方面。

1. 馆内展厅藏品安全

方志馆展厅藏品安全包括展览布置、展出和撤展三个阶段的安全工作。安全保卫部门负责布展中的安全工作，如事前查看展览场地、审查消防内容、签订安全施工协议、培训施工人员、监督工程实施以及管护展览现场等。藏品保管部门负责管理展柜内的藏品安全。两个部门在各司其职的同时，还要互相配合，交流信息，以确保展厅藏品的安全。

2. 库房藏品安全

方志馆库房藏品安全工作由藏品保管部门负责，紧急情况下安全保卫部门可采取特殊处置措施。在日常工作中，库房管理员在对藏品进行验收、整理、提用的过程中要严格遵守库房管理制度，防止藏品丢失或损毁。比如，库管员在整理纸质藏品时，不得携带液体类用笔进入库房，以防笔水污染藏品；再如，接触纸质藏品时必须戴消毒手套以防汗渍留在藏品上造成藏品污染。

此外，方志馆库房及周边区域的安全由安全保卫部门统一负责。

3. 外展藏品安全

外展即藏品离开馆内外出展览，与馆内展览的区别在于，馆内展览是固定的展览，展品安全因素相对可控，而外展是流动性的展览，由于受外展环境多变性与不可预测性等因素的影响，外展安全工作需要格外提高警惕，加强保卫等级或增加必要的保护措施。

藏品的转移、交接安全以及展览环境安全由安全保卫部门负责，藏品的布展、展出和撤展安全由方志馆展览部门负责，或由临时组成的展览工作小组负责。各部门要提前做好协调工作，以确保外展藏品的安全。

(二) 展厅安全

展厅内展品、环境、人员以及设备设施的安全均属于展厅安全的范畴。

1. 布展、撤展期间的安全

展厅布展和撤展期间的安全工作主要由方志馆展览部门和保卫部门共同负责（或由临时组成的展览工作小组负责），包括钥匙管理、展厅设施设备、环境安全及现场监督，具体工作如下。

（1）负责钥匙的工作人员要做到按时开关展厅，不得私自将钥匙转交他人，也不得让其他同事代为管理。

（2）与施工单位签订安全施工责任书，为施工人员配发入厅通行证，凭证入厅，保证展厅内除施工人员外无其他闲杂人员等。

（3）定期检查展厅内外的设施设备，确保其处于正常状态。

（4）定期监督和巡查施工现场，如有问题及时纠正，情况严重时应立即停止施工。

2. 展厅开放期间的安全

展厅开放期间是人流量最大的时期，除了顾及展品、环境、设备设施的安全，还要保证入馆观众的安全。展厅开放期间的安全主要由展览部门和保卫部门工作人员负责，具体工作如下。

（1）展厅开放前认真检查门窗和封锁；展厅关闭前要做好清场工作，清场结束后拉闸断电、封锁所有出入口。

（2）对展厅内的展品、设备设施要相当了解，熟悉展厅环境，对消防、报警器材的位置及使用方法熟记于心。

（3）在观众参观期间要尽职尽责，做好巡视工作，适时维护展厅内部秩序，不得玩手机、相互攀谈，更不得擅离职守。

（4）须具备应急事件处理能力，如遇险情，能快速、妥善解决。

3. 展厅关闭期间的安全

展厅关闭时的主要工作是清馆静场，关闭后的主要工作是值班巡查。

（1）清馆静场要求

工作人员须分工明确，按展厅次序进行清场，提前做好清场准备，不得延误时间。

清场工作分三步。

a 检查展柜、藏品是否完好，展柜与墙壁缝隙之间、消防设施周围是否有可疑物品，展厅内是否有易燃易爆物品。

b 检查多媒体设施电源是否关闭，门窗是否锁好，门磁是否正常上电。

c 检查公共区域、人行通道、卫生间内、安全出口处、服务台处、观众休息区是否有滞留观众，是否有可疑物品及易燃易爆品。

（2）值班巡查要求

a 展厅工作人员和警卫人员值勤时，必须忠于职守，不得替岗、脱岗、漏岗。

b 重点部位重点巡查，做到先听、后看、再查，听有无异常声响，看门窗、封锁是否完好，查有无其他安全隐患。

c 熟记报警装置和消防设施的位置，熟练使用GPS巡查跟踪系统和各种器材装备。

d 熟悉各种报警联络方式，如遇紧急情况，立即上报，并及时按预案处置。

（三）库房安全

库房安全包括库内藏品安全、设施设备安全及外围环境安全三方面。藏品保管部门负责库内的藏品及设施设备安全，安全保卫部门负责库房外围环境安全。

1. 库房钥匙管理

方志馆安全保卫部门负责藏品库房大门及通道钥匙的保管、记录和领取；藏品保管部门负责藏品库区内各库房钥匙的保管、记录和领取，两个部门分工不同，共同配合，需注意以下几个方面。

（1）保卫部门工作人员须上报主管领导批准后方可进入藏品库房。

（2）库房保管员认真填写《取还钥匙记录表》后方可领取库房钥匙，两人同行，互相监督，同时登记，为保证记录的真实性、可靠性，记录内容不得有假、有误，如有错误，按顺序改写，无须涂改前记录；如发现有虚假记录，将严查并做出响应处理。钥匙登记簿从库房登记簿管理处领取，用完后以旧换新，旧本留作存档。

（3）如发现库房门锁老旧或损坏，需及时更换，更换前必须报请保卫部门负责人与藏品保管部门负责人同时批准，批文存档。

（4）严禁以个人名义动用和私配库房钥匙。

2. 库房总库门出入管理

安全保卫部门负责库房的出入管理，定时巡查，按时记录，发现异常情况要及时上报。

（1）安保部门工作人员要加强库区的安全巡查，并在每天工作结束时对整个库区进行清场，以防有人或物滞留库区。

（2）藏品库房工作人员进入库房时，要按规定出示工作牌，以便进行身份核查。所有出入库房人员须在入库登记册上登记出入库时间、部门（或单位）、姓名和工作内容。

（3）严禁非工作人员进入库房，如有特殊情况需要进入时，须报请相关领导批准，在有批文的前提下，由相关库房工作人员陪同入内。

（4）藏品入库时，须经总库门管理人员进行安全检查，以防有毒、有害及危险品进入库房。藏品出库时，须经领导批准后办理相关出库手续，由总库门管理人员进行检查、登记后，方可出库。

（四）设备设施运行安全

方志馆内设备设施的安全标准要符合国家的规定。方志馆中所运行的设备设施是否安全直接关系到藏品安全和人身安全，如方志馆内的强弱电设备、消防设备、温湿度控制设备、技防监控设备、通风设备等。

（五）环境安全

环境安全是指方志馆内藏品环境是否良好、温湿度是否合理、有无病虫害等，包括展厅、库房及其他区域的环境安全。

（六）人员安全

方志馆人员安全包括参观展览观众及在岗员工的人身财产安全。

第二节 方志馆安全制度建设

方志馆安全制度是指规范方志馆全体工作人员以及观众的个人行为准则，制度建设是方志馆安全防范体系的基础，主要包括安全保卫制度的制定和岗位安全责任的建立两方面。

一 安全保卫制度的制定

（一）普通性安全保卫制度

普通性安全保卫制度适用于方志馆各项工作，具有普遍性，主要包括：安全设施管理制度、施工安全管理制度、用火用电管理制度、安全责任制度、安全巡视检查制度、安全教育培训制度等。

（二）专项安全保卫制度

专项安全保卫制度针对方志馆内与之相关的特殊岗位，主要包括：藏品安全保卫制度、展厅安全保卫制度、库房安全保卫制度、藏品运输安全保卫制度、技防监控安全保卫制度等。

二 岗位安全责任的建立

岗位安全责任是落实方志馆安全责任制度的保障。方志馆的法定代表人对方志馆的安全负总责；方志馆分管安全工作的领导负次要责任；保卫部门及其他部门的负责人负直接责任；其他工作人员负具体责任。

第三节　方志馆应急预案制定

方志馆应急预案是指方志馆为有效应对各种突发事件而制定的方案，方志馆应急预案的制定、演练由安全保卫部门负责。

一　应急预案介绍

应急预案包括综合应急预案和专项应急预案两类。

（一）综合应急预案

综合应急预案是应对各类事故的综合性文件，从总体上阐述了事故的应急组织、应急原则、应急职责、应急措施以及应急保障等基本要求和程序。综合预案部分主要包括以下内容。

1. 预案总则（编制目的、依据；适用范围；应急预案体系；应急预案工作原则）；

2. 危险性分析（单位概况、危险源与风险分析）；

3. 应急预案组织机构及职责（应急组织体系、指挥机构及职责）；

4. 应急响应程序（应急分级、响应程序、应急结束）；

5. 应急保障措施（通信与信息保障、应急队伍保障、应急物资装备保障）；

6. 应急预案培训与演练；

7. 应急预案奖惩办法。

（二）专项应急预案

专项应急预案是针对具体的事故类别和应急保障而制定的方案，是综合应急预案的组成部分，应按照应急预案的程序和要求组织制定，并作为综合应急预案的附件。专项应急预案应制定明确的救援程序和具体的应急救援措施。

专项应急预案包括针对性的应对措施，主要包括：《消防应急处理预案》《抢劫、盗窃等刑事案件应急处理预案》《自然灾害事故应急处理预案》《对爆炸及可疑爆炸物品的应急处理预案》《对传染病疫情的应急处理预案》《群体事件应急处理预案》等。

二 应急预案演练

应急预案的演练由方志馆安全保卫部门负责组织实施，主要步骤如图10.1。

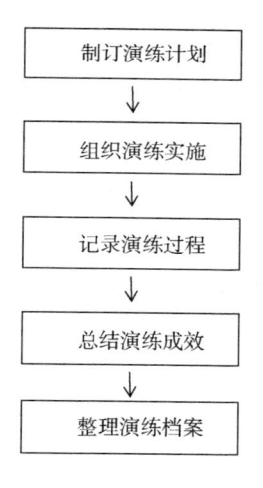

```
制订演练计划
     ↓
组织演练实施
     ↓
记录演练过程
     ↓
总结演练成效
     ↓
整理演练档案
```

图 10.1

需要注意的是，方志馆应急预案演练须定期按时举行，重要节假日和重大活动之前须有针对性地组织演练。

第四节 方志馆安全设施管理

设施管理是指对方志馆内基础设施和安全防护设施的管理，主要包括消防设施、避雷设施、技防监控设施的管理。

一 消防设施

方志馆的消防设施运用了现代信息处理技术、传感技术、自动控制技术和网络通信技术，主要由火灾自动报警系统、气体自动灭火系统、水喷雾自动灭火系统、低倍数泡沫灭火系统等组成。

消防设施管理要求如下。

1. 对消防设施登记造册，建立消防设施档案，做好防火巡查记录。

2. 安全保卫部门每周对展厅、库房等配有消防设施、器材的地方进行巡查，如有问题须及时维修或更换。

3. 每年入冬前须对消火栓进行润滑、防冻等保养维修工作，确保其处于良好状态。

4. 消防器材须定位保管，不得随意挪用或移动，如因工作需要挪动时，应当报请安全保卫部门批准。

5. 消防监控设施须保证24小时正常运行。

二 避雷设施

避雷设施是指接闪器、引下线、接地装置、电涌保护器（SPD）及其他连接导体的总和。

（一）避雷装置

避雷装置包括外部避雷装置、内部避雷装置和电涌保护器三部分。

1. 外部避雷装置是由接闪器、引下线和接地装置组成，主要用以防直击雷的防护装置。

2. 内部避雷装置是由等电位连接系统、共用接地系统、屏蔽系统、合理布线系统、浪涌保护器等组成，主要用于减小和防止雷电流在需防空间内所产生的电磁效应。

3. 电涌保护器是电子设备雷电防护中不可缺少的一种装置，电涌保护器的工作原理是利用元件的非线性特性，把窜入电力线、信号传输线的瞬时过电压限制在设备或系统所能承受的电压范围内，或将强大的雷电流泄流入地，使被保护的设备或系统不受冲击而损坏。

（二）避雷设施管理

避雷设施的管理要求如下。

1. 避雷装置正式投入使用后，要建立管理制度，对避雷设备的设计与安装、隐蔽工程图纸资料、年检测试记录等及时归档，妥善保管并进行定期检测和维护。

检测和维护须有详细记录。记录内容主要包括以下方面。

（1）外部防雷装置的电气连续性；

（2）接闪器、引下线的腐蚀情况及机械损伤；

（3）检查各类 SPD 的运行质量；

（4）检查室内避雷设施和金属外壳、机架等电位连接的电气连续性；

（5）光电探测器件的功能状况，雷击计数器的记录值。

2. 避雷装置检测须按《建筑物防雷装置检测技术规范》的要求执行，由具有检测资质的机构每年（雨季前）检测一次。如有问题，及时维修整改。

3. 与当地防雷减灾机构密切配合，加强相关员工的防雷安全知识培训，提高员工防雷减灾意识。

4. 建立雷击事故应急处理预案。

三 技防监控设施

方志馆的技防监控设施主要包括：防盗系统、防爆系统、入侵报警系统、消防报警系统、视频安防监控系统、出入口控制系统等。

技防监控设施管理要求如下。

1. 技防监控设施的管理人员须经过专业的知识培训与演练，定期考核，持证上岗。

2. 管理人员须对技防监控设施进行定期检查、检测和维护。

3. 防盗报警设施、摄像监视器须确保24小时正常运行。

4. 技防监控室内须配齐安全防范装置，安装专用报警通信设施。监控室电脑上不得安装与工作无关的软、硬件系统。技防监控室严禁无关人员入内。

5. 要保证技防监控设施不得受到施工的影响，如遇特殊情况需移动部分设备时，应当第一时间报请安全保卫部门批准，由专业人员进行操作。

第五节　方志馆安全防护措施

安全防护措施是指方志馆以安全责任制为核心的纵横安全管理体系，包括人防、技防、物防和联防等多种形式。方志馆安全防护要建立以人防为主，物防、技防、联防相结合的四位一体的安全防范体系，为方志馆的藏品提供有效的安全保障。

一　方志馆人防

人防，即人工防护，属安全防护中的主动防护。在方志馆安全防护中，人防占据主导地位。再先进的设施设备，也需要人的正确操作，只有将人防与技防有效结合在一起，做到及时发现、果断处理，技防才能发挥作用。否则，设备再先进也是徒劳。

（一）岗位设置

根据方志馆的建筑规模、内部结构、藏品数量以及人员编制等实际情况，设置安全保卫部门和藏品保管部门，有效合理地进行人员分配，共同承担方志馆的安全保卫工作。有条件的可下设综合管理、技防监控、安全警卫等岗位。

1. 综合管理

主要负责安全保卫部门的日常协调工作，具体包括：落实上级安全工作指示和精神；制定安全保卫工作制度及应急预案等；组织工作人员进行岗位培训；组织应急预案及消防技能演练；督察安全工作落实情况；负责相关安全工作档案的管理；等等。

2. 技防监控

技防监控是指方志馆内所有技防设施的安全防控工作。主要工作包括：负责技防监控室的 24 小时不间断值班，发现问题及时上报和处置，并做好处置记录及相关资料的保存工作；承担所有技防监控设施的建档、保养、维护和更换工作。

3. 安全警卫

安全警卫是指安排专业安保人员进行现场巡查和防护工作。主要工作内容包括：入口安检、24 小时安全巡查、"大型活动"的现场安全、突发事件的应急处置、藏品转移过程中的押运等工作。

（二）方志馆安全培训

安全培训的对象是在方志馆内工作的全体员工，安全培训工作是确保方志馆安全的重要保障。培训的目的有：熟知相关法律法规的规定；了解当前方志馆的安全形势；掌握方志馆内相关的工作制度与应急方案；掌握安全知识，提高安全技能。方志馆安全部门负责组织全员的安全培训，制订培训计划，安排培训课程，考核培训成效。

1. 培训内容

培训内容主要包括法律法规、安全形势和制度、安全知识、安全技能等方面。

（1）法律法规、安全形势和制度

法律法规、安全形势和制度主要包括：国家、地方政府、地方志行业涉及安全的法律、法规；政治和社会安全形势；方志馆自定的安全规章制度。

（2）安全知识

安全知识主要包括：方志馆建筑概况和安防体系，以及灾情种类、安全隐患、报警方法、施救方法、逃生手段等。

（3）安全技能

安全技能是指对方志馆各种安防设备、消防器材的实际操作能力，主要包括：了解设备、器材的性能；掌握使用方法和注意事项；应对各种突发事件。

2. 方志馆培训方式与考核

培训方式按照时间长短划分为长期培训、短期培训和专项培训；依据工作情况划分为在岗培训和脱产学习；依据组织方法划分为集中授课、集中演练、参观见学，等等。方志馆员工须定期接受安全教育培训并组织演练，不合格者，取消上岗资格。

（三）值班巡查

安全保卫部门负责值班巡查工作。

1. 值班

值班是保证方志馆各项安保制度落实的重要措施。方志馆的值班管理原则是以制度为依据，谁值班谁负责。

值班工作要求如下：

（1）熟知各项预案的有关规定、要求和各种情况的处置方法，以及有关部门和人员电话号码。

（2）按时到岗，接班后主动与中控室、传达室和警卫巡逻人员联系，告知所处位置及联络方法。

（3）值班期间须进行巡逻检查，监督警卫人员的执勤情况并做好记录。

（4）发生或发现有火灾、盗窃、抢劫、破坏等重大情况时，必须立即向公安、消防部门报告；向上级主管部门及本单位负责人报告。在保护好现场的同时采取积极措施减少损失。

（5）值班期间不得饮酒、会客和参与与值班无关的其他活动，不得使用值班电话处理与值班无关的事情，不得擅离岗位。

（6）对公安、消防和上级部门的安全检查要配合，主动汇报值班情况，并随同检查，将检查情况向领导汇报。

（7）对专项值班人员报告的情况要亲自到现场检查，详细填写值班日记。

（8）发生紧急情况，须立即上报，不得迟到、瞒报和漏报；信息内容要真实、客观，不得主观臆断；如发生特别重大的突发事件，同时要上报辖区属公安部门；事件情况发生变化后，应随时续报。

2. 巡查

方志馆的巡查工作由安全警卫人员完成，安全保卫部门负责组织落实。巡查按时间可分为开馆期间巡查、清场巡查、夜间巡查。

巡查工作要求如下。

（1）熟悉消防安全设施和报警设施的位置，熟练使用 GPS 巡更系统和各种器材，熟悉各种安全员的规定，清楚值班干部所在位置，并能迅速联络。

（2）按时到岗接班，不脱岗、漏岗。执勤中不做与执勤无关的事情。

（3）做好交接的检查工作，认真仔细检查展厅内各展柜及设施的情况，并做好开放前的安全检查工作，发现问题及时上报。

（4）定时对开放区域内外环境，安防、消防设施进行巡查，不得出现漏查、违规、违纪现象。发现问题及时解决和上报。

（5）巡查范围要全面到位，不留死角。夜间巡逻期间要先听有无异常声响，后看门窗、锁封是否完好，再查有无其他安全隐患。发现情况立即报告。

（6）巡查完毕后要及时填写巡查记录，填写内容要真实，不得弄虚作假。

（7）清场巡查时对观众的态度要和蔼，不能强行将观众清理出馆，不得与观众发生纠纷。

（8）爱护配备的警械，不得玩弄、损坏。

二　方志馆物防

物防，即物体防护，也称实体防护，属安全防范的固定防护。由于方志馆的特殊性，方志馆的建筑和展出，都要安装防盗设备。如防盗门、防盗窗、防弹玻璃展柜、防爆玻璃展柜、防火文件柜、专用藏品保险柜等。

众所周知，方志馆建筑物外围的通道门、窗户、排风口以及库房和重要展厅的墙壁等部位作为纵深防范体系中入侵探测的重要防线，最容易遭到违法人员的破坏和侵入。除提高物防能力（采用钢化玻璃、防爆玻璃、金属栅栏等物理防范措施），还应加强这些部位的技防保护，物防、技防相结合，将违法犯罪行为消灭在初始状态。

三　方志馆技防

技防指的是针对周界、通道、重点部位的多种报警手段和全方位视频监控系统相结合的防范措施。重点对方志馆内的火灾隐患、盗窃、破坏、突发事件等不安全因素进行监控。技防值班人员需经过严格培训与考核，成绩合格者方可持证上岗。

（一）技防区域

在以下几个区域可运用技防手段维护安全。

1. 重要目标区域

重要目标区域指的是放置有贵重藏品或展品的地方，为保证目标区域的安全可安装以下入侵探测器：智能物品移动探测器、主动红外探测器、被动红外探测器、微波红外探测器、微波墙、超声波探测器、视频移动报警等。

2. 重点防护区域

重点防护区域指的是机房、配电间、设备间、电缆井、档案室、财务室等重要机密的处所。适用于重点防护区域的入侵探测器有：门磁开关探测器、被动红外探测器、多普勒微波探测器、玻璃破碎探测器、微波红外双技术探测器、金属栅栏断线报警器等。通过加强对重点区域的防护，建立完整的防入侵管理机制，一方面可以防止违法人员藏匿作案，消除隐患；另一方面可以最大限度地防止内部人员监守自盗或内外串通勾结作案，有效地保护了设备和系统的安全运行。

3. 易藏匿区域

易藏匿区域指的是主要通道、观众出入口、停车场出入口以及方志馆外围易于藏匿的位置，这些位置可设置固定摄像机，以防止监控漏点出现。为了适应室外环境照度昼夜间的剧烈变化，获得清晰有效的现场图像，监视区内的视频探测设备应选用日夜型摄像机。当环境照度无法满足监视要求时，应考虑设置辅助照明灯。监视区内可根据现场情况和实际使用需要设置声音探测装置，当周界报警发生时，实时联动摄像机、辅助照明灯和声音探测器进行视频、音频复核。

（二）技防监控工作内容

技防工作人员要分区域定时检查技防设施的运行情况，并认真做好检查记录，一旦发现设备故障要及时上报，查明原因后在第一时间给予维修或更换。

（三）技防监控工作要求

1. 熟悉技防设施设备的性能及操作方法，严格按操作程序进行使用，避免违章操作带来的不良后果与损失。

2. 工作人员要恪尽职守，工作时间不准睡觉、抽烟、饮酒以及做其他与值班无关或存在安全隐患的事情。

3. 严禁非工作人员进入值班室。

4. 准确记录技防设施工作状况，如有异常及时上报。

5. 熟悉各种报警联络方式，如遇紧急情况，立即启动相应应急预案。

四　方志馆联防

"联防"包括两方面：第一方面是指人防、物防、技防三合一，紧密合作，共同防护；第二方面是指与周边单位、所在地区建立的共同防护。

第十一章　方志馆行政后勤管理

后勤工作是为保障方志馆正常运转所提供的服务与服务管理工作。方志馆后勤工作主要包括方志馆公文管理、印章管理、会务管理、宣传外联、工程管理、固定资产管理、行政后勤档案管理和其他保障服务。

方志馆后勤工作应遵循服务优质、工作高效和运行低耗的原则。

方志馆后勤管理中可根据方志馆规模合理设置行政后勤管理岗位，如公文管理、工程管理、固定资产管理、餐饮服务管理等岗位。

第一节　公文管理

"公文是机关、团体、企事业单位为了行使管理职能，在公务活动中制发和使用的具有特定效力和规范体式的书面文件。"[①] 方志馆的公文亦不例外。方志馆的公文管理是指对方志馆工作所需公文的依规拟制、办理、管理，即在公文从行文形成、运转、办理、上传下达传递、保存，到或归档存档或废弃销毁的一个完整过程中，按本馆规定的原则、方法对公文及其相关附件（如照片、录音录像资料等）进行生成、加工、保管或销毁处置，保障公务活动按规行事、行之有效、

---

① 姬瑞环：《公文写作实训教程》，对外经济贸易大学出版社2019年版，第4页。

事后可查可证的行为和过程。

一　建立公文管理制度

为做好方志馆的公文管理工作，使公文管理有规可依、符合规定流程，公文运转规范安全，公文处理科学高效，方志馆应当建立健全本单位公文管理制度，确保管理严格规范，充分发挥公文效用。

二　公文处理的原则及管理

1. 原则

公文处理应坚持按规操作、实事求是、流转通畅、处置精确高效、保管安全得当的原则，做到规范安全高效。

2. 适用范围

适用于方志馆公务活动中产生的各种公文文种。

（1）法定公文文种。根据2012年颁布实施的《党政机关公文处理工作条例》规定，我国现行的法定公文文种有15种，如决定、决议、命令（令）、公报、公告、通知、通告、通报、意见、报告、请示、批复、公函、议案、会议纪要等。

（2）规约类公文文种，如章程、条例、规定、办法、细则等。

（3）日常事务类公文文种，如计划规划、总结、会议记录、大事记、简报、调查报告等。

3. 公文管理的归口部门

各地方志馆一般设有秘书处（有的设办公室）来负责公文管理，工作内容包括公文拟制、办理、管理。

4. 公文的密级

保密公文是发文机关（即各级方志馆或其职能部门）根据文件内容划定秘密等级的文件。2012年，中共中央办公厅、国务院办公厅联合下发的《党政机关公文处理工作条例》中规定:"第三十条 公文确定密级前,应当按照拟定的密级先行采取保密措施。确定密级后,应当按照所定密级严格管理。绝密级公文应当由专人管理。公文的密级需要变更或者解除的,由原确定密级的机关或者其上级机关决定。"[①] 方志馆的公文也应照此严格规范管理。根据我国保密法的相关规定,目前我国的保密公文大致分为绝密、机密、秘密三个级别。按规定,密级公文应当在一定时间段内限定特定的阅读范围,并由专人负责处置管理。

5. 公文的发布

按公文的涉及程度可将公文划分为保密级公文、内部公文、对外公开公文。保密公文关系到公文制发机关乃至国家的安全和利益。内部公文是仅限于党政机关、企事业单位或专业系统范围内使用的公文,其内容虽然不涉及国家机密,但含有机关和本系统内部的具体情况、详细数据等,不能未经许可就对社会公开公布。对外公开公文是指内容不涉及机密,可直接对国内外发布的公文。平时我们常见的通过报刊、新闻媒体等公开发布的法律、法规、法令、决定、决议等,就属于此类。方志馆公文的公布应注意以下事项。

(1) 公文的印发范围和传阅范围"应按照发文机关的要求严格执行;需要变更的,应当经发文机关批准后执行"[②]。

(2) 涉密公文需公开的,应参照《党政机关公文处理工作条例》第三十一条规定执行:"公文的印发传达范围应当按照发文机关的要求执行;需要变更的,应当经发文机关批准。涉密公文公开发布前应当履行解密程序。公开发布的时间、形式和渠道,由发文机关确定。经

---

① 《党政机关公文处理工作条例》,中华人民共和国中央人民政府网,http://www.gov.cn/zwgk/2013-02/22/content_2337704.htm。
② 《党政机关公文处理工作条例》,中华人民共和国中央人民政府网,http://www.gov.cn/zwgk/2013-02/22/content_2337704.htm。

批准公开发布的公文，同发文机关正式印发的公文具有同等效力。"[1]

6. 公文的流转传阅、复印和汇编

（1）传阅和借阅

公文收发登记后，相关人员要立即根据文件重要性不同及时处理，参照《党政机关公文处理工作条例》第二十四条第五点规定执行："根据领导批示和工作需要将公文及时送传阅对象阅知或者批示。办理公文传阅应当随时掌握公文去向，不得漏传、误传、延误。"[2] 在方志馆，一般应由办公室或秘书处负责人批办后传阅。急件、重要件应立即处理，非急件处理原则上一般不超过三天。

因公需借阅文件的要按规定履行手续，并在规定期限内送还。

（2）保密文件的传阅与复印

保密文件要严格按规定执行处理。《党政机关公文处理工作条例》第二十六条规定："涉密公文应当通过机要交通、邮政机要通信、城市机要文件交换站或者收发件机关机要收发人员进行传递，通过密码电报或者符合国家保密规定的计算机信息系统进行传输。"[3] 此外，涉密文件传阅范围和要求也应注意严格遵守。在传阅过程中，不得私自抽取或者外带出单位。

对国家秘密文件复印要注意以下保密事项。

第一，"复制、汇编机密级、秘密级公文，应当符合有关规定并经本机关负责人批准。绝密级公文一般不得复制、汇编，确有工作需要的，应当经发文机关或者其上级机关批准。……复制件应当加盖复制机关戳记。翻印件应当注明翻印的机关名称、日期。"[4]

第二，在方志馆业务工作（尤其是办展、申报课题等过程）中，时不时会遇到中央各种文稿和国家领导人的内部讲话记录，以及发文

---

[1] 《党政机关公文处理工作条例》，http://www.gov.cn/zwgk/2013-02/22/content_2337704.htm。
[2] 《党政机关公文处理工作条例》，http://www.gov.cn/zwgk/2013-02/22/content_2337704.htm。
[3] 《党政机关公文处理工作条例》，http://www.gov.cn/zwgk/2013-02/22/content_2337704.htm。
[4] 《党政机关公文处理工作条例》，http://www.gov.cn/zwgk/2013-02/22/content_2337704.htm。

单位通知不可翻印的文件。对于这类公文，方志馆负责办理公文处理的同志，务必要加强培训，提高认识，并严格遵守未经原发文机关或上级机关批准不得自行复印的规定。

第三，对复印、汇编的国家密级文件应视同原件进行严格管理。汇编本的密级应按照编入公文的最高密级进行标注。

7. 公文的撤销和废止

2012年，《党政机关公文处理工作条例》对公文的撤销和废止作出了明确规定："第三十三条　公文的撤销和废止，由发文机关、上级机关或者权力机关根据职权范围和有关法律法规决定。公文被撤销的，视为自始无效；公文被废止的，视为自废止之日起失效。"[1]

8. 公文的销毁

（1）不具备存档价值的方志馆公文，经相关领导批准后可按规定销毁。

（2）密级公文的处理应格外慎重。《党政机关公文处理工作条例》中对销毁密级公文用两条条文作了明确规定。

"第三十四条　涉密公文应当按照发文机关的要求和有关规定进行清退或者销毁。"

"第三十五条　……销毁涉密公文必须严格按照有关规定履行审批登记手续，确保不丢失、不漏销。个人不得私自销毁、留存涉密公文。"[2]

故此，方志馆处理、销毁密级公文必须由专人严格按照有关规定履行手续。

（3）个人不得私自留存、销毁密级公文。

9. 工作人员离岗离职

方志馆工作人员离岗离职时，务必将本人手里的公文全部按规定移交单位。

---

[1]《党政机关公文处理工作条例》，http://www.gov.cn/zwgk/2013-02/22/content_2337704.htm。
[2]《党政机关公文处理工作条例》，http://www.gov.cn/zwgk/2013-02/22/content_2337704.htm。

第二节 印章管理

印章管理是对方志馆日常工作中印章的管理，主要包括建立印章管理制度、印章的刻制与启用、印章保管和印章使用与停用等。

一 建立印章管理制度

方志馆应当建立健全本单位印章管理制度规范，规范印章的保管和使用。

二 印章刻制与启用

（一）刻制

1. 方志馆印章的刻制均须报本馆主要负责人批准，派相关工作人员到本地公安机关有关部门办理手续。
2. 印章样式等应按国家规定执行。

（二）启用

1. 新印章启用同时要做好戳记并留样，以防后期有不时之需。
2. 印章启用应报方志馆主要负责人或者上级部门同意，并用通知等形式广而告之，使方志馆内相关部门明确印章的启用日期等。

三 印章保管

1. 印章原则上应由方志馆办公室或秘书处负责保管，各部门印章或专用章可由办公室或秘书处统一保管，也可由方志馆印章所属部门负责人或部门指定专人保管与使用，不得转借他人。

2. 印章应保存在安全地方，加锁保管，并且经常检查，非保管人员不得使用。未履行审批手续的，任何人不得携章外出。

3. 印章管理员必须注意印章使用时不疏忽不离手，使用后立刻上锁保存。如因公需移交他人的，应有交接手续。

4. 印章保管出现异常现象或遗失问题，千万不可心存侥幸畏惧不报，导致更大的延误问题和更严重的后果。保管人应立即向部门负责人报告，配合后续工作和处理。

四 用印范围

方志馆所有印章均应限定清晰的使用范围，保证正确用印。

（一）部门章

部门章仅限于方志馆对内使用，具体用印范围由部门负责人负责制定。

（二）行政公章

1. 本单位公文、公函等，和上传下达各部门的材料等。
2. 方志馆业务活动中所需证明、委托书等。
3. 方志馆业务活动中所需签订的协议、合同等。

五 印章的使用

1. 方志馆各类印章的使用必须严格执行规定审批手续。

2. 申请盖章者应先行请领导亲笔审批同意并登记后，或持登记文件或持同意用印的党组会纪要等文件到办公室申请用印，印章保管人员按规定配合办理。

3. 不得在空白介绍信、单据或与方志馆业务无关的证明上加盖使用公章。

4. 印章保管和使用原则上不应离开保管办公室。确有工作需要带章外出必须经负责人同意。

六 印章的停用

（一）停用印章情况
有下列情况必须停用印章：
1. 印章所属单位名称有变动。
2. 印章有破损情况。
3. 印章出现遗失或被窃情况，经声明作废。

（二）办理停用手续
方志馆各类印章需停用时必须经过严格审批，并按规定及时封存、销毁。

第三节 会务管理

会务管理是指对方志馆的党务会议、行政和业务工作等会议的会务工作管理。

一 会务管理制度

建立健全会议会务管理制度。加强会务人员管理，明确会务管理职责。

二 会议接待

（一）会务管理部门做好住宿、就餐、会场安排等
1. 明确接待范围
业务接待的范围为上级机关及职能部门或有工作联系的各级政府

部门、业主、到方志馆开展商务活动的合资合作方，及从事出席会议、考察调研、学习交流、检查指导工作等公务活动的人员。

2. 执行接待标准

公务接待活动严格按照方志馆有关规定标准执行。

（二）公务接待业务支出管理

公务接待须按经费预算管理，强化对公务接待经费使用情况的审核监控，对未经审批、不符合规定程序的签单或超范围开支不予报账。

（三）会议程序

1. 会前准备

（1）办会方案。"会议方案是指国家机关、社会团体和企事业单位在大型或者重要会议召开前，根据构成会议的各个要素，为会议顺利进行并取得预期效果而制定系统而周密的书面安排的会议文书。"[1] 会议方案不仅需要主题明确，行文简洁明了，还要注意内容上要素齐全（时间、地点、人数、经费等），安排上注意全面统筹，留有余地。

（2）会议通知。经领导审批同意后下发书面或盖章扫描件通知。特殊情况下的临时性通知或者变更，可通过电话、传真、视频等方式直接通知参会人员。

（3）材料准备。包括领导讲话稿、会议手册、参会人员花名册等。

（4）其他事项。包括检查会场及服务设施，进行话筒等设备调试，灯光不足的应考虑及时租借灯具；如有颁奖等活动，应提前安排被颁奖人走台。

2. 会中服务工作

会中要做好会议记录，有需要的应安排速记人员。同时，应确定摄像人员或媒体摄像安排；落实服务人员，做好茶水供应工作。

3. 会后整理工作

清理会场。主要包括通知会议所在地服务人员清扫场地、整理会

---

[1] 徐建新、黄云峰主编：《实用语文教程》，南京师范大学出版社2019年版，第150页。

议纪要、撰写新闻稿,等等。

第四节　宣传外联

宣传外联是对方志馆进行宣传和外部联系的工作。通过联谊、交流等形式与社会各界建立广泛的联系,发展和维护方志馆内外的公共关系,扩大方志馆的信息资源。

一　内部部门建设

(一) 制订年度计划

方志馆负责外联的部门,其负责人负责对内、对外的公关联系工作,负责策划和制定本馆年度公关活动规划、计划、方案和资金预算方案等,经上级批准后负责筹备和组织执行。

(二) 内部沟通和协作

部门负责人应关心下属,及时协调好下属分工,奖惩公平。部门成员之间要具有良好的分工合作的团队意识,互相帮助,互相协作,有效率地完成工作。

(三) 协调与其他部门的关系

方志馆麻雀虽小五脏俱全,各个部门之间应共同协作、携手并进、互相补台,分歧较大的问题应及时向上级领导汇报,由上级介入协调解决,避免内卷内耗。

二　开展对外宣传

外联部门负责方志馆活动的对外宣传,加强与社会的接触及与媒体的联系。策划与实施对外宣传计划,举行大型活动时可联系纸媒、融媒以及新媒体共同开展宣传。

三　建立信息档案

1. 加强省市兄弟单位方志馆的馆际交流与公文往复。
2. 注意信息搜集和资源获取，主动服务方志馆其他部门的外联工作。
3. 草拟关于外联工作的各种文稿，并做好外联工作相关档案保存。

四　对外联系

负责大型活动的对外联系工作，包括联系嘉宾、制作发送请柬、安排礼仪接待等工作。

1. 外联部门代表方志馆与其他方志馆保持及时高效的交流与沟通。
2. 外联部门和党政机关、各类公私企事业单位、各大中小学校和社会团体、个人应保持良好的沟通与联系。
3. 发掘潜在的赞助商。洞察潜在赞助商的合作意向，及时收集信息，为以后的工作打好基础。
4. 外联部人员之间要相互协作，及时进行信息共享，联系赞助方式多样。
5. 对外交流场合应注意礼貌用语，仪表着装适宜，材料准备充分。
6. 个人不得擅自与外单位或商家签订协议或口头协议。

五　新闻应急管理

方志馆应提前做好新闻舆情应急管理方案，指定和及时培训应急管理人员和新闻发言人。方志馆宣传外联部的负责人要参与方志馆重大事件紧急处置和善后处理活动。负责做好方志馆形象的新闻宣传以及相关公关文字资料、图片资料、音视频影像资料（含宣传片等）、名人名家及来访者题词等收集整理和记载存档工作。方志馆内外联部门的从业人员和管理者以及方志馆各级负责人要认真做好所有对外发布稿件的审阅工作，高度重视舆情反馈。

六　品牌推广

1. 有条件的方志馆在经上级机关同意后，可与当地宣传部等相关部门合作，结合方志馆的自身定位和功能、展览主题、馆藏特色等，策划不同宣传方案，争取上级部门或其他合作方更多的资金与智力支持。

2. 外联部可策划、筹备组织或牵头组织活动，如邀请学术界著名学者、社会知名人士、政界商界精英和领军人物举行不同层次的讲座。

第五节　工程管理

工程管理是指围绕方志馆建筑及设备设施的运行、保养、维修、改造、新增而进行的管理工作。

一　项目确立

1. 根据方志馆实际需求和长远发展，提出申请报告，其内容可参照《国土资源部基本建设投资项目管理暂行办法》规定，一般应包括"项目建设的必要性和依据，建设地点、拟建规模、建设内容和标准，投资估算和资金筹措、项目进度安排等"。①

2. 负责可行性研究和初步设计的技术审查。

---

① 《国土资源部基本建设投资项目管理暂行办法》，《国土资源通讯》2006年第14期。

3. 配合财务审核项目预算、申请财政资金。

4. 方志馆建设工程应按国家招投标规定进行。《关于印发〈国土资源部基本建设投资项目管理暂行办法〉的通知》规定了其范围："勘察、设计、施工、监理以及重要设备、材料等采购活动的具体招投标范围（全部招标或部分招标）、招标组织形式（委托招标或自行招标）、招标方式（公开招标或邀请招标）。"①

5. 方志馆建设项目应实行项目储备制度。按照中指组、中指办和政府及方志馆等相关单位的通知规定进行申报。立项通过后可进入本馆项目储备库。

二 项目设计

项目立项后，单位应委托具备资质的设计公司开展项目设计。项目设计主要包括规划方案、施工图等。

（一）规划设计方案

《中央国家机关建设项目管理办法（试行）》（国管房地［2004］153号）第十六条规定："规划设计方案主要包括建设规模、建设标准，建筑物外部造型、内部布局，工艺技术路线，主要技术经济指标等等。"②

（二）初步设计

初步设计是方志馆建设前期工作中重要的一环。《中央国家机关建设项目管理办法（试行）》（国管房地［2004］153号）第十七条规定："初步设计主要包括：（1）设计说明书、总平面图和建筑物、构筑物以及公用设施、管线图纸；（2）材料、设备需求清单；（3）工程概算文件，以及城市规划管理部门的批准文件，建设项目与市政、公

---

① 《关于印发〈国土资源部基本建设投资项目管理暂行办法〉的通知》，《国土资源通讯》2006年第14期。

② 《中央国家机关建设项目管理办法（试行）》，全国机关事务网，http://www.ggj.gov.cn/zcfg/fgxwj/202201/t20220126_34729.htm。

用、供电、电信、消防、环保等部门的协议文件或配合方案等有关材料；（4）建设项目的勘察、设计、施工、监理以及重要设备、材料等采购活动的具体招标范围（全部招标或部分招标）、招标组织形式（委托招标或自行招标）、招标方式（公开招标或邀请招标）。"[1]

（三）施工图设计

施工图设计必须全面落实初步设计的所有修改意见。项目管理单位应及时组织有关单位和聘请有关专家对施工图进行内容优化。

三 项目实施与监管

（一）项目招标

1. 配合相关部门编制标书及相关文件，主要通过招投标选择行业内高度专业化的项目管理单位，或委托有相应项目管理能力和项目建设管理和施工条件的项目使用单位代理来负责组织实施。

2. 参与工程招标、评标工作，参与项目实施单位签订工程合同。

3. 参加监理单位的选择与委托监理的合同签订工作。

（二）项目实施

1. 与中标单位签订项目合同。

2. 对中标单位提出深化设计要求，并审核深化设计方案及施工组织方案。

3. 负责水电通信等管理协调，保障现场安全，文明施工。

4. 负责现场施工组织协调等管理工作，包括工程变更及其他临时突发事件。

（三）项目监管

1. 预付部分合同款，配合监理单位对施工过程实施监管。

---

[1] 《中央国家机关建设项目管理办法（试行）》，全国机关事务网，http://www.ggj.gov.cn/zcfg/fgxwj/202201/t20220126_ 34729.htm。

2. 配合监理单位对施工进度计划进行监管。

3. 在质保期内对质量及使用情况进行监督，质保期结束后，征求使用部门的意见，配合财务部门结清项目余款。

四　项目验收

1. 建设项目完工后应及时组织人员进行竣工验收。

2. 项目验收合格后，项目使用部门应在三个月内完成竣工决算，按规定办理好所有移交手续。

3.《中央国家机关建设项目管理办法（试行）》（国管房地［2004］153号）第四十条规定："建设工作完成后，项目管理单位、监理单位、施工单位，以及主要材料和设备供应单位，要写出总结报告，分析建设过程中各方的成绩和问题，提出改进意见。"[1]

第六节　固定资产管理

固定资产管理是指对方志馆内固定资产的管理，主要包括建立健全固定资产台账及固定资产定期核查、转移、库房管理、报废等制度，并按规定严格执行。

一　建立固定资产台账

方志馆财产须建立固定资产台账，按种类、规格、型号、生产厂家、单价、数量、使用部门、分管人员等，对财产进行编号，输入财

---

[1]《中央国家机关建设项目管理办法（试行）》，全国机关事务网，http://www.ggj.gov.cn/zcfg/fgxwj/202201/t20220126_34729.htm。

产管理软件，生成财产簿。

（一）固定资产标准

固定资产包括方志馆建筑物及附属设施；单位价值超过 2000 元且使用年限在一年以上的机器设备、运输工具、电子及其他设备。

（二）固定资产的申请

根据年度固定资产新增计划以及实际的使用需要，各部门详细填列《固定资产购置申请表》，提出固定资产购置申请。

（三）固定资产的购置

1. 购置固定资产必须按计划及审批程序进行，不得擅自购置。经报批后，由方志馆相关部门负责按规定采购。

2. 根据固定资产年度预算安排采购。

（四）固定资产的验收及入库

方志馆固定资产管理部门在开展验收及入库工作时，应在固定资产验收清单中详细填写清楚固定资产名称、规格型号、采购金额、供货厂商、使用归属，并同时对固定资产进行编号登记。固定资产入库时须凭原始采购发票由专人负责办理财产入库验收手续，固定资产管理部门指定专人填写固定资产卡片，并注意及时更新台账，落实使用相关责任人。

（五）固定资产的调拨与转移

1. 固定资产在方志馆内部机构和部门员工之间发生转移调拨，应建立和使用"固定资产转移申请单"，并按程序经方志馆内相关负责部门和人员逐级审批，经主管领导签字确认后，由固定资产使用责任人或固定资产管理人员将固定资产转移单交回固定资产管理部门办理转移登记，同时应注意及时通过书面形式通知财务部，以便进行相关账务处理。

2. 固定资产管理部门和相关工作人员应注意固定资产编号保持不变，对发生固定资产转移和调拨的应及时更新，填写清楚最新的使用部门和新的使用责任人，以便过程中和后期监督管理。

（六）固定资产的报废

当方志馆内发生固定资产严重损坏、没有维修价值，或长期老化按规定应报废时，可由固定资产使用责任部门或责任人提出书面申请，填写"固定资产报废申请表"交馆内固定资产管理部门负责人等，按流程逐级审批；经批准后，固定资产管理部门对固定资产实物进行处置或销毁。处置后应及时对固定资产台账和固定资产卡片进行更新，并将处理结果以书面形式及时通知财务部，进行账务处理。

（七）闲置固定资产

闲置固定资产是指方志馆内存放未用超过一年的固定资产，或单位价值超出当前固定资产规定范围的机器设备、器具等资产。固定资产使用责任部门或者责任人使用的固定资产出现闲置时，应及时以书面报告形式报送固定资产管理部门或者行政后勤管理部门，以便统一调剂使用。

二　固定资产清查

固定资产清查是指从实物管理的角度对方志馆实际拥有的固定资产进行实物清点盘查，并与固定资产台账进行账目核对，确定盘盈、毁损、报废及盘亏资产。

（一）建立固定资产清点盘查制度

方志馆固定资产清点盘查原则上应每年盘点一次，由固定资产管理部门和财务部门共同开展。固定资产的清点盘查应填写"固定资产盘点明细表"，其表格设计应能详细反映所盘点的固定资产的实有数，并与固定资产账面数额比对，做到账目、实物和固定资产卡片核对一致。

（二）前期准备

确定固定资产清查的目的、范围、依据、组织者、时间安排、方法或步骤以及相关情况处理办法，并以通知形式告知各部门。

（三）固定资产清查的阶段

1. 各部室进行全面自查，并在规定时间内填写相关报表递交行政后勤管理部门。

2. 财务与行政后勤管理部门按时间安排对各部室进行报表复核以及进行固定资产的现场抽查工作，对出现的任何问题进行记录。

3. 由财务与综合部出具清查报告，并公布。

（四）办理盘盈、盘亏手续

根据清查中存在的问题，制定解决方案并实施。若发现出现盘盈或盘亏，相关人员须编报"固定资产盘盈盘亏报告表"，详细列出原因和责任，报相关负责人审批后，财务部门、固定资产管理部门进行相应的账务调整和更新。

第七节　行政后勤档案管理

行政后勤档案管理是指对行政后勤管理活动中形成具有保留价值的各类文字、图片、声像档案材料及电子软件和荣誉实物档案的管理。档案管理主要包括档案的生成、档案的分类、档案的归档、档案的保存、档案的借用等工作。

一　行政后勤档案生成

行政后勤工作中形成的各类材料须按档案管理要求进行建档。建档流程：收集→整理→分类→编号→登记。具体注意事项如下。

1. 收集材料要全面、完整，避免遗漏和缺损。

2. 划分类别要科学合理，纲目体系要合乎逻辑，清晰明了。

3. 系统整理，统一编号，层次分明，做到电子档案和纸质档案统一，方便查找。

二 行政后勤档案分类

行政后勤档案资料划分为方志馆房产物业资料档案、设备资料档案、后勤管理档案等。

（一）方志馆建筑档案

方志馆建筑档案主要包括：土地购买合同、土地使用证等权属证、规划许可证、建筑许可证等各类项目批准证书及建筑图、施工图、施工组织设计等图纸文件。

（二）后勤管理档案

方志馆管理档案主要包括：行政工作资料类（国家、省、市等政府机关及方志馆、后勤处颁发的涉及行政后勤管理的各种正式文件），绿化、水电、维修管理资料类，饮食服务与管理资料类，设备采购、资产管理、清产核资资料类，及车辆、暖气、卫生、空调、电信、电气、通风、供水、供气、消烟灭火、防暴报警、电视监控等各类设施设备的资料。

三 行政后勤档案归档

行政后勤工作中形成的各类材料须按档案管理要求分类、组卷、编目、编号、归档。根据档案管理目录体系填写，并按类装订成册，分类存放。

四 行政后勤档案保存

1. 方志馆应结合本馆实际，有条件的场馆应考虑设立或配置符合档案安全保存标准的专用库房，库房原则上应满足基本的防盗抢、防水防火、防强光与化学污染、防尘、防潮、防鼠患虫患等要求。

2. 库房周围严禁存放易燃和易爆物品，确保档案安全性。方志馆的档案库房内要保持有序、整洁，不得在库房内随意存放与档案无关的公私物品。

3. 档案应配置专用柜、架存放档案，排架方法要科学，便于查找。

4. 应定期检查档案保管情况，并做好检查记录。发现破损或字迹失真，应及时修复或复制，最大限度延长档案的寿命。发现安全隐患，及时向上级报告，加以解决。

5. 应建立基础台账，对档案的收进、移出、利用等进行登记，定期开展统计分析。应准确编制档案工作情况统计年报。

五　行政后勤档案借用

1. 方志馆借用档案资料须办理借阅登记手续，查阅完毕后及时归还。查阅一般资料，经相关部门领导批准并填写借阅/复印记录后方可借阅或复印。

2. 档案资料不得外借，如因工作需要，经行政主管批准并填写借阅、复印记录后方可借阅或复印。

第八节　其他保障服务

后勤部门负责方志馆食堂、水电燃气运行保障、物品采购、环境管理及其他后勤保障工作。

一　食堂管理

设餐饮服务管理岗位，负责方志馆餐饮服务工作，主要包括制定编制预算、食品采购、出入库管理以及餐饮服务质量监督等工作。

（一）食堂财务预算

后勤专员须定期根据食堂实际发生情况做出年度、季度、月度费用预算并报批，超预算支出应申请报批后方可实施。

（二）食品采购管理

1. 食堂采购人员应做好深入的市场调研，优选物美价廉的食材。
2. 食堂采购人员要严把质量关，认真审核食品许可证、保质期限、数量规格等，并核对发票逐项上账。

（三）出入库管理及餐饮服务质量监督

1. 采购后的物品须严格履行入库、出库手续，双方签字。
2. 严格检验，杜绝变质、过期乃至腐变有毒食品出入库带来的食品安全隐患发生。
3. 库房防火、防盗、防潮等安全管理到位。
4. 根据单位食堂实际需求动态保持库存量，避免粮食过剩或不足。

二　水电燃气运行保障管理

设水电燃气运行保障管理岗位，应做好方志馆的水电燃气使用管理，杜绝浪费，同时保障水电气安全运行。

1. 制定方志馆水、电、气管理制度，保证水、电、气安全使用，做到责任到人。
2. 负责方志馆水、电、气安装、检修的监督管理。
3. 负责方志馆水、电、气供应管线的日常巡查和定期巡查，发现问题及时处置，并做好巡查记录，确保水、电、气供应安全。
4. 负责方志馆水、电、气设备安装和升级改造项目的申报工作，申报文本须明确项目的意义、项目实施内容以及项目预算等。
5. 负责方志馆水、电、气供应故障应急预案的制定、培训和实施工作。

三 物品采购管理

设物品采购管理专职岗位,负责方志馆的物品采购管理工作。

(一)采购范围

方志馆内所有物资的采购。包括固定资产类、经营物资类、营销礼品类、办公用品类、后勤物资类和其他需要采购的相关物品。

(二)采购原则

1. 成本效益原则

物品采购必须权衡交货时间、质量、价格等因素来进行成本效益控制,"对于采购管理的实施可从两方面进行成本效益的控制,首先要建立一套适合可行的采购管理制度,制度中要明确采购的核准权、采购的范围、采购的方式,以及现场采购的考核,防止采购腐败的形成;加强库存材料的管理,以及现场剩余材料的管理,减少库存成本和损耗浪费实现效益的最大化。其次,建立一个精效的采购队伍,在必要的控制点设立工作岗位,避免一味地增加人员,造成人浮于事"[1]。临时性应急购买的物品可按特例处理。

2. 公平透明原则

采购人员向供应商伸手中饱私囊的案例时有发生,而采购流程的公开透明有助于反腐倡廉,杜绝腐败滋生。"政府采购信息的公开透明也有助于我们更好地考证某一地区或某一部门是否认真地落实了政府采购有关法律法规的要求,是否坚持了相关的政府采购原则,是否落实了有关政府采购政策目标。另外,采购信息,包括采购预算、计划、采购公告、采购过程、采购结果如果都可以在网上公开,将会在最大的范围内实现机会均等、公平竞争。那么,在采购之前,供应商将不会再不得不与有关采购人套近乎、搞公关,

---

[1] 孟国栋:《浅析采购原则在项目采购管理中的作用》,《管理纵横》2007年第18期。

政府采购领域的不正常现象将会无处藏身。公开透明将会促进和强化社会监督。"① 公开透明原则已成为国际公认原则,如美国公开充分竞争原则:"公开竞争的目的,一方面是保证政府采购活动能够以最优惠的价格采购到最优质的商品和服务,实现政府采购的最佳价值(Best Value);另一方面是提高政府采购透明度,最大限度保证企业获得公平的待遇。"②

3. 招标采购原则

按照政府规定,一定资金量或规定性门类物品必须采用招投标,严格按采购制度和程序办事,接受政府审计和质询。这样既有利于为纳税人节约成本,也可为后勤部门绩效考核提供依据,有利于政府开展监管。

(三) 采购流程

1. 依据库存物品实际和使用需求,填写采购申请和物品采购计划。

2. 询价、比价、议价。坚持货比三家,保证在物美价廉基础上优中选优进行采购。

3. 供应商选择。要选择具有合法经营资质的供应商,并预先要求提供样品,会同财务等多部门商定后上报领导并签订合同。

4. 货品入库。物资送到后经后勤人员验收合格后接收,并按规定流程办理入库手续。如验收不合格的应上报领导处理。

四 环境管理

设卫生管理岗位,负责方志馆日常卫生的清洁与维护工作,确保方志馆环境整洁有序。包括室内卫生管理和室外卫生区环境卫生管理。

(一) 制定环境卫生管理制度

制定方志馆环境卫生管理制度,建立健全环境卫生管理机制。做

---

① 高莹:《公开透明应成为政府采购的首要原则》,《中国政府采购》2007 年第 4 期。
② 《实施采购各有原则》,《中国采购信息报》2006 年 2 月 10 日第 4 版。

好清洁卫生日常监督、检查工作。

（二）专职管理部门

综合办公室为方志馆环境卫生管理的职能部门，负责方志馆的环境卫生管理工作，其他部门都应当按照各自职责，协同做好环境卫生的管理工作。

（三）室内卫生管理

员工个人的办公桌椅、电脑、打印机、扫描仪、电话机、传真机、书橱、书柜、书架、文件筐等由使用者本人负责卫生与清洁工作，须保持清洁、干净。

论文选录

论方志馆的性质与功能[①]

摘要：方志馆是收藏研究、开发利用地方志资源，宣传展示国情、地情的公共文化服务机构。近年来，方志馆事业随着全国经济、文化建设的形势，随着地方志事业的不断繁荣而迅速发展。方志馆的功能定位应立足社会主义文化建设，立足国情、地情研究，立足方志文化传承和发展。方志馆与传统意义上的通志馆、图志局以及现代图书馆、博物馆、档案馆、规划馆等有所不同，承担着国情、地情研究和方志文化相关的收藏保护、展览展示、编纂研究、专业咨询、信息服务、开发利用、宣传教育、业务培训、文化交流等功能。

关键词：方志馆；性质；定位；功能

改革开放以来，特别是党的十八大以来，全国地方志事业实现了跨越式发展。方志馆建设作为地方志事业的一部分，在各级党委、政府的重视下，在各级地方志工作机构的努力下，异军突起，发展迅速。现代方志馆已经引起社会各界的广泛关注，并产生良好反响，成为地方志服务中心工作、服务社会的桥头堡和全国地方志事业发展新的增长点。但是，在方志馆建设和发展过程中，还存在诸多问题与困难，

---

① 作者刘玉宏，发表于《中国地方志》2018年第1期。

其中最为普遍的是，部分地方政府及地方志工作机构的有关人员，对方志馆的定位、方志馆的性质、方志馆的基本功能认识不清、概念模糊，有的甚至张冠李戴。这种问题的存在及其不利影响，已经在方志馆理论研究与实际建设中日益凸显，并成为制约全国方志馆建设与发展的重要因素。因此，科学地阐释方志馆的性质与功能，是当前方志界一项亟待完成的重要课题。本文拟从全国方志馆建设的视角，并结合地方志事业发展与社会主义文化强国建设新形势，尝试对上述两个密切相关的问题加以探讨，以期提高社会各界对方志馆建设与发展重要性和必要性的认识，推动全国各级方志馆建设快速、良好发展。

一　方志馆建设背景

隋唐以来，随着志书官修制度的日臻成熟，专门修志的机构也随之出现。① 北宋大观元年（1107），朝廷设立九域图志局，编修全国总志，成为有明确记载的官办修志机构。明代、清代专设一统志馆，负责编修一统志。特别是清代，各地纷纷设立史馆等史志机构，进一步推动了方志馆的建设。民国时期，浙江省在1914年率先成立浙江通志局，主持编修《浙江通志》。此后，各地纷纷设立通志馆（局）编修志书。据统计，当时共建有通志馆约22个。② 但是，历代所设方志馆（局），主要职能在收集修志资料、组织方志编修方面，功能相对单一，且为临时性机构。现代意义上的方志馆，是改革开放，特别是党的十八大以来全国地方志事业全面发展的重要成果，是地方志从一本书转变为一项事业的重要体现。党的十八大以来，党中央国务院高度重视地方志工作。习近平总书记2014年2月在考察首都博物馆时强

---

① 历史上曾经设立通志馆等类似于方志馆的机构，最早可以追溯到隋大业年间（605—618）。参见诸葛计《纠正方志史上一个流行的错误说法——兼答友人问》，《中国地方志》2008年第8期。

② 参见曾荣《民国通志馆述略》，《中国地方志》2013年第2期。

调,要"高度重视修史修志""把历史智慧告诉人们,激发我们的民族自豪感和自信心,坚定全体人民振兴中华、实现中国梦的信心和决心";2015年7月,习近平总书记在中央政治局第25次集体学习时强调,要整合协调党史、军史、地方志、社科院、高校等机构的力量对中国人民抗日战争进行系统研究。2014年4月,李克强总理就第五次全国地方志工作会议的召开,专门作出"修志问道,以启未来"的重要批示;2015年12月28日,李克强总理就全国地方志系统先进模范座谈会又专门作出重要批示,要求各级政府都要关心和支持地方志事业发展,也希望地方志工作者继续发扬方志人精神,志存高远,力学笃行,直笔著信史,彰善引风气,为当代提供资政辅治之参考,为后世留下堪存堪鉴之记述。2014年4月,刘延东副总理在与第五次全国地方志工作会议部分代表座谈时发表重要讲话,对各级党委、政府和地方志工作机构提出了"一纳入、八到位"的工作要求;2015年12月29日刘延东在北京人民大会堂亲切接见全国地方志系统先进集体和先进个人,并发表重要讲话,要求切实采取有效措施,推动地方志事业迈上新台阶。2015年8月25日,国务院办公厅还专门印发《全国地方志事业发展规划纲要(2015—2020年)》(以下简称《规划纲要》)。中央领导同志的重要指示精神和《规划纲要》文件精神,为全国地方志工作者提供基本遵循,为全国地方志事业的发展指明方向。方志馆作为推动地方志事业前进和发展的重要阵地,作为地方志服务社会主义文化强国建设的重要平台,也同样得到了党和国家的高度重视。2014年4月,刘延东副总理在与第五次全国地方志工作会议部分会议代表座谈时指出,各地要自觉把地方志工作纳入公共文化服务体系建设当中,加快方志馆、地情网站、数据库等基础设施建设。2015年8月,国务院办公厅印发《规划纲要》,对全国地方志事业发展进行了顶层设计,明确将"加快信息化和方志馆建设"确定为全国地方志事业发展的总体目标之一。党和国家对方志馆建设的高度重视,为全国各级方志馆建设提出了更高的要求,也提供了难得的发展机遇。

二 方志馆建设的必要性

据中国地方志指导小组办公室统计，截至2017年底，全国已经建成各级方志馆580余家，其中国家方志馆1家、省级方志馆17家、地市级方志馆140家、县区级方志馆420余家。此外，上海、安徽、福建、海南、西藏、新疆、内蒙古等省级方志馆已获得立项或正在建设中，河北、山西、四川等省申报立项工作也取得实质性进展。同时，尚有众多市、县级方志馆正在积极申报筹备建设。方志馆的迅猛发展从一定层面说明，方志馆建设是时代的需要，是社会自身发展的需要。综观现代方志馆建设，可以将其建设与发展的必要性归纳为以下几个方面。第一，建设方志馆是国家赋予地方志的使命和任务。《地方志工作条例》中明确规定了各级地方志工作机构的职能和任务，《规划纲要》在总体目标中明确提出了建设方志馆的工作任务。2015年，中共中央办公厅、国务院办公厅联合下发《关于加快构建现代公共文化服务体系的意见》（以下简称《意见》），对加强公共文化服务设施建设与发展提出了明确的目标："到2020年，基本建成覆盖城乡，便捷高效，保基本，促公平的现代公共文化服务体系。"因此，方志馆建设是国家公共文化服务体系建设的重要组成部分，是国家赋予广大地方志工作者的职责和使命。第二，建设方志馆是文化强国的需要，是社会主义文化建设的重要组成部分。当前，我国正在大力推进社会主义文化强国建设。为了更好地研究地情，宣传地情，开展爱国主义教育，培育家国情怀，培育和宣传社会主义核心价值观，需要一些能够全面展示自然、经济和社会发展情况的综合性场馆，而规划馆、档案馆、博物馆、图书馆等均不具备此项功能，方志馆定位为国情馆、地情馆，非常符合这一社会需要，是全面进行此类教育的最佳场所。因此，迫切需要把方志馆打造成爱国、爱乡、爱家的重要基地。第三，建设方志馆是传播地情知识、培育家国情怀的需要。当前，我国正在有力推进社会主义文化强国建设。从中央到地方，各级党委、政府都强调国情教育、地情教育，迫切需要为社会公众了解地情、认识家乡提供一个重要平台。而地方志上及天文，下涉地理，通古达今，自然、经济、政治、文化、社会等无所不包。方志馆通过宣传普及地情知识，让社会公众留得住乡愁，留得住记忆，正好填补了进行国情、地情教育的空白。第四，建设方志馆是更好地实现地方志存史、育人、资政的价值，更好地开发利用方志成果服务中心工作的需要。地方志是全面系统地记述一定行政区域的自然、政治、经济、文化、社会的历史与现状的资料性文献。我国现存历代编修的方志有8200余种[1]10余万卷。[2] 新编地方志工作开展以来，全国开展的两轮大规模编修工作取得了丰硕成果。据统计，全国目前共编纂出版省、市、县三级志书7000多部，行业志、部门志、专志、乡镇志等累计出版2.4万多部，地方综合年鉴1.5万多部，专业年鉴7000多部，[3] 加上大量地情文献、旧志整理成果和方志理论研究成果，构筑了以国情、地情为主要内容并不断丰富的文化资源宝库。这些珍贵的资料，需要专业场馆集中收藏，并开展相应的研究服务中心工作，满足社会各界需要，因此方志馆建设势在必行。第五，建设方志馆是普及方志知识、展示方志文化魅力的需要。方志馆，姓方，名志馆。有了方志馆，方志人就有了真正的家。绵延不断地编修地方志是中华民族的优秀文化传统，在千百年来方志编修过程中形成了具有中国特色的方志文化。方志文化是中国本土文化，是母文化，是基础文化，但是社会各界对方志的认识还比较模糊。让方志文化"飞入寻常百姓家"，为人民群众接受、认识，是全国各级地方志工作机构的一项重要任务。实现这一目标，需要建设方志馆，以更好地

---

[1] 参见中国科学院北京天文台主编《中国地方志联合目录》，中华书局1985年版，"前言"第1页。

[2] 参见王重民《中国的地方志》，中国地方史志协会、吉林省图书馆学会编《中国地方志总论》，吉林省图书馆1981年版，第1页。

[3] 参见《全国地方志事业发展规划纲要（2015—2020年）》。

传播方志基础知识，充分展示方志文化的独特魅力。第六，建设方志馆是方志文化走向世界的需要。民族的就是世界的，传播中国优秀传统文化，讲述中国故事，是社会主义文化建设的重要组成部分。方志文化走向世界，用方志的形式讲述中国故事，务实、可信、权威，且已被国外的大批学者所认同，但需要一个专门有效的推介、宣传平台。方志馆依靠雄厚的文化成果和资源储备，通过对方志及其相关地情的深入研究和充分展示，可以更好地向世界宣传中国，更好地让世界了解中国。习近平总书记指出：中华文明延续着我们国家和民族的精神血脉，既需要薪火相传、代代守护，也需要与时俱进、推陈出新。要加强对中华优秀传统文化的挖掘和阐发，使中华民族最基本的文化基因与当代文化相适应、与现代社会相协调，把跨越时空、超越国界、富有魅力、具有当代价值的文化精神弘扬起来……要围绕我国和世界发展面临的重大问题，着力提出能够体现中国立场、中国智慧、中国价值的理念、主张、方案。我们不仅要让世界知道"舌尖上的中国"，还要让世界知道"学术中的中国""理论中的中国""哲学社会科学中的中国"，让世界知道"发展中的中国""开放中的中国""为人类文明作贡献的中国"。总之，建设方志馆可以全景式记录和展示自然、政治、经济、社会、文化等方面发生的巨大变化，为改革开放和建设中国特色社会主义提供可资借鉴的文献资料，填补我国在文化基础设施建设方面的一项空白；可以向社会集中展示各地区的自然条件、历史沿革、地方特点和社会风貌，更加有效地培育人们的家国情怀，更好地践行社会主义核心价值观，在社会主义文化强国建设中发挥其独特作用。

三　方志馆的性质与定位

方志馆是否就是收藏志书、年鉴的图书馆？方志馆是不是和展览馆一样，主要承担展览、展示职能？对这些问题的回答，就涉及方志馆的性质与定位。对于方志馆的建设，在我国大力加强公共文化服务体系建设和社会主义文化强国建设的大背景下,应该寻找新的、准确的定位。一个时期以来,我国"覆盖城乡的公共文化服务设施网络基本建立,公共文化服务效能明显提高,人民群众精神文化生活不断改善,公共文化服务体系建设取得显著成效,呈现出整体推进、重点突破、全面提升的良好发展态势"①。在此过程中,公共图书馆、博物馆、文化馆、规划馆、档案馆等公共文化服务设施如雨后春笋般地建立起来,并发挥着各自的重要作用。但是,与当前经济社会发展水平和人民群众日益增长的美好生活需要相比,与基本建成公共文化服务体系的目标要求相比,公共文化服务体系建设水平仍然有待提高。在新的形势下,构建现代公共文化服务体系,是保障和改善民生的重要举措,是全面深化文化体制改革、促进文化事业繁荣发展的必然要求,是弘扬社会主义核心价值观、建设社会主义文化强国的重大任务。为此,2015年,中共中央办公厅、国务院办公厅联合下发《关于加快构建现代公共文化服务体系的意见》,对加强公共文化服务设施建设与发展,提出了明确的目标。在此背景下,作为重要的文化部门,全国各级地方志工作机构应该抓住当前难得的历史机遇,积极参与,主动作为,为各级方志馆建设探索出一条科学发展道路。方志馆作为正在蓬勃兴起的重要公共文化服务机构,可以借助后发优势,在充分借鉴吸收其他各类文化场馆建设经验的基础上,抓住机遇,砥砺前行。在《意见》精神的指导下,抓住重点,突出特色,积极争取在公共文化服务体系建设中发挥重要作用,树立自身地位,实现"弯道超车"。方志馆作为地方志事业的重要组成部分,对其定位,还应该立足地情研究,立足方志文化传承,从社会主义文化建设的高度加以认识。第四届中国地方志指导小组常务副组长朱佳木指出:"方志馆除了有收藏和展示志书,集中保存和统一管理修志过程中形成的文字资料、图表、照片、音像资料、实物及文稿等各种功能外,更为重要的功能乃

---

① 中共中央办公厅、国务院办公厅《关于加快构建现代公共文化服务体系的意见》。

是利用地方志工作的独特优势,对广大群众特别是青少年进行国情、地情和爱国主义教育。因此,从一定意义上可以说,方志馆也就是地情馆、国情馆,是重要的爱国主义教育基地。"① 具体而言,绵延不断地编修地方志是我们中华民族的优秀文化传统,作为地方志专业机构,各级方志馆必须围绕服务于传承方志文化传统,通过自身功能的实现,展示方志文化的魅力和影响力,让历史悠久的方志文化在新的历史时期焕发出新的生命力,为增强国家文化软实力和社会主义文化强国建设服务。那么,方志文化的魅力何在?方志乃"一方之全史",又是"一方之百科全书"。这种对方志的定位,深刻体现出方志记述内容的系统性和全面性。作为现代方志馆,其定位也正在于此。从业务范围上讲,方志馆应该包括编纂收藏研究、开发利用地方志资源,宣传展示国情、地情等主要方面;从管理运营上讲,还需有相应的机构编制、人员队伍、管理经费等主要内容;从基础设施建设上讲,还需有与之相匹配的建筑场馆等必要条件。因此,现代意义上的方志馆具有综合性内涵,不是单一的一个场馆或一个设施,而是一个综合性的公共文化服务机构。另外,从理论研究上讲,方志馆把志书和年鉴记述的内容立体地提供、展示给社会各界,而志书是全面系统记述本行政区域内自然、政治、经济、文化和社会的历史与现状的资料性文献,年鉴则是年度性资料,二者都是专业、系统、权威的地情资料。因此,方志馆是本行政区域内收藏、保护、展示和宣传地情文化最为全面、系统的文化服务机构,是本行政区域内具有文化名片性质的地情馆,或叫省情馆、市情馆、县情馆,国家层面则是国情馆。

四 方志馆与其他场馆的区别

我们只搞清楚方志馆的性质、定位还不够,还需要进一步厘清方

---

① 朱佳木:《在江苏省方志馆开馆仪式上的贺辞》,《中国地方志》2010年第5期。

志馆与其他各类文化场馆之间的区别。唯其如此，我们才能进一步对现代方志馆有一个全面、科学、合理的把握。以往已有各类文化场馆的建设相对成熟，在定位问题上是比较明确的。如图书馆的主要功能是收藏各类图书、音像、实物等资料，为社会提供相关查阅，开展信息咨询服务；博物馆的主要功能在于收藏、展示和研究代表人类文明发展、进步成果的实物，用实物展示一个时段的历史，有什么实物，办什么展览，是一条线；文化馆主要是开展群众文化活动，并给群众文化娱乐活动提供必要的场所；规划馆是针对城市建设、道路交通等进行布局和展示，着眼点在城市规划上，是一个点；档案馆是收集档案资料，为社会提供查询以及利用等服务。其他类似纪念馆、艺术馆等场馆都是属于功能相对单一的专题类场馆。那么，在各类场馆之中，只有方志馆是综合性场馆，是全面研究和展示一个区域自然、政治、经济、社会、文化的历史与现状的公共文化服务机构。作为地情馆的方志馆，把志书中的文字变成实物，把平面的东西变成立体的东西，让静态的东西活起来，这样生动形象地展示地情和国情，成为对中小学生进行爱国主义教育的课堂，成为社会各界快速、宏观、形象地了解一个地方的文化平台。因此，我们可以清晰地看出，方志馆与博物馆、图书馆、规划馆、档案馆等其他场馆有着明显的区别。其他场馆要么是一条线、一个点或一个方面，而方志馆的全面性、系统性和独特性是其他场馆不具备且无法替代的。

五　方志馆的主要功能

关于方志馆的功能，有一个不断认知的过程。十年前，我们的认识相对滞后。按照当时的理解，方志馆就是保存志鉴成果、开展方志研究、进行方志交流的一个地方或一栋建筑。功能单一，内容简单，甚至不少地方志工作机构一定程度上只是为了增加一些办公面积而已。随着时间的推移，我们对方志馆的认识不断变化，不断提升。2016

年，第一次全国方志馆工作会议在江西省景德镇市召开。会上提出："谋划方志馆事业的长远发展，必须着力推进方志馆的功能建设，特别是收藏和展示功能建设；必须着力推动方志馆建设与管理的制度化、规范化，特别是要尽快制定出台《方志馆建设规定》，全面推进各级方志馆建章立制，规范运行；必须着力强化方志馆的办馆特色，特别是要突出地情展示和地情信息服务特点。"[①] 因此，确定方志馆的主要功能，出发点在于谋求方志馆和地方志事业的长远发展，立足点是中国的国情、地情，要通过方志馆建设，把方志的存史、育人、资政功能和文化传承功能充分发挥出来，从而更好地服务社会各界的文化需求，助力社会主义文化软实力建设。为充分发挥方志馆地情资料收藏、保护、展示作用，更好地服务社会各界在地情信息和地情研究等方面越来越多的需要，综合全国地方志系统方志馆建设的实际，同时充分吸收博物馆、图书馆、档案馆等发展较为成熟的文化场馆的基本经验，经过方志馆界的反复实践并根据《方志馆建设规定（试行）》的明确要求，笔者将方志馆的功能大致确定为以下九个方面。

其一，收藏保护功能。中国社会科学院院长、中国地方志指导小组组长王伟光指出："馆藏资源是方志馆的立身之基，是方志馆实现可持续发展的前提。"[②] 收藏保护是方志馆基本功能之一，是服务社会需要的基础和前提。方志馆的收藏，应立足于提供区域性资源服务，重点收藏与本行政区域密切相关的地情资料。主要应集中于该行政区域内的史志、年鉴、谱牒等地情资料。在此基础上，根据本地实际和方志馆实力，适当兼顾地情报告、地情研究成果、地方档案、口述资料等相关纸质、音像、实物资料。通过不断搜集、收藏，建立起较为完整的、具有特色的地情资料体系，使方志馆具备服务社会的基本资

[①] 冀祥德：《在第一次全国方志馆工作会议上的讲话》，"方志中国"微信公众号，2016年10月9日。

[②] 王伟光：《在国家数字方志馆揭牌暨"方志中国"展览开展仪式上的讲话》，《中国地方志》2016年第7期。

源条件。与此同时，要根据方志馆藏书、藏品特点，创立一套独具地方志特色的藏书规范和藏品保管规范，并在此基础上形成科学、高效的方志馆馆藏资源管理体系。

其二，展览展示功能。这是方志馆作为地情馆区别于其他各类公共场馆的重要表现，也是方志馆的又一基本功能。方志馆不仅把其他文化场馆中碎片化的知识点连接到一起，还有纵深的、历史洞察的记述，把我们中华文化延绵不断的发展、演变与传承过程真实而客观地保留和展示出来。因此，方志馆的展览，不同于博物馆、展览馆的展览，更多是围绕两个主题展开：一个是综合性的国情、地情展览，一个是专题性的方志文化展览。但是，由于后者内容相对有限，因此方志馆展览的重心自然集中在综合性地情展览方面。反之，各级方志馆也只有强化地情展览的综合性特点，才能在众多展览展示中突出自己的特色，树立自己的品牌和地位。

其三，编纂研究功能。编纂和研究是深化方志馆软件建设的重要体现，是提升方志馆服务功能的重要支撑。各级方志馆大多数是各级地方志工作机构领导下的事业单位。因此，与具有行政职能的各级地方志工作机构不同，各级方志馆应侧重于具体的业务工作，主要是编纂史志、年鉴、地情资料，并依据馆藏资源，积极开展方志理论研究和地情研究。通过发挥编纂研究功能，更好地保存地方志资料，更好地为地方志工作提供理论支撑和智力支持，更好地服务于社会各界的地情信息需求。

其四，专业咨询功能。专业咨询功能是衡量方志馆服务能力的重要标准，是衡量方志馆自身业务实力的重要依据。为此，方志馆为社会提供信息服务，主要是利用馆藏资料，通过查阅、开发、研究，为社会各界提供专业的历史、文化、地情等咨询服务。这不仅要求各级方志馆必须充分具备提供信息咨询的馆藏资源，还要培养、训练出一支具有较高专业水准的人才队伍。这也是对各级方志馆建设与发展提出的更高要求。

其五，信息服务功能。信息化是目前各个领域发展的大势所趋。信息化建设是一个系统的文化工程。这个工程的实施必须加快推进，迎头赶上，甚至弯道超车，才能在日益发展的信息化大潮中站稳脚跟。当然，地方志信息化建设主要还是依靠各级方志馆的信息化建设平台，特别是各级数字方志馆的建设来顺利实现。王伟光指出："数字方志馆建设作为全国信息方志与数字方志工程建设的重要内容，在建设中要注重与实体方志馆协调发展和共同推进，注重传统和现代相得益彰与融合发展。"① 因此，方志馆建设要抓住数字方志馆平台，积极拓宽服务渠道，扩大方志信息的覆盖面，更加便捷地服务社会各界需要，从而促进地方志事业的发展。另外，地方志系统的信息化绝不仅仅是一批志书、年鉴的数字化，而是要紧紧依托方志馆资源，积极树立互联网思维，大力引进计算机技术、网络技术和通信技术等先进技术和新兴传播媒介，提高各级方志馆资源的开发利用能力和传播效率，从而为社会提供认识方志、了解地情的重要窗口。通过先进的互联网技术手段，发挥出地方志的公共文化服务功能，为国内外需要者提供最为便捷、快速、畅通、有效的服务。特别是发挥国家方志馆的桥梁和纽带作用，推动国家数字方志馆建设，逐步实现各级方志馆之间的资源共享，形成地方志系统信息化建设的合力，共同打造地方志信息化建设品牌，更好地推动方志文化走向我国文化建设的前台，走在世界文化竞争与发展的前列。

其六，开发利用功能。这是与信息化建设和服务功能相伴随的一种功能，是方志馆提供公共文化服务的基本途径。"修志为用"一直是地方志系统秉承的重要理念。《规划纲要》也明确要求，到2020年，基本形成包括资源开发利用体系在内的"五位一体"的地方志事业发展综合体系。方志馆建设要坚持《规划纲要》提出的目标任务，

---

① 王伟光：《在国家数字方志馆揭牌暨"方志中国"展览开展仪式上的讲话》，《中国地方志》2016年第7期。

通过加强方志馆馆藏资源的开发利用，让人民群众能够共享方志文化建设的成果。为此，各级方志馆要坚持让馆藏资源"活起来"的理念，通过对馆藏资源的挖掘、整理、宣传、加工、改造，使之更好地服务于经济社会发展和满足人民群众美好生活的需要。

其七，宣传教育功能。宣传教育主要指宣传国情、地情及方志文化，对公众进行爱国、爱乡、爱家教育及传统文化教育。众所周知，地方志记载了大量有关祖国各地的山川人物、革命历史的内容，为培养国人的爱国情感提供生动的素材。方志馆拥有丰富的馆藏地情资源和多样的展览展示项目，因此可以通过编纂相关书籍资料、举办展览展示，使方志馆成为一定行政区域内开展爱国主义、革命传统和乡土教育的重要场所。成为建设学习型社会、传播正能量、宣传家国情怀、培育和践行社会主义核心价值观的大课堂。

其八，业务培训功能。方志馆建设的主要目的之一是服务地方志工作。各级方志馆编纂研究功能的实现和加强，将充分赋予各级方志馆业务研究的人才实力和业务理论水平。随着全国地方志事业的不断深入推进，特别是越来越多的人员加入修志队伍，依托方志馆人才和资源优势，组织开展各类理论和业务培训，势必成为各级方志馆的一项重要功能和职责。

其九，文化交流功能。方志馆是展示国情、地情、人文历史的固定场所。方志馆可以为相关的领导、专家、研究学者提供丰富、准确的信息。方志馆可以把不同时期方志的原始资料、中间成果进行展示，有利于地方志的容量不断拓展，为地方志的编修提供更广阔的信息交流领域。因此，方志馆要以地方资料为依托，积极进行城市间、地区间、国家间历史、文化、风土人情交流，把方志馆打造成国内外文化交流的重要平台，打造成联系海外侨胞、港澳台同胞的重要纽带，打造成方志文化走向世界、建立国际话语权的重要基地。与此同时，在与境内外其他相关学术和工作单位的交流合作中，不断提升方志馆的业务和工作水平，不断提升方志馆在国内外公共文化机构中的地位和影响力。

六 结　语

　　方志馆作为重要的公共文化服务机构，是存史育人资政、开发利用方志成果，服务大局、服务中心工作的重要载体和阵地，是普及国情地情知识，宣传方志文化的重要窗口，是爱国、爱乡、爱家的精神家园和重要的教育基地，是一个地方最具代表性、权威性、标志性的"文化名片"，是对外展示中国文化的桥梁和纽带。只有立足方志文化，坚持方志馆定位国情馆、地情馆的基本理念，充分借鉴吸收博物馆、图书馆、文化馆、规划馆等各类文化场馆的优点，以此整合、拓展方志馆的主要功能，更加积极地发挥地方志的重要作用和价值，为方志馆建设开辟一片新天地，助推方志馆在社会主义公共文化服务体系中绽放独特魅力。

中国地方志事业发展的经验、问题及对策[①]

摘要：中华人民共和国成立后，方志编修事业迅速发展，方志馆、网、库建设加快了地方志事业的转型升级，为当代经济社会发展和文化建设发挥了不可替代的作用，也为今后中国方志事业的快速、高质量发展积累了经验。然而，新方志编修及地方志事业的发展仍面临认识不足、基础设施薄弱、人才队伍短缺、地域发展失衡、对外传播不足、管理主体不断弱化等问题。要解决上述问题，需要提高历史站位，深刻认识地方志的重要性；加强组织领导，推动基础设施不断完善；建立健全督察督办机制，跟踪方志工作的落实情况；理顺体制机制，扭转方志工作机构不断弱化的局面；加快地方志立法工作，有效解决地域发展的失衡问题；着力推动方志学学科建设，培养和造就一支素质过硬的人才队伍；利用方志资源优势，增进中外友好往来；坚持修志为用，实现方志的创造性转化和创新性发展。

关键词：地方志；方志编修；方志文化；方志馆

一　引言

地方志又称方志，是全面系统记述一定行政区域自然、政治、经济、社会和文化的历史与现状的资料性文献。据1985年中华书局出版的《中国地方志联合目录》统计，中国现存古代方志8000多种，10万余卷，约占中国现存古籍的十分之一。[②]

[①] 作者刘玉宏，发表于《北京社会科学》2022年第4期。
[②] 中国科学院北京天文台：《中国地方志联合目录》，中华书局1985年版。

方志编修源远流长。当代学者一般认为方志起源于古地理书、古国史及古舆图等，流传最广的当为"《周官》说"和"古史说"。秦汉魏晋南北朝时期，伴随着大一统国家的建立，地记、图经畅兴，出现了全国性的舆图、地理书和地理志，虽其名称各异，然皆言地域之分，条记土地、户口、风俗等，成专记地方之书，方志雏形由此奠定。方志定型于宋代，宋徽宗大观元年（1107年），朝廷设立九域图志局，作为专门的修志机构，组织全国修志。至南宋时期，官修已成为方志编修的主流，各地修志蔚然成风，产生了一批颇具影响力的名志，"志"作为专称已较普遍，方志基本定型。方志兴盛于元明清时期，元代创修的《大元大一统志》开创了国家编修一统志的先河，清代更加注重一统志的编修，先后组织编修了康熙、乾隆、嘉庆三部一统志。方志转型于民国时期，国民政府先后通令各省市县纂修志书，建立通志馆，并规定省志30年一修，市县志15年一修。在这个阶段，志书体例和内容均发生了很大变化，方志开始向近代进一步转型，方志理论研究成果也日渐丰富。

中国地方志在漫长的岁月中不断地记载着历史。英国著名科技史专家李约瑟称："无论从它们的广度来看，还是从它们有系统的全面性方面来看，都是任何国家的同类文献所不能比拟的。"[1] 中国文化之所以延续至今没有中断，也得益于我们官修志书的传统，地方志在中国的社会发展中起到了重要作用。但是，中华人民共和国成立以来，方志事业在取得一系列成绩、积累一系列经验的同时，也遇到了一些瓶颈问题。

二　新中国地方志事业发展的实践经验

中华人民共和国成立后，方志编修工作发展迅速。20世纪五六十

---

[1] ［英］李约瑟：《中国科学技术史（第5卷第1分册）·地学》，科学出版社1976年版，第44页。

年代，全国20多个省市的530多个县开展了修志工作，后因"文化大革命"而中断。20世纪70年代末80年代初，第一轮新编地方志工作全面展开；20世纪末21世纪初，第二轮修志工作陆续启动并于近年全面完成。新方志事业发展的实践经验和特点主要体现在以下几个方面。

（一）党和国家领导人重视、支持

新方志事业之所以能够取得辉煌成就，离不开历任党和国家领导人的重视和支持。中华人民共和国成立之初，毛泽东、周恩来就委托国家档案局局长曾三组织编修志书。1958年，毛泽东在成都开会期间，专门借阅了《四川省志》《蜀本记》《华阳国志》阅读。同年，周恩来在与北京大学图书馆邓衍林教授谈话中明确指出："我国是一个文化悠久的大国，各县都编有县志，县志中就保存了不少各地经济建设的有用资料。"[①] 1979年邓小平指示："编辑出版年鉴，很有必要，这是国家的需要，四化建设的需要。"[②] 1993年，江泽民在中南海会见查良镛（即金庸），临别时向其赠送《浙江方志源流》《浙江地名简志》等书，并在《浙江地名简志》扉页上题写了"良镛先生惠存"。

习近平一向重视地方志工作。他指出："修志是一项很有意义的工作""要马上了解一个地方的重要情况，就要了解它的历史。了解历史可靠的方法就是看志，这是我的一个习惯。过去，我无论走到哪里，第一件事就是要看地方志，这样做，可以较快地了解到一个地方的山川地貌、乡情民俗、名流商贾、桑麻农事，可以从中把握很多带有规律性的东西。"[③] 2004年，习近平在浙江担任省委书记期间，亲自指导《白沙村志》的编修工作，并勉励村民把《白沙村志》继续编修下去，把新变化写入新村志。2014年2月25日，习近平在首都博物馆

[①] 浙江省地方志编辑室编：《修志须知》，浙江人民出版社1986年版，第3页。
[②] 李维民主编：《中国年鉴史料·邓小平谈年鉴》，北京志鉴书刊研究院2003年版，第172页。
[③] 中共宁德市地委办公室：《关于印发习近平同志在全区地方志工作会（议）上讲话的通知》。

参观时指出，要高度重视修史修志工作。2021年，习近平对中国地方志指导小组办公室倡议在全国范围内编修《中国扶贫志》《中国小康志》作出重要批示，全国地方志工作机构受到极大鼓舞。地方志事业在党和国家重大部署和国家治理中的地位日益凸显。

李克强曾两次就地方志工作作出批示。2014年，李克强批示："地方志是传承中华文明，发掘历史智慧的重要载体，存史、育人、资政，做好编修工作十分重要。五年来，全国地方志工作者执着守望、辛勤耕耘，地方志工作成绩斐然，这项事业呈现良好发展势头。谨向同志们致以诚挚问候！修志问道，以启未来。希望你们继续秉持崇高理念，以更加饱满的热情、以求真存实的作风进一步做好地方志编纂、管理和开发利用工作，为弘扬优秀传统文化、服务经济社会发展作出新的贡献。"[1] 2015年，李克强再次作出批示："方志流传绵延千载，贵在史识，重在致用。各级政府都要关心和支持地方志事业发展，也希望地方志工作者继续发扬方志人精神，志存高远，力学笃行，执笔著信史，彰善引风气，为当代提供资政辅治之参考，为后世留堪存堪鉴之记述。"[2]

（二）组织指导有力

为推动全国地方志工作，中宣部、国务院办公厅曾先后发文，提出指导性意见。1958年，国务院科学规划委员会成立地方志小组，1983年更名为"中国地方志指导小组"，下设办公室作为日常的办事机构，负责统筹规划、组织协调、督促指导全国地方志工作。[3] 这标志着地方志工作有了最高的指导机构，中国的地方志事业从此迈入新发展阶段，各项工作进入了全面系统、健康有序的发展轨道。在此带

---

[1] 李克强：《修志问道以启未来》，中国政府网，http：//www.gov.cn。
[2] 李克强：《关心和支持地方志事业发展为当代提供资政辅治之参考为后世留堪存堪鉴之记述》，中国政府网，http：//www.gov.cn。
[3] 中国地方志指导小组办公室编：《全国地方志法规、规章及行政规范性文件汇编》，方志出版社2016年版，第1页。

动下,各省市也都设立了专门的修志工作机构,从修志机构、人员队伍、业务规划、经费保障等方面,全面加强了对修志工作的组织指导。

(三) 开发利用突出

方志既是宝贵的文化遗产和精神财富,又是开启未来的重要智慧和力量源泉。盛世修志,修志为用,地方志在服务经济社会发展中取得了丰硕成果,形成了哲学社会科学庞大的成果群,是一个取之不尽、用之不竭的资源宝库。当前,全国各地在旅游开发、文化建设等领域,持续开展读志用志工作,并取得了显著成绩,主要表现在以下三个方面。

其一为防灾减灾。中国科学院地震工作委员会从5600余种方志中辑出大量古代地震资料,于1956年编撰了《中国地震资料年表》,1980年又重新校补为《中国地震资料汇编》。这些资料为分析各地地震的分布特点、演变规律、地震烈度等提供了重要依据。汶川特大地震发生后,在北川县城重建阶段,北川县地方志部门会同中国城市规划设计院等部门,依据乾隆《石泉县志》、道光《石泉县志》、民国《北川县志》和新编《北川县志》,拟订了北川新县城四个备选地址。2008年11月,国务院常务会议审查决定了北川县城新址。

其二为旅游开发。著名作家茅盾担任文化部部长时曾建议从地方志中汇编名胜古迹资料,为发展旅游事业服务。他说:"我国地方志书,源远流长,种类繁多,志书搜集材料之广博,超过正史、野史、前人笔记之所记载,似可组织人力,即以地方志中适合于旅游者之多方面兴趣而引人入胜者,编写导游指南。"[①] 海南省三亚市志办对此做出了有益的尝试,其深入挖掘唐代鉴真和尚第五次东渡日本遭遇台风时在三亚、万宁、琼山等地停留活动的大量史料,建议三亚市委、市政府开发新的人文旅游景点,在海山奇观游览区内建起鉴真登岸纪念

[①] 韦韬、陈小曼编:《茅盾杂文集·夜半偶记》,生活·读书·新知三联书店1996年版,第955页。

群雕、南山佛教文化区、道教文化区及南海观音雕像；又协助旅游部门在"天涯海角"新辟历史名人雕像区，树立起冼太夫人、李德裕、黄道婆等8座历史名人雕像，丰富了"天涯海角"的人文景观。

其三为挖掘名特产品。以名酒为例，酒文化在中国有着悠久的历史，但通常的史料一般仅仅概述酿酒人物，而志书除记述创始人外，还提供名酒产地的详细地理位置，乃至对某村、某河、某井、某泉、某巷等均有记载。如杜康酒发源地就是根据清乾隆《白水县志》、道光《伊阳县志》和《汝州全志》的记载而得知。这样的实例不胜枚举。

（四）馆网并举而进

方志馆是收藏研究、开发利用地方志资源，宣传展示国情、地情的公共文化服务机构。在中国地方志指导小组办公室的指导下，当前全国出现了方志馆建设热潮。2008年国家方志馆正式建馆。之后，国家方志馆黄河分馆、知青分馆、中原分馆、北京市方志馆、广州市方志馆等标志性方志馆陆续建成，成为方志文化传播的重要阵地。据中国地方志指导小组办公室统计，截至2020年底，中国已建成省市县三级方志馆611个，其中包括国家方志馆1个、国家方志馆分馆4个、省级方志馆24个。进入新时代以来，全国地方志系统着力建设各类地情网站、数据库，稳步推进国家、省、市、县、乡、村六级联网，开辟了"一网网天下、志鉴书古今"的新格局。2016年国家数字方志馆揭牌，同年中国地情网、中国方志网开通上线。

（五）依法治志格局形成

2006年，国务院颁布《地方志工作条例》，这是中华人民共和国成立后第一部关于地方志的法规性文件，标志着地方志事业走上了法制化轨道，具有里程碑式的意义。2015年，国务院办公厅印发《全国地方志事业发展规划纲要（2015－2020年）》，开创了新时期依法治志的新局面，全国各地也都相应地出台了地方性方志编纂法规。目前，除港澳台地区外，全国已有31个省（区、市）由人大或政府出台了地方志工作条例、规定、实施办法等，尤其是山东省在全国率先实现省市县地方志规章全覆盖,全省17个地级市、137个县(市、区)全部颁布了地方志规范性文件,形成了较为完善的法规体系。新中国方志事业从此走上了法制化建设的轨道,依法治志的格局逐渐形成。

截至2020年,全国共编纂出版省市县三级志书1万多种,省市县三级地方综合年鉴数千种。再加上部门志、行业志、专业志、理论著述及旧志整理的成果,共同构筑了以国情地情为主要内容并不断丰富的文化资源宝库,形成了哲学社会科学最庞大的成果群。

三 当前地方志发展中存在的问题

中华人民共和国成立以来,尤其是改革开放以来,新方志事业发展取得了巨大的成绩,成果丰硕,对社会、经济、文化发展作出了重要贡献,但是仍存在一些问题,需要研究探析,找出问题及其根源。

(一) 社会认识不足

方志文化是中国的本土文化,是基础文化,但是由于各种原因,一段时期以来,方志文化的宣传弘扬颇为不畅,导致社会各界对方志的认识还比较模糊,对方志的了解存在不足。让方志文化"飞入寻常百姓家",为人民群众所接受,是今后一个时期全社会的共同任务。方志史料历来深藏于图籍文库,虽为历代官员和饱学之士所青睐,但与整个社会人群还有距离,其受众范围仍比较窄。普通百姓接触方志者甚少,甚至现在的很多政府官员和学者也不了解地方志的内涵、特点和价值。有的政府官员即使对地方志有所了解,但在思想上也不够重视,认为编修志书可有可无。尤其是在经济大潮冲击下,方志一度被边缘化,少有问津,对方志的传承弘扬更是无从谈起,以至于不少珍贵的地方志文献资料被束之高阁,不为人知,得不到重视和利用。

(二) 基础设施薄弱

编史修志是中华民族的传统,是中国特色社会主义文化强国建设的基础工程。目前,国家、省、市、县各级都有方志工作机构,但有条件保存志书的单位只有700多个，其中还有部分设施尚不达标。与工作机构相比，建设有方志馆的单位尚不到四分之一，反映中华民族悠久历史和浓郁文化特色的方志馆建设还比较薄弱。对此，全国地方志指导机构——中国地方志指导小组办公室出台了《方志馆建设规定（试行）》，一些全国人大代表和政协委员也曾多次提出议案，呼吁重视方志馆建设，加强方志资源的保存和开发利用。此举虽然取得了一定效果，但当前方志的基础设施建设与理想局面仍存在较大差距，与方志文化价值不相称，也与方志文化应有的地位不相匹配。

（三）人才队伍堪忧

方志编修历来为政府所重视，编修地方志是"官职官责"，乡贤名流、文人修志是历代约定俗成的传统。当前，随着社会进步，社会分工发生明显变化，越来越多的人员加入修志队伍中，众手成志已成为当今修志的普遍现象。但是，与古代修志人员相比，今天方志领域的专业人才仍然不足，特别是文化功底深厚、语言文字过硬的人才少之又少。尤其是许多地方将方志工作岗位作为安排闲置人员的地方，严重影响了方志人才队伍建设，其结果是志书编纂质量往往难以保证。这种现象比较普遍，给方志编修带来了严重困难。

（四）管理主体弱化

近几年来，机构改革不断深化，各地对方志文化及其重要性的认识参差不齐，部分省市区县将地方志工作机构与其他部门合并，地方志管理主体不统一，被边缘化、弱化的现象十分突出。比如，同为省一级机构，有的是厅级，有的是副厅级，有的是处级，河北、宁夏的处级管理主体，就很难对厅局级单位安排布置工作，出现了"小马拉大车"的情况。再比如，同为地方志工作机构，有的归属政府，有的归属党委，有的归属地方社科院，宁夏、浙江的方志工作机构归属地方社科院，就很难发挥对行政事务的推动力。如此一来，原本属于弱势部门的地方志工作机构，靠行政手段推动工作的力度受到大幅度削减，从而导致方志工作步履维艰，难以开展。

（五）对外传播不足

民族的就是世界的。2016年5月17日，习近平在哲学社会科学工作座谈会上的讲话中指出："中华文明延续着我们国家和民族的精神血脉，既需要薪火相传、代代守护，也需要与时俱进、推陈出新。"[①] 然而，方志文化作为中华民族的优秀文化现象和特有的"文化名片"，对外传播并不尽如人意，基本上还停留在自说自话的状态，应有作用没有得到有效发挥。尽管美国、日本、英国、法国、德国、越南、韩国等不少国家藏有中国方志史料，但也大多存于古籍旧库，影响受限；其他一些国家则对中国方志史料知晓甚少，更谈不上广泛传播与深远影响。如何利用方志文化讲述中国故事，传播中国理念，提供中国方案，树立中国形象，如何有效化解一些国家对中国的误解，发挥方志文化独特的作用，是我们今后应予重视的工作。

（六）地域发展失衡

党的十一届三中全会以后，在全国开展的"两轮"大规模修志中，发达地区方志编修机构健全，人员经费充足，基础设施良好。这些地区能够按照规划正常、有序地开展方志编修工作，取得了显著成就，有效推动了哲学社会科学的发展。然而，在落后地区，有的缺少编修规划；有的有规划难落实；有的启动迟缓、机构缺失、人员队伍力量薄弱，编修质量难以保证；有的则将"两轮"编修合并，不能按时完成任务，只能不断地调整规划。这些因素使经济发达地区和经济落后地区的差距逐渐拉大，方志事业的发展明显失衡。

四 未来地方志事业发展的对策思路

方志文化作为中华优秀传统文化的重要组成部分，随着社会的发展日益受到重视，但是一些地方重经济、轻文化，方志编修仍时常面

---

① 习近平：《在哲学社会科学工作座谈会上的讲话》，人民出版社2016年版，第17页。

临着尴尬的境遇，常常出现领导不够重视，经费难以保证、修志工作为其他工作让路等情况，再加上人才队伍素质参差不齐，未来方志事业的发展仍面临诸多问题。因此，我们需要认真加以研究，并针对全国的实际，提出行之有效的改进措施。

（一）提高历史站位，深刻认识地方志的重要性

首先，应提高对方志文化历史地位的认识。方志文化源远流长，在历史发展变迁中显示出了历久弥新的顽强生命力和巨大创造力。一方面，志、鉴、谱、图共同形成的方志文化已经成为凝聚海内外炎黄子孙的精神纽带，成为中华文明源远流长的文化符号，并由此缔造了"万姓同根，万宗同源"的民族文化认同和崇尚"大一统"体制的社会主流意识，是证古传今、维系民族团结和国家统一的物质载体和文化支柱，是筑牢中华民族共同体意识的重要保障。另一方面，撰著编修志书，不仅仅是历代统治者政令官修的产物，同时也是历代知识分子寄托其观古今知通变、胸怀天下之志的重要载体。正如宋元祐年间林虙在《吴郡图经续记·序》中所言："先生所为《图经续记》以示我，阅此一览尽知矣。退而观之，千数百载之废兴，千数百里之风土，灿然如指诸掌，呜呼何其备哉！"[①] 进入新时代，方志文化又被赋予了弘扬社会主义核心价值观等时代内涵，为新时代文化强国战略和实现中华民族伟大复兴的中国梦提供了历史经验和智慧，其在中华民族优秀传统文化中的地位和作用将进一步得到彰显。

其次，应增强方志文化是新时代社会发展需要的认识。弘扬方志文化是记录和传承历史的需要。北宋学者郑兴裔在《广陵志·序》中指出："郡之有志，犹国之有史。"[②] 存史是地方志最基本的功能，也是发挥其他功能的基础。清代著名学者章学诚说："家有谱，州县有志，国有史。"[③]

[①] （宋）林虙：《吴郡图经续记·序》，《吴郡图经续记卷下》，民国景宋刻本。
[②] （宋）郑兴裔：《广陵志·序》，《郑忠肃公奏议遗集》，四部丛刊本。
[③] 章学诚：《为张吉甫司马撰大名县志序》，《文史通义新编新注》，浙江古籍出版社2005年版，第1041页。

历史最忌讳的就是没有细节，而这些细节就依靠于地方志，因为地方志是在一个小的范围之内，越小准确度越高，越大而化之准确度越不高，所以它（地方志）是帮助历史补充细节的好依据。诚然，存史是地方志的第一要义。如有关钓鱼岛主权自古以来属于中国的记载：清代黄叔璥所著《台海使槎录》（1736年）卷二《武备》列出了台湾府水师船艇的巡逻航线，原文称"山后大洋，北有山名钓鱼岛，可泊大船十余"。乾隆十二年（1747年）范咸《重修台湾府志》及乾隆二十九年（1764年）余文仪《续修台湾府志》全文转录上述记载。道光年间陈寿祺的《重纂福建通志》中，不仅显示钓鱼岛于清代纳入海防巡逻点，更将其明确载于卷八十六《海防·各县冲要》，列入台湾的噶玛兰厅（今台湾宜兰县）管辖。

再次，应加深弘扬方志文化是留住乡愁记忆需要的认识。乡愁所承载的，表面上是对家乡和人情的依恋，深层次则是一种文化上的皈依与寄托。透过方志文化可以读到祖先的谆谆教诲，读到唐诗宋词的至美文华。这种丰厚的文化沃土，潜移默化地融入中华儿女的肉体与灵魂，无形中影响并形塑着个人和群体的人性与品格。杜牧的诗句"借问酒家何处有，牧童遥指杏花村"让世人对杏花村家喻户晓。《杏花村志》中户牒、族系详细地记载了杏花村家族的演变。大槐树下的故事老百姓耳熟能详，《洪洞县志》《大槐树志》中记载：明永乐年间，当地官府曾七次在大槐树左侧的广济寺集中泽、潞、沁、汾和平阳没有土地的农民及人多地少的百姓迁往中原一带，并给所迁之民以耕牛、种子和路费。地情书《瀛寰志略》中，有关于近代"下南洋"移民潮的记载："闽、广之民，造舟涉海，趋之如鹜。竟有买田娶妇，留而不归者，如吕宋、噶罗巴（爪哇）诸岛，闽、广流寓殖不下数十万人。"[①] 通过志书可以寻根问祖。例如大部分台湾人的祖先，五百年前在闽南，一千五百年前在中原固始，《厦门市志》《固始县志》等均

---

① （清）徐继畬：《瀛寰志略》，上海书店出版社2001年版，第28页。

有记载。

最后,应深化弘扬方志文化是经济社会发展需要的认识。1991年6月《岳阳楼洞庭湖风景名胜区总体规划大纲》通过前,中国城市规划设计研究院曾多次咨询地方志部门的意见。其景区规划参阅了历代《岳州府志》《巴陵县志》《岳阳市志》,最终景区规划的实施效果,受到了社会各界的好评,吸引了大量游客驻足,促进了当地经济的发展。著名气象、地理学家竺可桢根据方志记载的植物分布及花开花落的时间变化,研究中国历代气候变化规律。其所著《中国近五千年来气候变迁的初步研究》将中国的气候变化分为四个时期,其中之一便称为"方志时期"(1400—1900年)。而之所以这样命名,正是因为他利用大量明清方志,研究了明清两代500年间长江、黄河流域的气候变化情况。这些案例生动诠释了方志文献的价值所在,充分挖掘其中的史料记载,有助于推动经济社会发展,从城市规划、科学研究、文旅活动等诸多方面发挥其重要作用。

(二)加强组织领导,推动基础设施不断完善

中华人民共和国成立后,经过"两轮"大规模修志工作的开展,逐步形成了"党委领导、政府主持、地方志编纂委员会及其工作机构组织实施"的工作格局。在新形势下,各级党委、政府要继续秉承这一理念,继续加强对地方志工作的组织领导,不折不扣地贯彻落实"一纳入,八到位"的工作要求,即把地方志工作纳入国民经济和社会发展规划、各级政府工作任务之中;做到认识到位、领导到位、机构到位、编制到位、经费到位、设施到位、规划到位、工作到位。各级政府要以此作为抓手,建立健全相应的组织机构,配齐配强相关人员,不断推动基础设施的升级完善,为社会公众提供服务。各级政府真正做到齐抓共管,对时对表,逐项落实。尤其要强调的是,"一纳入,八到位"是经过实践检验的宝贵经验,过去行之有效,未来仍将行之有效。

(三)建立健全督察督办机制,跟踪方志工作的落实情况

在一些地方,政府往往以经济社会发展为工作重点,地方志工作

处于被边缘化的状态，很大程度上进入不到党政主要领导的工作视野中，导致地方志工作推进缓慢或被搁置。即使开展较好的地方，志书资料收集工作也需要各部门通力配合。因此，建立健全督察督办机制，制定相应工作制度和推进措施，确保方志编修工作落到实处尤为必要。

"两轮"修志工作开展以来，北京、吉林、海南、四川等地加强对贯彻《地方志工作条例》和实施办法情况的执法检查。大部分省（区、市）依法加大地方志法规规章的执行力度，定期开展人大执法检查或政府督察，依法纠正、查处执行不力和违法行为，已经积累了一些经验。如沈阳市地方志办公室等取得了行政执法主体资格；贵州省印发了《贵州省市（州）地方志工作目标管理考核试行办法》，进行量化管理；河北省建立了省政府对地方志编纂的工作调度会制度；江苏、福建两省政府将修志工作列入政府年度主要任务之一，作为政府督查内容与考核目标。同时，将修志编鉴工作列入政府年度重点工作目标进行绩效考核，已经成为各地各级推进地方志工作的重要方式。据中国地方志指导小组办公室统计，从河北、内蒙古、辽宁、吉林、黑龙江、江苏、福建、江西、山东、湖北、湖南、广西、海南、四川、贵州、西藏、青海、宁夏、新疆等19个省（区）提交的数据来看，近10年来，以上19个省（区）共开展省级依法督察902次，发现问题432处；市级依法督察4431次，发现问题1432处；县级依法督察近1.3万次，发现问题4428处。[①] 通过制度化的依法督察，可使修志工作中的难点问题得以解决，对推动地方志工作起到了强有力的保障作用。

（四）理顺体制机制，扭转方志工作机构不断弱化的局面

新编地方志工作经过"两轮"大规模的开展，逐步形成了"党委领导、政府主持、地方志编纂委员会及其工作机构组织实施"的工作

---

① 以上数据来自中国地方志指导小组办公室历年统计资料，具体参见中国方志网，http://difangzhi.cn。

格局。实践证明，这种体制机制的建立对地方志编修工作起到了保障作用。近几年来，随着各地机构改革的不断深化，部分省市区县将地方志工作机构与其他部门合并，地方志工作出现了被边缘化的倾向；有的省级工作机构规格偏低，出现了"小马拉大车"的情况；有的机构归口不顺，如宁夏、浙江的方志工作机构放在社科院，很难发挥行政的推动力。因此，各级政府应高度重视这一点，把地方志工作作为当地文化建设的重要任务来抓，特殊部门要特殊对待，升格或高配地方志工作机构，统一归口党委领导、政府主持，真正强化行政推动的手段，这是保护和弘扬方志文化的基本措施和要求。

（五）加快地方志立法工作，有效解决地域发展的失衡问题

党的十八大以来，全面推进依法治国已成为我党治国理政的"四个全面"战略布局之一。地方志作为中华民族优秀传统文化的重要组成部分和中华民族的文化血脉，全面开展依法治志也成了其中的应有之义。因此，当前在按照2006年国务院《地方志工作条例》依法开展修志工作的同时，制定出台一部《中华人民共和国地方志法》，从国家法律的高度对修志工作和地方志事业发展加以确认，从而确保地方志工作在国家法律的保障框架内顺利推进是十分必要的。

依法治志就是要建立完备的地方志法律体系和完善的相关配套体制机制，最终目的是使与地方志相关的法律能够在地方志事业的各个方面得到普遍、切实地遵守，以实现地方志事业的法治秩序。其核心在于，逐步实现地方志事业发展的常态化、制度化、法治化。换言之，依法治志的目标就是从单一修志转变为多业并举，实现地方志事业的全面化；从依靠行政命令转变为依据法律，实现地方志事业的法治化；从地方志系统行为转变为国家社会责任，从而实现地方志事业的社会化；从一个职业转变为一个专业，实现地方志事业的专业化；从修志为志转变为围绕中心、服务大局，实现地方志事业的功能化等，以确保地方志事业全面创新协调、持续发展。

（六）着力推动方志学学科建设，培养和造就一支素质过硬的人才队伍

在新形势下，方志学理论研究、方志学学科建设、方志人才队伍培养、方志编修质量的提高，已成为方志事业能否持续、健康发展下去的重点和难点。其中，人才队伍培养是重中之重，学科建设则是解决这一问题的关键。当前，要及时总结"两轮"大规模修志的实践经验和教训，把丰富的实践经验上升到规律性的理论认识上来。与此同时，要广泛地开展与高校合作，设立方志学院、方志系等类似的教学平台，全面开展方志专业人才的培养，逐步建立起一支业务能力强、理论素质高的人才队伍；认真开展方志理论基础研究，积极总结实践经验，提出新观点，创造新理论，为构建全新的方志学学科体系奠定坚实的基础，以学科建设的发展来保证未来志书编纂质量的提高，特别是为第三轮修志工作做好人才队伍建立和学科体系建设的准备。同时，要彻底解决新志编纂质量不高、程序不够规范、人才断档、人员素质参差不齐及队伍不稳定的状况。

（七）利用方志资源优势，增进中外友好往来

中华民族具有数千年连绵不断的历史，并创造了博大精深的中华文明，珍贵的方志资源是传承和弘扬中华民族优秀传统文化的历史根脉，是培育和践行社会主义核心价值观的深厚滋养，是中国特有的"文化名片"。英国科技史专家李约瑟曾经说过："要研究人类文明，就必须要研究中国的地方志；要研究中国文化，就必须要研究中国的地方志。"[1] 由此可见，方志资源在中外联系和交流中发挥着重要作用。吉林省地方志编委会在征集《吉林省志·人物志》入志名单的过程中，发现了一位叫张蔚华的抗联烈士，他与金日成的特殊关系和友谊引起了吉林省地方志编委会的关注。张蔚华与金日成两家是世交，

---

[1] ［英］李约瑟：《中国科学技术史（第5卷第一分册）·地学》，科学出版社1976年版，第48页。

张蔚华在抗日武装斗争中多次舍身相救金日成。因此，朝鲜方面非常重视张蔚华。经过大量考察调研，吉林省地方志编委会了解并掌握了一大批鲜为人知的史料，不仅丰富了吉林抗联史和地方党组织的历史，也丰富了朝鲜的军事和党史内容。后来，吉林省地方志编委会将这位传奇人物收入《吉林省志·人物志》。正是由于志书中记载的张蔚华，促成了吉林省地方志系统和朝鲜劳动党党史界的多次互访和交流，为加强两国的友好关系发挥了作用。

随着中华民族的和平崛起，中国越来越接近世界舞台的中央，世界需要了解中国，中国需要拥抱世界。党的十八大以来，习近平提出"构建人类命运共同体"和"一带一路"的中国方案。这些构想需要世界接受和认同，需要更多的国家给予积极的响应。地方志作为中国特有的文化现象，具有特殊的对外传播作用。优秀的方志文化，不但可以向世界展现一个古老而辉煌的中国，而且可以向世界提供一个真实而博大的中国，让世界感觉更加可信、可近。特别是在新时代，面向世界挖掘和阐发方志文化，使中华民族最基本的文化基因与社会同行并引领社会，与现代社会相协调，与当代世界百年未有之大变局相适应，把跨越时空、超越国界、富有魅力、具有当代价值的优秀文化传播出去，展现中国理念，具有重要的现实意义。我们不仅要让世界知道"舌尖上的中国""科学中国""文化中国"，还要让世界知道"发展的中国""开放的中国""为人类文明作贡献的中国"。总之，方志文化在新时代对于传播中国声音、讲好中国故事、提供中国方案、展示大国形象、促进经济社会发展等均具有十分重要的意义。

（八）坚持修志为用，实现方志的创造性转化和创新性发展

中国历代方志编修留下了大量成果。特别是新编地方志工作开展以来，仅省市县三级志书首轮就规划了6000多种，第二轮规划了5000多种，年鉴每年2400多种，再加上部门志、行业志及各种专业志、特色志等，年产成果数百万计，形成了一个庞大的哲学社会科学成果群，是一座取之不竭、用之不尽的文化资源宝库。盛世修志，修志为用。

有效的开发利用，不但可以避免资源浪费，还有利于弘扬优秀传统文化，促进经济社会发展，提高全民族的文化素质，建立中华民族的文化自信。

有效地开发地方志资源，可以很好地服务于政府科学决策，推动地方文化旅游事业和经济发展。明代杨宗气曾在《山西通志》的序言中写道："治天下者以史为鉴，治郡国者以志为鉴"，这充分说明了方志资源的资政价值。地方志中历史资源的深入挖掘，可以很好地服务于文化旅游产业，例如山西省打造晋商文化旅游的发展就离不开《晋中地区志》中记载的晋中商帮的史料。方志资源为开发土特资源、发掘拯救地方传统技艺及矿产资源开发等方面提供了宝贵的线索，这对经济社会发展有很好的价值。例如，吉林市龙潭区相关部门积极利用方志资源编写陶瓷企业的宣传手册、加强对外宣传和发展陶瓷文化，开发陶瓷产品制造，使之成为全国最大的陶瓷工业生产基地之一。

五　结　语

习近平指出："优秀传统文化是一个国家、一个民族传承和发展的根本，如果丢掉了，就割断了精神命脉。只有坚持从历史走向未来，从延续民族文化血脉中开拓前进，我们才能做好今天的事业。"[①] 至2020年，全国地方志系统已在全国范围内实现"两全"目标，即基本实现第二轮省、市、县三级地方志书和省市县三级综合年鉴全部出版，新时代的地方志工作已经站立在了新的历史起点上。面对新的历史发展机遇和存在的突出问题，广大地方志工作者要紧跟时代需要，紧紧抓住制约地方志事业发展的主要问题和问题的主要方面，充分认识方

---

① 习近平：《在纪念孔子诞辰2565周年国际学术研讨会暨国际儒联第五届会员大会开幕会上的讲话》，《人民日报》2014年9月25日第2版。

志文化的历史地位和作用，有针对性地开展对策研究，强化组织领导，理顺体制机制，加快立法工作，推动方志学学科和人才队伍建设，推进地方志资源开发利用，让方志文化在实现中华民族伟大复兴中国梦的进程中发挥更大的作用。

新时代弘扬方志文化的历史依托和现实意义[①]

摘要： 方志之始，萌于春秋战国，经数千年编修不辍，已成为中华优秀传统文化的重要组成部分和重要载体，为坚定中国发展道路、实现中华民族伟大复兴提供了源源不断的历史经验和现实案例，是激励中国人民和中华民族在新发展阶段奋勇前进的动力之源。在新的历史时期，弘扬方志文化被赋予了更多的时代意义，是赓续中华文明、坚定文化自信、讲好中国故事和资政兴国的时代需要。为实现中华民族伟大复兴的中国梦，我们要坚持在党的领导下科学认识方志，准确把握其未来前行的方向。

关键词： 方志编修；方志文化；中华优秀传统文化

一　方志编修概况

国有史，方有志，家有谱。方志编修的历史源远流长。春秋战国时期初露端倪。秦汉至今，累修不辍，编修范围达于全国，并远播海外，编修体例日趋完善。其发展主要经历了四个大的阶段：方志发端于春秋战国，定型于宋代，兴盛于元明清，转型于民国时期。现存历代编修的旧方志近万种、10万余卷，约占我国现存古籍的十分之一。[②] 方志已经成为传承中华文明、记录中华优秀传统文化的重要载体。

中华人民共和国成立后，方志编修工作迅速发展。据统计，"文化大革命"之前，全国有20多个省、区、市的530多个县开展了修志

[①] 作者刘玉宏，发表于《北京党史》2022年第4期。
[②] 中国地方志指导小组办公室编：《中国方志通鉴》（下），方志出版社2010年版，第946页。

工作,掀起了第一次编修新方志的热潮。党的十一届三中全会后,全国开展了两轮大规模的新编地方志工作,取得了丰硕成果。截至2020年,共编纂出版首轮、第二轮省市县三级志书10000多部,省市县三级地方综合年鉴30000多部,部门志、行业志、专业志约25000部,乡镇村、街道、社区志6000多部,地情书13000多部,整理历代旧志3600多部,累计出版方志学教材、理论作品1300多部,发表论文近10万余篇,构筑了以国情地情为主要内容的文化资源宝库,形成了哲学社会科学最庞大的成果群。①

党的十八大以后,习近平总书记指出:"当代中国是历史中国的延续和发展,当代中国思想文化也是中国传统思想文化的传承和升华,要认识今天的中国、今天的中国人,就要需要深入了解中国的文化血脉,准确把握滋养中国人的文化土壤。"方志编修纵贯古今,既记载历史中国的山川河流、历史沿革、风土人情、名胜古迹等,又书写当代中国的社会发展、经济改革、乡村振兴、文化繁荣、生态建设。既是对中国传统思想文化的传承和升华,又为当代中国的治理提供思路和方案。如果说中华民族是世界民族之林的一棵参天大树,那么中华优秀传统文化便是滋养这棵大树的沃土,国史方志便是这棵树的年轮。今日之中国发于昨日之中国,若想实现中华民族伟大复兴的中国梦,就需要从历史中找寻我们的根和魂,并在未来将其发扬光大。

二 方志文化在中华优秀传统文化中的地位

方志编修数千年连绵不绝,是我国独有的文化瑰宝,以它自身的特殊方式传承着中华民族的文化基因,是中华优秀传统文化的"不老泉"。方志文化已经成为凝聚海内外炎黄子孙的精神纽带,成为中华

---

① 以上数据来自中国地方志指导小组办公室历年统计资料,具体参见中国方志网,http://difangzhi.cn。

文明源远流长的文化符号，在中华优秀传统文化中占据着非常重要的地位，连通着历史中国和当代中国。今天弘扬方志文化，就是从中华优秀传统文化中寻找根和魂，挖掘智慧，服务新时代，为实现伟大复兴中国梦提供不竭的动力。

历代方志卷帙浩繁，内容翔实，真实客观地记载着地情国情，是写在中国大地上的一部"百科全书"。方志潜移默化，以文化人，根深蒂固地培塑民族精神，是中华优秀传统文化的"黏合剂"。经过数千年，中华民族始终不离、不散、不断、不亡。尤其是近代以来，面对外敌的入侵，中华儿女团结一致，共同对外，与方志文化记录、承载着五千年延绵不绝、传承始终的中华文明、文化认同是分不开的。作为中华优秀传统文化的一部分，方志彰显出历久弥新的顽强生命力和巨大创造力。志鉴、谱牒共同形成的方志文化缔造了"万姓同根，万宗同源"的民族文化认同和崇尚"大一统"体制的社会主流意识，是证古传今、维系民族团结和国家统一的物质载体和精神文化支柱。大到全国性的总志，小到记述一地的镇村志、街道志，无不折射出中华儿女自古以来的爱国爱乡之情，守土有责之志。

方志文化在传统文化中孕育了许多元素。古有唐代韩愈因言获罪，外贬潮州刺史，下车伊始首问方志，在途经韶州时阅看《韶州图经》，了解当地民情。事后还题诗一首："曲江山水闻来久，恐不知名访倍难。愿借图经将入界，每逢佳处便开看。"人与诗成为千古佳话。民国时期外族入侵、民族危亡之际，方志大家吴宗慈认为："方志修志其道，则精神文化之发扬，物质文化之培育，早有切合时代之调查与统计，斯于文化之继续推进，亦举而措之可也。"[①] 寿鹏飞也认为："（方志）正人心，敦风尚，明正谊，垂治规；究兴衰之由，除利弊之要，补救时政之阙失，研究民生之荣枯""是为治理之龟镜"。[②] 沈良

---

① 吴宗慈：《论今日之方志学》，《江西文物》1942年第2期。
② 转引自《中国方志通鉴》，方志出版社2010年版，第997页。

弼在民国《德兴县志·序》中说:"(方志)具国史之资材,备观省而垂劝戒""大之可当国家之褒贬,小之可正社会之是非,远之可发百代之幽光,近之可训风俗之美刺。"①

党的十九届六中全会强调:"习近平新时代中国特色社会主义思想,坚持马克思主义基本原理同中国具体实际相结合、同中国优秀传统文化相结合,是中华文化和中国精神的时代精华。"②习近平总书记在担任正定县县委书记期间,熟读县志、史料,勘察古迹,深入钻研正定的历史和文化,他对编写《正定古今》的同志说:"我手头有一整套《真定府志》,还有一套《正定县志》,对正定的历史,都有详细记载。"③方志连通古今,既记载历史中国的变迁过程,又书写当代中国的辉煌成就,为政者熟读方志,才能知晓辖域内的社风民情,为今后的施政方针奠定基础。可以说,方志文化是中华文明的历史见证,为坚定现代中国发展道路、实现中华民族伟大复兴提供了源源不断的历史经验和现实案例,是激励中国人民和中华民族在新发展阶段奋勇前进的动力之源。中华人民共和国成立后,中国共产党创造性吸收马克思主义思想精华,为方志文化注入了富有价值意义的红色基因。进入新时代,方志文化又被赋予了弘扬社会主义核心价值观等时代内涵。方志文化为新时代文化强国战略、为实现伟大复兴中国梦提供了历史经验和智慧,已经而且必将继续成为中华优秀传统文化不可分割的重要组成部分。

三 新时代弘扬方志文化的现实需要

历史的滚滚洪流永远是向前的,人们的认识也是与时俱进的。中华人民共和国成立后,特别是十八大以来,从传统文化上对方志价值

---

① 沈良弼:《德兴县志·序》,《德兴县志》,光明日报出版社1993年版,第1046页。
② 《中共中央关于党的百年奋斗重大成就和历史经验的决议》,https://www.gov.cn。
③ 高京斋:《中国地方志与中华优秀传统文化》,《中国地方志》2022年第2期。

与功能的认识得到了极大提高,其中对今天仍然有用的内容历久弥新,已被赋予了新的时代内涵,弘扬方志文化已经成为新时代实现伟大复兴中国梦的现实需要。

(一)弘扬方志文化是赓续中华文明的需要

存史是方志的首要功能,历来受到统治者和饱学之士的重视。方志编修绵延千载,一代又一代的学人"修志问道,以启未来",以高度的历史自觉和文化自觉,笔耕不辍,接续奋斗,将巍巍中华数千年的历史书写在方志中。宋元祐年间林㟽《吴郡图经续记·序》称誉图经作者:"举昔时牧守之贤,冀来者之相承也。道前世人物之盛,冀后生之自力也。沟渎涤浚水之方,仓庾记裕民之术,论风俗之习尚,夸户口之蕃息,遂及于教化礼乐大备;于是先生之志,素在于天下者也,岂可徒以方域地书视之哉!"[①] 方志编修贯通古今,记载一时一域的地理人文,为后世的社会治理提供镜鉴。它既是历代统治者官令政修的产物,又是历代知识分子爱国爱乡、胸怀天下、直笔著信史的载体。存史以证古,存史以泽今,历朝历代旧方志近万余种、10万余卷可见一斑。

方志文化是凝聚中华儿女,维护民族团结的情感纽带。人们通过方志寻根问祖,回归精神家园,找到文化皈依,跨越时间的阻隔,迈过地理的横亘,在绵延千年的中华文脉中寻找民族认同,坚定文化自信,维护祖国统一,实现民族复兴。山西大槐树的故事家喻户晓,《洪洞县志》《大槐树志》中记载:明永乐年间,当地官府曾七次在大槐树左侧的广济寺集中泽、潞、沁、汾和平阳没有土地的农民及人多地少的百姓迁往中原一带,并给所迁之民以耕牛、种子和路费。地情书《瀛寰志略》中,有关于近代"下南洋"移民潮的记载:"闽、广之民,造舟涉海,趋之如鹜。竟有买田娶妇,留而不归者,如吕宋、

---

① (宋)林㟽:《吴郡图经续记·序》,《吴郡图经续记卷下》,民国景宋刻本。

噶罗巴（爪哇）诸岛，闽、广流寓殖不下数十万人。"① 人们通过志书寻根祭祖，这是山川隔绝不了、时代湮没不了的故土情怀。

中华人民共和国成立后，全国陆续开展两轮新编地方志工作，编纂出版省市县三级志书1万余种，地方综合年鉴3万余部，行业志、部门志、专业志、乡镇村志3万余部，整理旧志3600余部，在中国历史上第一次实现省、市、县三级志书和年鉴全覆盖，为社会主义新方志的蓬勃发展奠定了坚实基础。新方志编修事业功在当下，利在千秋，肩负着上承华夏文明、下启地方治理、深挖历史智慧、记录当代发展的使命，为中华文明赓续不断保驾护航，为中国特色社会主义直笔著史，为实现中华民族伟大复兴的中国梦贡献方志智慧。

（二）弘扬方志文化是资政兴国的需要

弘扬方志文化有利于资政辅治。地方志为政府和官员认识地情、了解地情、借鉴历史、科学决策提供依据和参考。清代学者徐文弼在编写的《吏治悬镜》中规定：地方官上任要奉行三十二项"莅任初规"，其中第三项为"览志书"。近代学者顾颉刚也指出，地方志"在于备行政官吏之鉴览，以定其发施政令之方针……使在位者鉴资得其要，发施得其宜"。② 古往今来，地方志都是从政者的必备资料，对官员认识地情、了解地情，从宏观上把握地情，明优势识劣势，进行科学决策提供重要依据。

弘扬方志文化有利于科教兴邦。从唐代《括地志》记载的后羿射日到"羲和"逐日，从明代《武备志》记载的古代火箭到"祝融"探火，中国的科技发展史上书写了无数劳动人民的智慧创造和无数文人墨客的科技情怀。方志文献的科研意义既在于对古代中国天文地理、万千气象的记载，又在于为今后科研工作提供可靠可信可采的事实依据，其价值难以估量。鲁迅参与编著的《中国矿产志》，是迄今所知

---

① （清）徐继畬：《瀛寰志略》，上海书店出版社2001年版，第28页。
② 顾颉刚：《中国地方志综录·序》，朱士嘉：《中国地方志综录》，商务印书馆1935年版。

由中国人自己编著的第一部记述全国多省矿产资源及其分布情况的专业志书,也是中国最早用近代自然科学论述我国地质矿产的科学著作。[①] 竺可桢所著《中国近五千年来气候变迁的初步研究》将中国的气候变化分为考古时期、物候时期、方志时期和仪器观测时期,其中的方志时期(公元1400—1900年)定位于明清时期,正是通过研究各地方志中的大量气候材料,方得出明清两代500年间气候变化的情况,具有极高的学术价值。凡此种种,足以证明方志文献在现代科学研究中的重要作用,其中许多有价值的史料值得后人不断挖掘探索、分析利用。

弘扬方志文化有利于文化强国。方志是中华优秀传统文化的重要组成部分和重要载体,不仅记录着各个地方的行政区划、地理风貌和矿产资源等,更记录着一时一域的民间传说、风土人情、文化名人等,是以文化人、教化育人的乡邦文献。它在精神文明、物质文明、政治文明、生态文明建设中有着不可或缺的特殊地位,也是其他文化所不能代替的。方志是最好的乡土教材,利用方志文献可以对民众进行爱国主义教育。恩格斯曾说,爱国主义是以热爱家乡为基础的。方志文化对于培养青少年爱国、爱乡、爱家的情感,树立远大理想,树立高尚的道德情操,坚定共产主义信仰,都具有积极的引导意义。

弘扬方志文化有利于维护主权领土完整。钓鱼岛主权,有志为证。如清代黄叔璥所著《台海使槎录》(1736年)卷二《武备》列出台湾府水师船艇的巡逻航线,原文称"山后大洋,北有山名钓鱼岛,可泊大船十余"。乾隆十二年(1747年)范咸《重修台湾府志》及乾隆二十九年(1764年)余文仪《续修台湾府志》全文转录上述记载。道光年间陈寿祺的《重纂福建通志》中,不仅显示钓鱼岛属大清管辖,纳入海防巡逻点,更将其明确载于卷八十六《海防·各县冲要》,列入噶玛兰厅(今台湾宜兰县)管辖。不仅钓鱼岛,中国对南海诸岛礁

---

① 茆贵鸣:《鲁迅与地方志》,《东南文化》1994年第5期。

的主权也存于大量方志之中,无须赘言。昭昭青史仍在,坚定着中华民族维护祖国统一和领土完整的决心和意志,这是任何历史虚无主义磨不掉打不垮的如山铁证。

(三) 弘扬方志文化是坚定文化自信的需要

方志文化是中华文化的"根""魂"所在,"国有史,郡有志,家有谱",其中蕴含着深厚的历史积淀、浓重的家国情怀和崇高的价值追求。2017年以来,中国地方志指导小组启动了中国名镇志、名村志文化工程,完整记录了名镇、名村和消失村庄承载的历史文化信息,让百姓记得起乡思、留得下乡愁、听得见乡音、传承住乡俗。同时,还启动中华家训、中国古代官箴的编纂工程,从大量的方志文献中辑录遴选,编纂了《中华家训精编100则》《中国古代为官箴言》《福建家训》《河南家训家规》《江苏好家训》等,深入挖掘家规家训资源,弘扬中华优秀传统美德,充实和丰富了中华优秀传统文化的宝库。

方志文化是批驳历史虚无主义等错误思潮的重要史实依据。方志的价值是由其特有的资料性、继承性、地域性所决定的。它可以提供历史的、当今的、翔实的、鲜活的、客观的、准确的文献资料。作为重要的历史佐证资料,方志以生动具体的故事和资料,反映了中国共产党是领导各项事业的核心力量;以无可辩驳的事实和数据,论证了中国社会主义发展道路的合理性以及必然性;以真实翔实的史料,反映了中国人民在社会主义制度下取得的各项成就,凸显了社会主义制度的优越性。

(四) 弘扬方志文化是讲好中国故事的需要

中华民族具有数千年连绵不断的文明历史,在我们实现中华民族伟大复兴的新征程上,方志文化所葆有的忠孝节义、友邦和善、谦和尚礼等思想观念、人文精神和道德规范,可以通过创造性转化和创新性发展,成为具有当代价值、世界意义的文化精髓,为社会主义核心价值观提供有益补充,是中国特有的"文化名片"。

优秀的方志文化,不但可以向世界展现一个古老而辉煌的中国,还可以向世界提供一个真实而博大的中国,让世界感觉更加可信、可近。特别是在新时代,面向世界挖掘和阐发方志文化,使中华民族最基本的文化基因与社会同行并引领社会,与现代社会相协调,与当代世界百年未有之大变局相适应,把跨越时空、超越国界、富有魅力、具有当代价值的优秀文化传播出去。适时展现中国立场、中国智慧、中国价值、中国理念。我们不仅要让世界知道"舌尖上的中国""学术中国""理论中国""科学中国""魅力中国""文化中国",还要让世界知道"发展的中国""开放的中国""为人类文明作贡献的中国"。总之,方志文化在新时代对于传播中国声音、讲好中国故事、提供中国方案、展示大国形象等都具有十分重要的意义。

四 弘扬方志文化的实践方向

方志文化作为中华优秀传统文化的重要组成部分,历来受到重视,而今更胜从前。党的十九届六中全会强调:"习近平新时代中国特色社会主义思想,坚持马克思主义基本原理同中国具体实际相结合、同中国优秀传统文化相结合,是中华文化和中国精神的时代精华。"这充分说明了对中华优秀传统文化地位和作用的认识已达到前所未有的高度。

中华人民共和国成立以来,特别是改革开放以来,新方志事业取得创造性转化和创新性发展,从指导思想、记述内容到编修体例都发生了深刻改变,为社会、经济、文化、生态等作出重要贡献。但也存在一些问题,主要表现在:一是社会认识不足,方志资源未得到充分利用;二是基础设施薄弱,方志馆阵地建设无论从规模、质量、理念等方面都有待提升和改善;三是人才队伍堪忧,缺乏高素质专业化人才;四是管理主体弱化,地方志工作机构被边缘化现象突出;五是对外传播不足,文化影响力发挥不充分;六是地域发展失衡,质量参差不齐;七是系统基础问题研究不深,不充分。针对以上种种问题,我们需要认真加以研究并针对全国的实际，提出行之有效的改进措施，才能在新时代、新发展阶段大力弘扬方志文化，进一步实现方志的创造性转化和创新性发展。

（一）坚持党的领导，贯彻落实"一纳入，八到位"

党的领导是我们各项事业取得胜利的根本保证。早在中华人民共和国成立之初，毛泽东、周恩来就委托国家档案局局长曾三组织启动编修志书。1956年，国务院科学规划委员会《十二年哲学社会科学规划方案》提出"编写新的地方志"。2006年，国务院颁行《地方志工作条例》，标志着地方志进入依法修志阶段。党的十八大以来，以习近平同志为核心的党中央高度重视地方志工作。2015年，国务院办公厅印发《全国地方志事业发展规划纲要（2015—2020年）》，对地方志事业作出全面的顶层设计。2017年，中央办公厅、国务院办公厅印发《关于实施中华优秀传统文化传承发展工程的意见》，要求"做好地方史志编纂工作"。我国新方志事业取得的辉煌成就，离不开党的领导。

在新形势下，各级党委、政府要继续秉承"党委领导、政府主持、地方志编纂委员会及其工作机构组织实施"的理念，不折不扣地贯彻落实"一纳入，八到位"的工作要求，即把地方志工作纳入国民经济和社会发展规划、各级政府工作任务之中；做到认识到位、领导到位、机构到位、编制到位、经费到位、设施到位、规划到位、工作到位。各级政府要以此作为抓手，建立健全相应的组织机构，配齐配强相关人员，不断推动基础设施的升级完善，达到满足为社会公众提供服务的要求。各级政府真正做到齐抓共管，对时对表，逐项落实。

（二）坚持质量优先，跟踪方志工作落实情况

志书资治明鉴作用的充分发挥系于其质量。提高其资料质量，打造其地域特色，是地方志为文化建设贡献力量的重要保障。与古代修志人员相比，今天方志领域的专业人才仍然不足，特别是思想素质过硬、语言功底深厚、文化底蕴丰富的人才还需要不断补充。再加上对

方志年鉴出版的政治关、史实关、体例关、文字关、保密关、出版关把关不严，近些年来出现了一些以次充好的现象。[①] 给方志界造成了轻重不同的负面影响。"两轮"修志工作开展以来，大部分省（区、市）依法加大地方志法规规章的执行力度，定期开展人大执法检查或政府督察，依法纠正、查处执行不力和违法行为，已经积累了一些经验。如沈阳市地方志办公室等取得了行政执法主体资格；贵州省印发《贵州省市（州）地方志工作目标管理考核试行办法》，进行量化管理；河北省建立了省政府对地方志编纂的工作调度会制度；江苏、福建两省政府将修志工作列入政府年度主要任务之一，作为政府督查内容与考核目标。通过制度化的依法督察，使得修志工作中的难点问题得以解决，对推动地方志工作起到了强有力的保障作用，因此需要加强和继续保持下去。

（三）坚持依法治志，推进方志法治化建设

地方志作为中华优秀传统文化的重要组成部分和中华民族的文化血脉，全面开展依法治志是其应有之义。虽然2006年国务院颁布了《地方志工作条例》，标志着地方志事业走上了法治化轨道，但仍需制定出台一部《中华人民共和国地方志法》，从国家法律的高度对修志工作和地方志事业发展加以确认，从而确保地方志工作在国家法律的保障框架内顺利推进。

依法治志的核心在于逐步实现地方志事业发展的常态化、制度化、法治化。换言之，依法治志的最终目标就是从单一修志转变为多业并举，从依靠行政命令转变为依据法律，从地方志系统行为转变为国家社会责任，从一个职业转变为一个专业，从修志为志转变为围绕中心、服务大局，从而实现地方志事业的全面化、法治化、社会化、专业化和功能化等，确保地方志事业全面创新协调、持续发展。

[①] 高翔：《总结百年地方志发展成就 开创服务新时代历史篇章——在全国地方志系统表彰先进会议暨2022年全国省级地方志机构主任工作会议上的讲话》，《中国地方志》2022年第1期。

(四)坚持理论创新,推动方志理论研究向纵深发展

新编地方志工作开展以来,方志理论研究比较薄弱,尤其是理论创新、理论总结不足。在新形势下,方志学理论研究、方志学学科建设、方志人才队伍培养、方志编修质量提高,已成为方志事业能否持续、健康发展下去的重点和难点。当前,要及时总结"两轮"大规模修志的实践经验和教训,把丰富的实践经验上升到规律性的理论认识上来。与此同时,要广泛地与高校开展合作,设立方志学院、方志系等类似的教学平台,认真开展方志理论基础研究,积极总结实践经验,提出新观点,创造新理论,为构建全新的方志学学科体系奠定坚实的基础,以学科建设的发展来保证未来志书编纂质量的提高,特别是为第三轮修志工作做好学科体系建设的准备。

(五)坚持修志为用,实现新时代方志事业的创新性发展

新方志工作开展以来,仅省市县三级志书首轮就规划 6000 多种,第二轮规划 5000 多种,年鉴每年 2400 多种,再加上部门志、行业志以及各种专业志、特色志等,年产成果数百万计,形成了一个庞大的哲学社会科学成果群,是一座取之不竭、用之不尽的文化资源宝库。

在政府科学决策上要加大对地方志资源的开发利用,要真修真用。明代杨宗气曾在《山西通志》的序言中写道:"治天下者以史为鉴,治郡国者以志为鉴",[①] 充分说明了方志资源的资政价值。淮安市志办根据志书记载,紧密围绕市委、市政府的大政方针,提出了富有创造性的"三淮一体"大城市建设方案——原地级淮阴市、原县级淮安市、原淮阴县,盘活历史人文资源,提升本地区整体知名度。该方案被当时的淮阴市委市政府采纳,并通过国务院批准,实现了该市行政区划的重大调整和地名变更。2001 年,"三淮"整合为新地级淮安市。多年来,淮安市志办曾先后提出关于建设大运河文化博物馆的建设和关于深度开发地方传统特产等 17 项建议,均先后被淮安市政府不同程

---

① (明)杨宗气:《山西通志·序》,《山西通志》,嘉靖四十三年(1564 年)刻本。

度地采纳，为当地政府的科学决策发挥了重要作用。

在文化旅游业的发展上加大对方志资源的开发利用。利用方志资源服务于文化旅游的事例不胜枚举。山西省史志院依据《晋中地区志》记载的晋中商帮的史料，并对此进行深入的考察和研究，及时向地委、行署提出了关于开发晋商资源、发展旅游产业的建议。经过多次论证，晋中地委、行署最终决定打造晋商文化旅游品牌，发展晋商文化旅游，取得了巨大的成功。从1996年起，在已辟为祁县民俗博物馆乔家大院的基础上，对祁县渠家、太谷曹家、灵石王家、榆次常家大院及平遥明清街、祁县晋商老街、榆次老城等晋商遗址、遗迹进行大规模开发，逐渐形成以两座古城（平遥、祁县）、五个大院（祁县乔家、渠家、太谷曹家、灵石王家、榆次常家大院）为主要景点的晋商民俗文化特色旅游区，成为山西省主要的旅游景区和晋中新兴的朝阳产业。

在经济社会发展上加大对地方志资源的开发利用。古代志书非常重视矿产和物产的记述，因此，方志资源为开发土特资源、发掘拯救地方传统技艺以及矿产资源开发等方面提供了宝贵的线索。吉林市龙潭区缸窑镇是吉林省陶业发祥地之一，为了更好地传承缸窑传统技艺和陶瓷文化，龙潭区有关部门到龙潭区志办查找《吉林市志》《龙潭区志》《永吉县志》等相关书籍，从中找到缸窑镇古地图、水利图及相关历史资料，发现本地制造陶瓷的原材料球粘土矿的储量高。而缸窑烧造技艺自康熙元年（1661）至今，已有300余年的陶瓷制造历史。据此，龙潭区相关部门积极利用方志资源编写陶瓷企业的宣传手册、加强对外宣传和发展陶瓷文化，开发陶瓷产品制造，使之成为全国最大的陶瓷工业生产基地之一。

五　结　语

截至2020年，全国地方志系统已在全国范围内实现了"两全"

目标，即基本实现第二轮省、市、县三级地方志书和省、市、县三级综合年鉴全部出版，新时代的地方志工作已经站立在了新的历史起点上。面对新的历史发展机遇，广大地方志工作者要紧跟党和国家的大政方针，充分认识方志文化在中华优秀传统文化中的历史地位，明确弘扬方志文化的现实需要和时代价值，把准把牢方志事业前行的方向，努力提高自身认识和业务水平。

习近平总书记指出："优秀传统文化是一个国家、一个民族传承和发展的根本，如果丢掉了，就割断了精神命脉。只有坚持从历史走向未来，从延续民族文化血脉中开拓前进，我们才能做好今天的事业。"[①] 今后我们要继续坚持党的领导，树立质量第一的理念，推动依法治志的格局形成，开展卓有成效的理论研究，并在实践中实现方志成果的创造性转化和创新性发展，推进地方志资源开发利用，弘扬方志文化，在实现中华民族伟大复兴中国梦的进程中发挥更大的作用。

---

① 习近平：《在纪念孔子诞辰2565周年国际学术研讨会暨国际儒联第五届会员大会开幕会上的讲话》，《人民日报》2014年9月25日第2版。

附录1 方志馆建设规定(试行)

中指组字[2017]3号

第一条 为全面推动方志馆建设,进一步推进地方志事业科学发展,充分发挥方志馆在社会主义文化建设中的重要作用,依据国家有关法律法规和《全国地方志事业发展规划纲要(2015—2020年)》,结合全国方志馆建设工作实际,制定本规定。

第二条 方志馆是收藏研究、开发利用地方志资源,宣传展示国情、地情的公共文化服务机构。

第三条 方志馆具有收藏保护、展览展示、编纂研究、专业咨询、信息服务、开发利用、宣传教育、业务培训、文化交流等功能。

第四条 方志馆建设应坚持以人为本、立足地情、突出特色、服务社会的原则。

第五条 省(自治区、直辖市)、市(地、州、盟)、县(市、区、旗)应建立方志馆。鼓励有条件的乡镇(街道)、村(社区)建立方志馆。

第六条 方志馆建设应纳入当地经济社会发展、文化建设和城市建设总体规划,统筹推进与安排,所需经费列入同级人民政府财政预算。

第七条 方志馆一般应独立建设。确需与其他设施合建的,应自成体系,相对独立。

第八条 方志馆选址应符合当地建设总体规划,应考虑人员相对集中、交通便利、市政配套设施良好等因素,符合安全与环保等要求。

第九条 方志馆建筑规模应与行政区划级别、经济社会发展水平和服务人口数量等相适应，分为大型馆、中型馆和小型馆。大型馆为省级馆，建筑面积一般应不少于20000平方米；中型馆为市级馆，建筑面积一般应不少于10000平方米；小型馆为县级馆，建筑面积一般应不少于5000平方米。有条件的地区可适当增加建筑面积。

第十条 方志馆应设收藏保护区、展览展示区、编纂研究区、学术交流区、信息技术区、公共服务区、行政办公区等主要区域，并建设与之相配套的附属设施。

第十一条 方志馆应按信息化要求，建立门户网站、数据库、电子阅览系统等，充分利用云计算、大数据等互联网技术，为社会提供服务。

第十二条 各级方志馆在建设实体方志馆的同时，应建设数字方志馆。

第十三条 方志馆应设公共停车场地、人员安全集散场地、绿化用地等。

第十四条 方志馆建筑设计应充分体现地域特点、文化特色，注重实用性与时代性，符合方志馆特有功能与技术要求。

第十五条 方志馆建设应严格执行国家有关建筑、消防、抗震、承载、安全、防潮、防虫、防光、防尘、防污染、节能等标准与规定。

第十六条 方志馆机构设置和人员编制要与其履行职能的要求相适应，一般应按照专业要求配备相应的人员。

第十七条 国家方志馆的建设办法另行规定。

第十八条 其他部门、行业的方志馆建设，参照本规定相关条款执行。

第十九条 解放军、武警部队的方志馆建设，在执行中央军委有关规定的前提下，参照本规定相关条款执行。

第二十条 本规定由中国地方志指导小组及其办公室负责解释，自颁布之日起施行。

附录2　全国地方志信息化发展规划（2016—2020年）

中指组字[2016]7号

为深入贯彻落实习近平总书记关于信息化工作的系列重要讲话精神，以及中共中央办公厅、国务院办公厅印发的《国家信息化发展战略》、国务院办公厅印发的《全国地方志事业发展规划纲要（2015—2020年）》，进一步加快地方志信息化发展步伐，提高地方志信息化建设水平，建设适应地方志事业发展需求的信息化发展体系，推进地方志事业科学发展，助力地方志事业在"四个全面"战略布局中作出更大贡献，制订本规划。

一　充分认识地方志信息化建设的重要性

近年来，全国地方志系统在信息化建设上取得了很大成绩。各级地情网站、数据库、办公自动化等应用系统建设进度不断加快，相关配套制度逐步完善，专业人才队伍进一步壮大，利用信息技术手段服务经济社会发展的能力不断增强。截至2016年8月，建成国家级网站2个、省级网站27个、市级网站约300个、县级网站近900个。有的地方着力推动省、市、县三级地情网站群建设，实现了全省联网、资源共享；有的地方与政府门户网站、图书馆网站实现链接，公共服务能力大大提高；有的地方地方志成果数字化成绩显著，地情资源数据库不断完善充实,将海量数字资源上传到地情网站,供社会各界查阅使用;有的地方开设微博、微信、手机版网站,利用新媒体大力开发地方志资源。但同时也要看到,全国地方志信息化建设还存在顶层设计不够、区域发展不平衡、有的地方对地方志信息化工作重要性认识不足、数据格式和标准不统一、信息化人才队伍结构不合理甚至严重缺乏等问题,亟待统一认识,创新理念,科学谋划,认真研究解决。

(一)加快地方志信息化建设,是服务经济社会发展大局的需要

地方志横陈百科,纵述史实,对地方志资源的运用、研究,可以了解地情演变,为分析解决发展问题提供历史借鉴和现实参考。加强地方志信息化建设,实现海量地方志资源的数字化,在此基础上进行数据统计和分析,有助于提高地方志资源的利用效率,更好地发挥地方志围绕中心、服务大局的功能。

(二)加快地方志信息化建设,是积极参与公共文化服务体系建设的需要

通过加快地方志网络化、数字化、信息化建设,推动形成地方志的公共文化服务特色平台,有助于让旧志、新志、年鉴、期刊、地情书中的内容真正活起来、用起来,切实让地方志成果惠及广大人民群众,更好发挥地方志资源在公共文化服务体系建设中的重要作用。

(三)加快地方志信息化建设,是传播方志文化、提升方志文化影响力的需要

在地方志信息化建设中,充分发挥数字影像、网络、新媒体等各种媒介的作用,宣传推介方志文化,是增强方志文化软实力,展示中华文化独特魅力的重要途径,是扩大中国特色传统文化影响力、推动方志文化"走出去"的重要载体。

(四)加快地方志信息化建设,是推进地方志智库建设的需要

当前,党中央、国务院高度重视中国特色新型智库建设,专门印发《关于加强中国特色新型智库建设的意见》。近年来,中国地方志指导小组及其办公室稳步推进地方志智库建设，而地方志智库是中国特色新型智库的重要组成部分。通过加强地方志信息化建设，整合全国地方志系统的数字资源，为地方志智库建设提供强大的数据支撑，有利于推出高质量的信息咨询、研究成果和对策建议，发挥地方志启迪未来的作用。

二 指导思想、基本原则和总体目标

（一）指导思想

高举中国特色社会主义伟大旗帜，全面贯彻落实党的十八大和十八届三中、四中、五中全会精神，以邓小平理论、"三个代表"重要思想、科学发展观为指导，深入学习贯彻习近平总书记系列重要讲话精神，紧紧围绕"五位一体"总体布局和"四个全面"战略布局，牢固树立创新、协调、绿色、开放、共享的发展理念，认真贯彻落实《国家信息化发展战略》《全国地方志事业发展规划纲要（2015—2020年）》，顺应"互联网＋"发展趋势，以应用需求为导向，以融合创新为动力，以重点工程为抓手，以新一代信息技术为支撑，按照集约发展、融合共享的工作思路，大力推进地方志信息化建设，为提升地方志事业科学化、信息化、现代化水平作出新贡献。

（二）基本原则

1. 坚持正确方向。增强政治意识，牢牢把握正确的政治方向，始终坚持以马克思主义的世界观和方法论指导地方志信息化工作。充分发挥网站群、新媒体传播平台等网络宣传阵地作用，弘扬主旋律，传播正能量。

2. 坚持统一规划。举全系统之力，对全国地方志信息化建设进行统筹规划和科学设计，推进集约化、一体化建设，推动地方志信息化建设实现跨越式发展。

3. 坚持统一标准。注重发挥标准规范对信息化建设的基础性指导作用。在充分调研、科学论证的基础上建立全系统完善、统一的标准规范体系，防止出现各地信息化建设自成体系、重复建设和低水平应用等问题。

4. 坚持分级建设。中国地方志指导小组办公室综合协调全国地方志系统信息化工作，负责地方志信息化建设的顶层设计、示范引领和督查指导。省级地方志工作机构负责本省地方志信息化建设的科学规划、组织实施和检查指导。市、县级地方志工作机构负责信息化建设任务的具体落实。

5. 坚持资源共享。对各级地方志工作机构的数字化地情资源按照统一的数据标准和格式，进行二次开发和整理入库，纳入统一规划建设的地方志数字资源中心，坚持共享共用，实现地方志数字资源社会效益的最大化。

6. 注重网络安全。网络安全和信息化是一体之两翼、驱动之双轮，必须统一谋划、统一部署、统一推进、统一实施，做到协调一致、齐头并进；切实防范、控制和化解信息化进程中可能产生的风险，以安全保发展，以发展促安全。

（三）总体目标

到2020年，中国方志网、中国地情网、中国国情网进一步融合发展，建成集方志信息发布、地情资源宣传、国情教育展示于一体，在全社会有较大影响的地情资料网站群，形成"一网网天下、志鉴书古今"的格局；依托国家数字方志馆，加快制定相关标准，建设地方志数字资源中心，逐步建成统一、规范的全国地方志全文数据库（包括目录数据库、提要数据库）；基本实现主要新媒体技术在方志系统的覆盖，形成比较健全的方志新媒体传播平台矩阵，逐步扩大方志文化影响力；加大扶持力度，推动民族地区地方志信息化建设水平达到或基本达到全国平均水平；"互联网＋地方志"成为开发利用方志资源的重要手段，地方志在公共文化服务体系建设中的作用进一步增强。

三　建设内容

（一）加快地方志信息化基础设施建设

积极推进国家地方志大数据中心建设。国家地方志大数据中心是全国地方志信息网络系统的中心节点，是国家数字方志馆的基础平台。各省市县地方志信息化基础设施建设，既可以单独建设，也可以充分依托现有政务公共信息基础设施。

（二）推动地方志信息化标准建设

研究制定全国统一的地方志资源管理标准、技术标准、建设规范和操作指南等，逐步建立一套符合全国地方志系统实际和信息化发展趋势，具有较强前瞻性、科学性和可操作性的地方志信息化标准体系。

（三）逐步建成地方志数据库

依托国家数字方志馆和各级数字方志馆、地情资料库，依据信息化建设相关标准，逐步建立技术领先、国内一流的地方志目录、提要以及全文数据库。

（四）加强对不同类型、不同载体的地方文献收（征）集、保护和开发利用

通过开发全国地方志资源管理系统，实现对方志数据资源的收集、整合、加工、统计和分析，为政府部门、社会公众提供全面优质的地方志资源信息服务。深化与境外相关机构在数字方志资源方面的交流合作。

（五）实现国家、省、市、县四级地方志资源共享

以中国方志网、中国地情网、中国国情网为基础，积极推进国家、省、市、县四级地方志信息网络系统一体化建设。应用现代信息技术，加快实现全国地方志资源的数字化、网络化和资源共享。

（六）支持民族地区地方志信息化建设

采取政策倾斜、资金扶持、精准帮扶等形式，加大对民族地区、经济欠发达地区及信息化基础较弱的地区地方志信息化建设的扶持力度，促进上述地区地方志信息化建设的跨越发展和弯道超车。

四　工作任务

（一）中国地方志指导小组办公室

1. 督促落实《全国地方志信息化发展规划（2016—2020年）》，牵头组织实施全国信息方志与数字方志建设工程。

2. 研究制定全国统一的地方志资源管理系统架构、信息化建设技术标准和国家数字方志馆建设指南等。

3. 研究制定全国地方志信息化建设的规章制度。

4. 负责国家地方志大数据中心基础设施建设及管理，推动大数据中心建设。

5. 组织开展全国地方志信息化建设人才队伍培训。

6. 推动地方志统计系统、志鉴编纂系统等应用系统的建设、应用。

7. 支持民族地区、经济欠发达地区及信息化基础较弱的地区地方志信息化建设。

8. 开展地方志信息化工作的督查指导。

9. 推动实施地方志新媒体建设行动计划。

10. 加强对中国地方志学会信息化研究会的管理。

（二）省级地方志工作机构

1. 贯彻执行中国地方志指导小组办公室相关规划、规范、标准，制定实施方案。

2. 按照统一的标准、规范，结合本地实际建设地情网站群。

3. 按照统一的标准、规范，开展地方志资源数字化加工处理、建库、入库，并同步至国家数字方志馆。

4. 根据本地实际，开发志鉴编纂系统等相关业务应用系统。

5. 向中国方志网报送工作动态信息，向中国国情网、中国地情网报送规范的国情、地情信息。

6. 推动微博、微信、手机报等新媒体平台建设。利用新媒体平台做好本区域方志工作以及地情资源的宣传。

7. 信息化发展基础较好的地方志工作机构参与扶持民族地区、经济欠发达地区及信息化基础较弱的地区信息化建设。

8. 开展对本区域地方志信息化工作的督查指导。指导有条件的乡镇（街道）、村（社区）开展地方志信息化建设。

五　保障措施

（一）加强组织领导

建立健全信息化推进工作领导机制，研究发展战略，确定发展方向，决定重大事项，开展顶层设计。各级地方志工作机构要把信息化建设列为"一把手"工程，主要领导要亲自研究部署，将信息化工作列为本省信息化建设计划及议事日程，抓紧抓好，抓出成效。

（二）保障经费投入

加强信息化工作经费保障，各级地方志工作机构要按照《全国地方志事业发展规划纲要（2015—2020年）》"一纳入、八到位"的要求，将信息化建设经费纳入单位财政预算。要加强资金使用管理和监督，实行专款专用，提高资金使用效益。

（三）注重新技术应用

密切跟踪现代信息技术发展趋势，充分发挥云计算、物联网、移动互联网、大数据等新技术作用，力争在拓展应用领域、创新应用模式、提升应用水平等方面取得重要突破。要加快成果转化与推广，提升地方志信息化技术水平。

（四）注重监督指导

要按照统一部署、分级指导的原则，加大对下一级地方志工作机构信息化建设的监督指导力度。定期开展信息化工作情况的督促指导、考核通报、评先树优,确保信息化建设各项任务落到实处。

(五) 强化队伍建设

结合本地区实际和工作需求,采取多种方式,引进高素质的信息化专业人才。采取集中培训、与高校联合办学等多种方式,分层分类对现有信息化工作人员进行培训,培养造就一支高水平的信息化人才队伍。

(六) 加强宣传推广

充分发挥网站群、报刊、新媒体等传播平台的作用,及时总结宣传数字方志资源建设、应用等方面的典型做法,不断拓展地方志信息化资源开发利用的深度和广度,努力打造信息方志、数字方志的靓丽品牌。

(七) 发挥信息化研究会作用

加强中国地方志学会信息化研究会的自身建设,不断提高信息化研究会的制度化、规范化建设水平。定期组织理论研讨、学术交流、科学研究、技术论证等活动,为信息化建设科学决策提供专业咨询,加快推进信息化建设科学化、规范化发展。

附录3　关于加强全国地方志科研工作的意见

根据国务院《地方志工作条例》和国务院办公厅《全国地方志事业发展规划纲要（2015—2020年）》的有关规定，为进一步提升地方志科研工作水平，建立健全高效科学的地方志科研工作体制机制，完善科研管理，充分发挥科研工作在推动地方志事业繁荣发展中的重要作用，现就加强全国地方志系统科研工作提出如下意见。

一　充分认识加强地方志科研工作的重要意义

地方志科研工作指与地方志工作开展和地方志事业繁荣发展紧密相关的探索、研究、整理、应用和管理等工作，包括理论研究、学科建设、人才培养、学术交流、项目管理、成果管理等一系列具体工作。

新编地方志工作大规模开展以来，地方志科研工作在整理研究历代方志和总结新编地方志工作实践经验基础上，实践探索，发展创新，取得了丰硕成果。30余年间，共出版志鉴理论著作1000多部，发表研究论文6万余篇，创立了独具特色的新方志理论，不断推进了方志学学科建设，有力指导了地方志工作开展，推动了地方志事业的繁荣发展。在充分肯定地方志科研工作取得巨大成绩的同时，也应看到，这项工作还存在重视程度不够、研究整体水平有待提升、学科建设乏力、人才队伍匮乏、管理工作不够到位等问题。因此，加强全国地方志科研工作，强化统筹安排，对于推进地方志科研工作开展，提升方志理论研究水平，推进方志学学科建设，进一步完善科研工作布局，探索建立科研管理新机制，推动地方志事业繁荣发展，意义重大。

二 指导思想与基本原则

（一）指导思想

高举中国特色社会主义伟大旗帜，以马列主义、毛泽东思想、邓小平理论、"三个代表"重要思想、科学发展观为指导，深入学习贯彻习近平总书记系列重要讲话精神，围绕统筹推进"五位一体"总体布局和协调推进"四个全面"战略布局，根据《地方志工作条例》"推动方志理论研究"的规定，全面落实《全国地方志事业发展规划纲要（2015—2020年）》关于加强方志理论研究、方志学学科建设和人才队伍建设的目标要求，大力推动地方志科研工作发展，为繁荣发展地方志事业作出积极贡献。

（二）基本原则

1. 坚持正确的政治方向和学术导向。地方志科研工作应增强政治意识，牢牢把握正确的政治方向和学术导向，始终坚持以马克思主义的世界观和方法论为指导，把马克思主义基本原理和贯穿其中的立场、观点、方法运用到实践当中，指导地方志科研工作的全过程。

2. 坚持为地方志编纂实践服务。地方志科研工作应以指导地方志编纂实践为出发点、落脚点，紧紧抓牢修志编鉴写史三大实践载体，突出重大理论创新意义和现实应用价值。应集中对实践工作中出现的新情况、新问题进行深入理性的探索研究，总结提炼实践经验，不断提升理论研究水平，揭示地方志工作的本质规律和发展趋势，引领地方志事业健康发展。

3. 坚持创新发展。地方志科研工作应尊重和借鉴前人的科研成果，在继承基础上坚持理念创新、方法创新，促进方志理论创新。应坚持科学的工作思路和举措，加强创新能力建设，进一步推进学科体系、理论与学术观点、科研方法与手段、科研组织与管理创新，为地方志事业创新发展提供理论支撑。

三 总体目标与主要任务

（一）总体目标

不断丰富地方志理论研究成果，提升学术研究水平，通过优化学科结构、凝练学科发展方向、突出学科建设重点，为到 2020 年初步建立包括地方志编修体系、理论研究和学科建设体系、质量保障体系、资源开发利用体系、工作保障体系在内的"五位一体"的地方志事业发展综合体系，形成较为成熟的理论研究和学科建设体系，夯实发展基础，提供理论和人才保障，努力开创地方志科研工作发展新局面。

（二）主要任务

1. 加强地方志理论研究。组织选题策划，制定方志理论研究计划，有重点、分步骤推动关于重大实践问题和理论问题的研究，引领方志学学科体系、话语体系、学术观点和研究方法的创新。建立健全地方志课题立项机制，定期发布方志学基础理论研究课题，不断推出一批批高质量的科研成果。注重调查研究，重视学理研究，加大对方志学基础理论和应用理论研究的支持力度。不断加强地方史和区域地情文化研究，反映党的路线方针政策和国家改革发展方向，及时回应社会广泛关注、人民普遍关心的问题，服务地方经济社会发展。总结历代一统志编修经验，开展编修一统志的可行性研究。

2. 加强学科建设。按照"点面结合、注重实效、凝聚优势、整体提升"的原则，做好学科发展规划，完善学科发展体系，推动符合事业发展新需求和学术发展新方向的学科布局基本形成。总结编纂实践经验和理论研究成果，编写、出版一批方志学、年鉴学通用教材及各分支学科研究论著，不断推进构建方志学学科体系、学术体系和话语体系的系列成果，引领学术研究方向，夯实学科建设基础。始终保持学科建设的学术敏感度和现实敏感度，跟踪学科前沿动态，瞄准学科发展和实践需要，创新发展，推动方志学学科地位不断提升。

3. 加强科研人才队伍建设。重视科研人才选拔、培养和使用，加强专业和年龄结构合理、专兼职结合的人才队伍建设。建立有利于学术骨干成长和学科队伍建设的人才培养机制，通过人才引进、联合培养、短期培训等多种方式，提升人才业务水平、学术能力，建设一支政治立场坚定、理论功底扎实、是非观念分明的地方志科研人才队伍。组织联系海内外高等院校、科研院所学术研究力量，设立不同层级的方志专家库，推动各地成立地方志学术委员会。实施中国地方志学科建设与人才队伍建设工程，搭建平台，组建梯队，不断壮大一流人才队伍，造就一批地方志理论研究专家和学科带头人。

4. 加强学术交流与合作。采用多种形式，推动方志界与学术界的交流互动，扩大地方志工作的影响力。定期组织方志理论研究交流活动，举办专题理论研讨会议，坚持学术年会制度。建立长期稳定的学术研讨、交流机制，以中国地方志学会、中国地方志学术年会、《中国地方志》、《中国年鉴研究》等为阵地平台，充分发挥各级地方志学会（协会）和方志期刊的作用，活跃学术研究氛围。依托各级各类方志馆，建立地方志学术研究中心，拓展学术研究范围。加强与中国香港、澳门和台湾地区以及国外高等院校、科研院所、图书收藏机构等的学术交流与合作，拓宽、扩大科研合作和学术交流的领域、渠道和规模。适时召开方志学国际学术研讨会，实施方志文化走向世界工程，不断提升方志学术研究影响力和方志文化传播力。

5. 加强科研管理工作。加大科研管理工作力度，建立完善的方志学术研究规范和相关制度措施，按照有利于出成果、出人才的原则，制定全国地方志科研项目管理办法，贴近科研、服务科研、助理科研。制订、完善科研项目、学术论文、著作及获奖成果的奖励标准和管理办法，完善科研激励机制，健全激励措施，强化绩效考核，奖优汰劣、奖勤罚懒，解决"干与不干一个样，干好干坏一个样"问题。从科研工作实际出发，科学规划，做好科研经费预算，规范项目资金的使用和管理，提高资金使用效益，提升服务质量。调动各种有利因素，整合各方面学术资源，挖掘科研潜力，积极争取纵向、横向课题，推动方志学研究课题列入年度国家社会科学基金项目课题指南，鼓励、支持有关申报工作。

6. 加强科研成果宣传推介工作。利用"互联网+"，加快推进科研与新媒体的融合发展，互促共进。不断提升研究成果的应用价值，推动科研成果的应用转化，促进研究成果更好更快地服务于地方志事业发展和经济社会发展。拓展宣传推介渠道，创新宣传推介方式手段，打造成果发布和推介的立体传播网络格局，通过综合性或专题发布会等，大力宣介具有重大理论创新、能够引领学术方向、代表学科发展水准、经得起历史和人民检验的优秀地方志科研成果，不断提升成果社会影响力，助推地方志事业发展繁荣。

四　保障措施

（一）组织保障

中国地方志指导小组及其办公室，依托中国地方志学会和各类学术期刊等阵地、平台，具体负责统筹规划、组织协调、督促指导全国地方志系统的科研工作。各省级地方志工作机构、有关系统和部门应加强对科研工作的领导，加大投入力度，创造良好的科研环境，确保出成果、出人才，推动科研工作不断迈上新台阶。

（二）经费保障

中国地方志指导小组及其办公室、中国地方志学会统筹安排，设置科研工作专项研究资金，资助专项课题研究，资助出版有较高学术价值和研究水准的方志学术成果。各省级地方志工作机构、有关系统和部门应根据各自实际，积极争取财政资金支持，设置相应专项资金，保障科研工作发展需要。

(三) 人才保障

统筹推进研究人才队伍、管理人才队伍和科研支撑人才队伍建设。充分挖掘现有队伍潜力，注重专业技术人才的引进与培养，加大开展学历教育、专业培训、学术交流等活动的力度，将科研和管理两促进，将管理和服务相统一，建设一支懂科研、擅管理、高效率的科研管理队伍。

(四) 制度保障

遵循科研工作规律，强化制度建设，使科研工作健康开展、不断发展有规可循、有矩可依。逐步建立、完善科研成果报偿制度、资源配置制度、学术评价制度和课题项目资助制度，做到"政策明、条文准、程序清"。加强中国地方志指导小组及其办公室与各省级地方志工作机构、有关系统和部门的联系和制度对接，建立联动机制，共同构建年度科研评价指标体系，形成正确的科研导向。建立健全科研绩效考核制度，加强激励制度建设，进一步激发科研工作者的积极性和创造性，最大限度地解放科研生产力，推动地方志科研工作的健康发展。

附录 4　关于印发《国家方志馆分馆建设管理工作规定》的通知

中指组字[2018]12 号

各省（自治区、直辖市）地方志编委会（办公室）、新疆生产建设兵团志办公室：

为规范国家方志馆分馆的报批及建设管理工作，在广泛征求意见的基础上，制定了《国家方志馆分馆建设管理工作规定》，现予印发，请遵照执行。

中国地方志指导小组

2018 年 10 月 11 日

国家方志馆分馆建设管理工作规定

第一章　总则

第一条 为规范国家方志馆分馆建设管理工作，依据国家相关法律法规，结合中国地方志指导小组《方志馆建设规定（试行）》和各地方志馆建设实际，制定本规定。

第二条 国家方志馆分馆建设管理工作应坚持以习近平新时代中国特色社会主义思想为指导，围绕经济社会发展需要，进一步发挥地方志存史、育人、资政功能。

第三条 国家方志馆分馆属于地方公共文化服务设施的重要组成部分。分馆建设和发展应当纳入地方经济社会发展总体规划。

第四条 国家方志馆分馆建设发展理念应当与国家方志馆协调一致，突出时代、行业、地方特色。

第五条 国家方志馆分馆审批、验收、管理、考核等工作，在中国地方志指导小组及其办公室领导下，由国家方志馆负责具体实施。

第二章 建设

第六条 全国地方志系统省、市、县三级方志馆和地方专业特色馆均可申请设立国家方志馆分馆。

第七条 申请设立国家方志馆分馆的，应当具备下列条件：

（一）原则上应当独立建馆。与其他文化设施合建者，应当具备相对独立性。

（二）有相对独立的编制和稳定的人员配备。

（三）馆舍达到一定建筑规模，总建筑面积原则上不少于20000平方米。

（四）有相对独立、科学合理的藏书、展览、研编、阅览、服务、办公、会议等功能空间。

（五）建有完备的收藏、展示、研究、服务等各项规章制度，能够实施科学、规范、高效管理。

（六）有一定规模的图书资料馆藏，馆藏量原则上不少于15万册（件）。

（七）具备基本展览陈列空间，面积原则上不低于5000平方米。

（八）有必要的设施设备，电子计算机、网络设备设施等配置齐全，具备建设数字方志馆的基本条件。

（九）具备一定的科研能力和业务培训能力，能够承担国家方志馆交办的各类科研任务和业务培训。

（十）有开发当地地方志资源的基础条件，有独立完成的地情书籍、地情资料或地情研究报告等成果。

第三章　申报

第八条　申请设立国家方志馆分馆，应当坚持突出特色、好中选优、典型引领的原则。

第九条　申报工作应当严格履行程序。申报审核程序为：

初审：申请单位提出书面申请（含申报书），报送所在省级地方志工作机构初审。

复审：省级地方志工作机构初审合格后，报国家方志馆复审。国家方志馆成立由中国地方志指导小组办公室领导、国家方志馆领导及相关专家、学者组成的评审委员会，依法依规进行审核。复审包括书面审核与实地考察两种形式。

终审：国家方志馆复审合格后，报中国地方志指导小组办公室终审。

终审合格后，由中国地方志指导小组办公室报请中国地方志指导小组批准。

第十条　申报一经批准，申请者应当与国家方志馆签订协议，规定各方权利义务。

第四章　管理

第十一条　国家方志馆分馆管理实行属地管理原则，由本级地方志工作机构负责，同时接受中国地方志指导小组及其办公室、国家方志馆的管理和业务指导。

国家方志馆分馆馆长一般由同级地方志工作机构主要负责人担任，并向国家方志馆报备。

国家方志馆分馆建设发展经费由同级地方财政负责解决。

第十二条　国家方志馆分馆应当每年向国家方志馆汇报年度工作情况。

第十三条　国家方志馆负责对分馆建设管理情况进行检查。

第十四条　国家方志馆分馆开展重大活动或者重要事务，应当及时向国家方志馆请示；遇有重大问题，应当及时向国家方志馆报告。

第十五条 国家方志馆定期或不定期组织对分馆建设发展情况进行考核评议。

考核优秀者，由中国地方志指导小组根据有关规定给予表扬。

考核不合格者，由国家方志馆提出整改意见，责令限期整改；整改无法如期完成或者仍不达标，应当停业整改；整改无法解决且问题比较严重的，国家方志馆将有关情况上报中国地方志指导小组及其办公室，取消其国家方志馆分馆资格。

第五章　附则

第十六条 本规定由国家方志馆负责解释。

第十七条 本规定自公布之日起施行。

参考文献

一　著作

仓修良：《方志学通论》，方志出版社2003年版。
傅振伦：《中国方志学通论》，商务印书馆1935年版。
湖南省博物馆学会编：《博物馆学文集8》，岳麓书社2013年版。
黄光男：《美术馆管理》，文化艺术出版社2011年版。
来新夏：《方志学概论》，福建人民出版社1983年版。
来新夏主编：《中国地方志综览（1949—1987）》，黄山书社1988年版。
李泰棻：《方志学》，商务印书馆1935年版。
刘晓清主编：《怎样建设数字图书馆》，海洋出版社2010年版。
陆建松：《博物馆展览策划：理念与实务》，复旦大学出版社2016年版。
毛泽东：《毛泽东选集》第3卷，人民出版社1991年版。
潘杰：《展览艺术——展览学导论》，黑龙江美术出版社1992年版。
潘杰：《中国展览史》，电子科技大学出版社1993年版。
潘捷军编著：《方志馆史话》，社会科学文献出版社2015年版。
潘捷军等：《中国方志馆》，方志出版社2016年版。
齐玫：《博物馆陈列展览内容策划与实施》，文物出版社2015年版。
苏东海：《博物馆的沉思——苏东海论文选》（卷二），文物出版社2006年版。

汪流等编：《艺术特征论》，文化艺术出版社 1986 年版。

王宏钧：《中国博物馆学基础》，上海古籍出版社 1990 年版。

王乐：《馆校合作研究：基于国际比较的视角》，厦门大学出版社 2017 年版。

王明珂：《反思史学与史学反思》，上海人民出版社 2016 年版。

王荟、肖禹：《地方志数字化模式与案例分析》，国家图书馆出版社 2012 年版。

文化部文物局主编：《中国博物馆学概论》，文物出版社 1985 年版。

徐坚：《名山：作为思想史的早期中国博物馆史》，科学出版社 2016 年版。

严文明主编：《中华文明史》第 1 卷，北京大学出版社 2006 年版。

姚安：《博物馆 12 讲》，科学出版社 2011 年版。

中国地方志指导小组办公室编：《地方志工作文献选编》，方志出版社 2009 年版。

二　译　著

[美] 爱德华·P. 亚历山大、玛丽·亚历山大：《博物馆变迁：博物馆历史与功能读本》，陈双双译，译林出版社 2014 年版。

[美] J. 珀利阿姆·丹顿：《比较图书馆学概论》，龚厚泽译，书目文献出版社 1980 年版。

[英] 蒂莫西·阿姆布罗斯、克里斯平·佩恩：《博物馆基础》，郭卉译，译林出版社 2016 年版。

三　论　文

包鸿梅：《论数字方志馆的发展建设》，《智库时代》2018 年第 33 期。

《河北省地方志办公室 2019 年工作总结》，《方志中国》2020 年第 1 期。

李文琪：《对藏品及藏品保管工作的再思考》，《中国博物馆》2013 年第 1 期。

凌波：《藏品保管与保护体制创新初探》，《中国博物馆》2001 年第 3 期。

刘玉宏：《论方志馆的性质与功能》，《中国地方志》2018 年第 1 期。

卢永琇：《中外博物馆志愿者培训与管理机制探讨》，《博物院》2018 年第 3 期。

苏东海：《博物馆物论》，《中国博物馆》2005 年第 1 期。

汤晓蒙、范冬清：《中国终身教育国家战略的演进、内涵与实现》，《终身教育研究》2022 年第 1 期。

王敏：《从山西方志馆方案看方志馆建筑未来发展趋势》，《山西建筑》2016 年第 21 期。

朱佳木：《在江苏省方志馆开馆仪式上的贺辞（2010 年 4 月 9 日）》，《中国地方志》2010 年第 5 期。